中國學術思想 研究輯刊

十二編

林慶彰 主編

第 23 冊

管子思想研究

徐漢昌 著

花木蘭文化出版社

國家圖書館出版品預行編目資料

管子思想研究／徐漢昌 著—初版—新北市：花木蘭文化出
版社，2011〔民 100〕

序 2+ 目 4+222 面；19×26 公分

（中國學術思想研究輯刊 十二編：第 23 冊）

ISBN：978-986-254-664-2（精裝）

1.（周）管仲　2.管子　3.學術思想　4.中國哲學　5.研究考訂

030.8　　　　　　　　　　　　　　　　　100015931

ISBN-978-986-254-664-2

9 789862 546642

中國學術思想研究輯刊

十二編　第二三冊　　　　　　　ISBN：978-986-254-664-2

管子思想研究

作　　者　徐漢昌

主　　編　林慶彰

總 編 輯　杜潔祥

出　　版　花木蘭文化出版社

發 行 所　花木蘭文化出版社

發 行 人　高小娟

聯絡地址　新北市永和區中正路五九五號七樓

　　　　　電話：02-2923-1455／傳眞：02-2923-1452

網　　址　http://www.huamulan.tw 信箱 sut81518@gmail.com

印　　刷　普羅文化出版廣告事業

封面設計　劉開工作室

初　　版　2011 年 9 月

定　　價　十二編 55 冊（精裝）新台幣 90,000 元

管子思想研究

徐漢昌　著

作者簡介

徐漢昌，國立政治大學中國文學博士，曾擔任多所中南部大專院校專兼任教職，並兼任系主任、院長等工作。教學與研究偏重於先秦與兩漢學術，其他著作有：《韓非的法學與文學》、《韓非子釋要》、《鹽鐵論研究》、《先秦諸子》、《先秦學術問學集》等。

提　　要

　　本書分三部分，除評價管仲、考證《管子》相關問題外，著重《管子》一書之學說闡述。依託其學於《管子》中者，非一人、一時、一家，實難以就學術宗派角度論《管子》一書之內容，故析論《管子》中所含道家與陰陽家思想後，即就政治、法律、經濟、教育、軍事諸目，論述其學說與特色。復以管仲為一政治家，以事功著稱，而非學術之宗師，依託於管仲者，必期望其學能落實於現實之政務，故本書於析論《管子》內容時，依上述各現實之政務為目，加以闡述。

目　次

自 序

　　管仲尊王攘夷之功，孔子稱美曰：如其仁！如其仁！是其人於中華文化之傳承、中華民族之繁衍，有其不可磨滅之貢獻。其人足述，其事可稱，其書之傳世亦已久矣。《管子》一書之資料，可補先秦思想史研究之不足者極多。其價值俱在，無待縷述。惜其卷帙繁重、內容龐雜，歷代學人，治其學者不多；即有，亦不過考其真偽、究其訓詁而已，於其思想之闡揚，甚少措意，良可慨嘆！

　　前就讀輔仁大學，曾以「慎子校注及其學說研究」為題，以為研究法家思想之開端。後執教中部各大學，嗣以一得之愚，撰成《韓非的法學與文學》一書，以續法家學說之研究工作。其時即擬以《管子》書為次一研究重點。惜因客觀環境之限制，於草成〈管仲評傳〉一文後，暫行擱置，轉作鹽鐵論之探討，遂成《鹽鐵論研究》一書。其中鹽鐵國營問題，與《管子》有密切關係，乃重拾舊業，先將《管子》書作一簡考，成〈管子書考〉一文。初步探討之後，今始以最大決心，進一步以其學術思想為專題，作一整體之研究，以期於先秦學術思想得更多之瞭解焉。

　　本書之作法，於前人對《管子》書時代、作者、文字校勘等考據訓詁之貢獻，多予肯定。扼要介紹之外，必要時亦略以己見論之。至於《管子》書之版本，考述者少，爰就宋代以前之版本，擇要考證之，以見梗概焉。前人所甚少致力者，在《管子》書思想之整理與闡發。而今人讀古書之最大目的，正在取古人思想之長，以為今日之用。是以本書之重點，在《管子》書中思想之整理與闡述。為期管子學說能有補於今人之為學與治事，本書於管子學說，依政治、法律、經濟、教育、軍事諸目，分篇論述之，以便於今人之研究與應用。本書之作，非研究之終結，乃正研究之開端也。理想如此，然限

於學力，必有所失，此則有待方家之教正焉。茲略述內容大要於次。

　　《管子》書多道家言，其所論者，多《老》、《莊》書所未及，乃春秋戰國之際重要之道家文獻。其陰陽家言，更在鄒衍、《呂覽》、《禮記》之前，在思想史上之價值自不待言。因以專篇論之。其餘各家思想，則分見於其後諸篇，不為別出。

　　《管子》之政治思想以順民之心、利民之生為原則，所謂「令順民心」者是也。其施政也，內則養老扶孤，外則存亡繼絕，宜乎為五霸首也。由今觀之，《管子》書載有大諫之官與夫噴室之議，應視為監察制度與民意機關之濫觴，實難能而可貴者。故特為之標舉。

　　《管子》書主法治：其言立法原則也，以為當順民心之好惡與依自然之道，而求其簡易劃一；其言法之特質也，求其公開、平等、強制、穩定、時宜；其論法之施行，當以公正無私、信賞必罰為準則。凡此諸端，皆不易之論也。至其言禮義廉恥為國之四維，使法治與教育並行，精神與物質並重，此則非偏激之法家如商韓者流所能企及。

　　管仲治國，因齊之地利，通貨積財，貴輕重之術，慎權衡之道，以富強齊國。其施政既重農業，亦不輕忽工商。興辦鹽鐵、調劑物資，以工商之手段，輔助農業，藉以減輕賦稅、富國養民。其經濟上之創意與成就，多足為後世法，堪稱吾國最寶貴之經濟學說也。

　　《管子》之特出於商韓之上者，以其言教育也。謂民性之未必善也，商韓輩以法整飭之、利用之，《管子》則因民性以教導之。所教者，忠孝之道、四維之德也。復有四民分工之職業教育、弟子之生活教育暨結合生活與國防之軍事教育。而國君之親自逐級督導、考核教育成效，更可見其重視之程度。

　　法家向以農戰為號召，管仲倡尊王攘夷、存亡繼絕，其重軍事也必矣。《管子》之論兵，不以殺人為上，而以德義之師為號召，其精神可敬。其論軍事也甚詳備，舉凡定組織、明賞罰、備械器、任將帥等組訓工作，與夫謀定後動之指導原則，均有論列，不遜於兵家之書。至其經濟作戰，則以商業之技巧下人之國，亦創舉焉。

　　本書稱人用「管仲」，稱書用「管子」，以為區別。稱引管子原文，以世界書局戴望《管子校正》本為準；其有疑義者，則引諸家說以訂正之。為免翻檢不便，引文出處逕注於引文之下，別有引申則出之以附注。

　　稿成之日，承高師仲華、呂師凱暨家大人文珊先生之指導與教正，惠我

良多，銘感五內，自當永誌不忘。家兄哲昌與香港中文大學中國文化研究所考古藝術研究中心李子雲先生代爲尋訪資料，內人代爲謄抄文稿，呂師佛庭賜題封面，均此致謝。是爲序。

徐漢昌　中華民國 78 年 5 月　序於臺灣高雄中山大學

　　本論文已於民國七十九年六月，由台灣學生書局出版。今承台灣學生書局慨允編入本輯刊，謹致謝意。本次出版未再修訂，〈《管子》論「禮」初探〉、〈節儉乎？侈靡乎？——讀《管子》隨筆〉、〈《管子》導讀〉三文，因已刊入拙著《先秦學術問學集》（民國九十五年四月高雄復文圖書出版社出版），遂不再附入。

　　本次出版之校對工作，多煩李姎頤小姐，併此致謝。

徐漢昌附誌　中華民國 100 年 7 月

第一章　管仲評傳

　　管仲者，春秋時齊國賢相。名夷吾，字仲，諡敬，若連諡而稱，則曰「敬仲」。齊桓公尊稱之曰「仲父」。〔註1〕姬姓之後。〔註2〕乃潁上人氏，潁上，春秋時楚國慎邑，在今安徽阜陽縣東南百二十里。〔註3〕少時貧賤，《說苑・尊賢》謂其曾為「成陰之狗盜」。與鮑叔友善，賈於南陽。〔註4〕後傅公子糾，子糾敗，因鮑叔舉荐，為齊桓公相。佐桓公霸諸侯、匡天下，功業彪炳。〔註5〕

　　孟荀二人，於管仲則屢加非議。孟子一則謂：仲尼之徒，無道桓文之事者（《孟子・梁惠王上》），再則表示不屑學管仲、晏嬰（《孟子・公孫丑上》）。荀子亦稱：仲尼之門人，五尺之豎子，言羞稱乎五霸（《荀子・仲尼》），而論定管仲為小人之傑，非大君子之流（同上）。孔子雖曾譏管仲小器、奢侈、不知禮（《論語・八佾》），然論管仲之治國，則曰：「人也，奪伯氏駢邑三百，

〔註1〕《晏子春秋》卷二〈內篇〉卷下第二，景公自矜冠裳遊處之貴晏子諫第十五，作「管文仲」。四部備要孫星衍《音義》卷上謂：「文疑敬字之壞也。」

〔註2〕《通志・氏族略第二》，稱管仲「出自周穆王」。四部叢刊明刊本《國語》六，〈齊語〉韋昭注：「管夷吾，齊卿，姬姓之後，管嚴仲之子敬仲也。」四部備要據宋版所刊者，則無「管嚴仲之子」五字。《史記・管晏列傳・正義》引韋昭注，有「管嚴之子」四字。《史記索隱》引世本則稱：「莊仲山產敬仲夷吾。」

〔註3〕見《中國歷史地名大辭典》第三卷，三通圖書股份有限公司出版。《鹽鐵論・相刺》作「越人」。

〔註4〕見《說苑・復恩》、《史記索隱》引《呂覽》（佚文）。

〔註5〕徐幹《中論》卷下，〈審大臣〉第十六，謂：「昔管夷吾嘗三戰而皆北，人皆謂之無勇；與之分財多取，人皆謂之不廉；不死子糾之難，人皆謂之背義；若時無鮑叔之舉，霸君之聽，休功不立於世，盛名不垂於後，則長為賤大夫矣。」

飯蔬食，沒齒無怨言。」（《論語・憲問》）子路、子貢問管仲仁乎？夫子曰：
「如其仁！如其仁！」（同上）曰：「微管仲，吾其被髮左衽矣！」（同上）若
依孟子之見，五霸乃以力假仁者（《孟子・公孫丑上》），且爲三王之罪人（《孟
子・告子下》）。準此而論，管仲何得如其仁乎？孔子之稱許管仲，非「桓公
九合諸侯，不以兵車，管仲之力也」（《論語・憲問》）歟？

第一節　管仲爲相前天下大勢

一、周室衰微

周室開國，行封建、立宗法、定井田。一切制度以禮樂爲中心，教化天
下。天下嚮風慕義，因有成康兩代之盛。迨至厲王，以暴力杜民之口，終遭
放流。幽王寵褒姒、戲諸侯，失德失政，死於犬戎之手。幽王死，而周室分
裂爲二：申侯、魯侯、許文公等，立平王宜臼於申，得鄭武公之支持；而虢
公翰則立王子余臣於攜，後爲晉文侯所殺。平王與幽王雖有父子之親，以乏
父寵，而失太子之位。然其逃至舅家申國之後，不當聽任申侯勾結犬戎，攻
陷鎬京，殺死幽王。事後又與王子余臣爭位，兵戎相見。兄弟叔侄相爭之局，
自此而始。觀莊王與弟子克，惠王與叔子頹，襄王與弟子帶，均爲爭位而流
血。周天子之不足爲天下儀表也如此！

且王室之亂、王位之爭，均有諸侯之力量參與，因而酬庸報答之餘，諸
侯之地位與力量，日漸增高與增強。反之，王室之地位與力量，則日漸衰弱
與萎縮。鄭莊公既可與周天子交換人質於先，更射傷周天子於後，此時王室
之威信與尊嚴，已不只受損而已。其後，楚子熊通，僭號稱王，與周天子並
尊，周天子亦無可奈何，於是連名分上獨尊之地位亦告喪失。迨後諸侯內亂
頻仍，兼併時起，周天子無力約束。乃成「天下無道，則禮樂征伐，自諸侯
出」（《論語・季氏》）之局，亦爲一「君不君，臣不臣，父不父，子不子」（《論
語・顏淵》）之時代。

管仲之「尊王」政策，即在此天下大勢下產生，其目的在消弭諸侯間之
糾紛與維護周天子之地位與尊嚴。天子無力爲之，諸侯受天子之命征伐叛逆，
以安定中國。安定中國之進一步目的在全力「攘夷」。此所以管仲以諸侯臣子
之身分朝覲天子之時，周天子欲待之以上卿之禮也。

二、四夷交侵

　　武王伐紂，誓師於牧野，除友邦參與外，尚有庸、蜀、羌、髳、微、盧、彭、濮八國之人加入行列。孔安國謂：「八國皆蠻夷戎狄。」（十三經注疏本《尚書・牧誓》）是可知周初伐紂建國之時，四方之夷狄，亦曾出力。前此之前，夷狄之力量，已不容輕忽矣。太王居邠，受狄人之欺凌，事之以皮幣、犬馬、珠玉，無效，遷居以避之。詩曰：「來朝走馬，率西水滸，至於岐下。」（〈大雅・緜〉）邠人以太王為仁者，「從之者如歸市」（《孟子・梁惠王下》）。文王亦以大事小，其所事者為昆夷。所謂「混夷駾矣，維其喙矣」（《詩・大雅・緜》）。夷人始而驚走，繼而困頓，終而服於文王。太王、文王能以德服夷狄，是以武王伐紂，蠻夷來助。

　　周有天下，武王旋即崩逝，中央頓失重心，周公扶立成王而自行攝政。管叔、蔡叔不服，會合紂子武庚，聯合淮夷、徐戎共叛周室，此舉正予夷狄一擴張之機會。其後周穆王北逐犬戎、東南平徐戎、南伐荊越。宣王時亦曾傾全力撻伐夷狄，可見當時問題之嚴重。周室力強、德盛，則夷狄服；周室力弱、德衰，則夷狄叛。宣王曾命秦仲伐西戎；尹吉甫伐玁狁，〈小雅・出車〉、〈六月〉、〈采薇〉美之；方叔征荊蠻，〈小雅・采芑〉頌之；召穆公討淮夷，〈大雅・江漢〉稱之；宣王之親征徐戎也，〈大雅・常武〉歌之。

　　宣王時之征討，次數多、範圍廣，耗費不少，然未能徹底解決夷狄之侵略問題。其子幽王，竟死犬戎之手，鎬京殘破，平王東遷。四方夷狄力量之大，由此可見。周王室疲於應付，飽受侵凌。其尤可憂慮者，乃夷狄自此介入周室之政爭，左右王權之更迭。是可知春秋時代四夷之患，已極嚴重，而周天子無力抵禦。

　　周武王得天下諸侯及夷狄之支持，敗商紂，興周室，其時之武王，乃天下共同擁戴之天子，而非中央集權之皇帝。是以天下諸侯，仍各有其舊居與舊俗，周王室無從改變。一則無力量，再則不可能，不得已乃分封子弟與功臣，星羅棋佈，以屏藩周室。實則華夷雜處，時而相安，時而相爭。春秋時最具威脅力者，北有山戎，南有荊蠻之楚。楚原為顓頊之後，以久居南方，文化遂與中原漸異。楚武王時，僭號稱王，且曰：「我蠻夷也，今諸侯皆為叛，相侵或相殺。我有敝甲，欲以觀中國之政。」（《史記・楚世家》）北方之山戎，曾侵鄭（《左傳・隱公九年》）、伐齊（《左傳・桓公六年》），幸均為鄭所敗。此時之中國，恰是「南夷與北狄交，中國不絕若綫」（《公羊傳・僖公四年》）。

管仲之「攘夷」政策，即在此客觀形勢下而爲之者也。

三、姜齊建國

《史記》載「武王已平商而王天下，封師尙父於齊營邱」（〈齊世家〉）。齊地乃「昔爽鳩氏居此地（少皞氏時期），季則因之（虞夏時期），有逢伯陵因之（商湯時期），蒲姑氏因之（殷末時期），而後太公因之」（《左傳・昭公二十年》）。周成王時，「蒲姑氏與四國共作亂，成王滅之；以封師尙父，是爲太公」（《漢書・地理志下》）。此言太公之封於齊，乃成王之時，且在周公東征之後，而非武王初定天下之時。沈剛伯先生以爲：武王時封太公於呂，成王平定東方之亂後，乃封太公、伯禽於齊、魯兩地以鎭撫東方。（〈齊國建立的時期及其特殊的文化〉，見《西周政教制度研究》一書。）

《史記・齊世家》載太公就國時，「道宿行遲，逆旅之人曰：『吾聞：時難得而易失。客寢甚安，殆非就國者也。』太公聞之，夜衣而起，犁明至國。」太公就國之際，齊地顯然仍不穩定，是以逆旅之人提醒太公，需爭取先機，以免失時。太公至齊，果然當地之夷人萊侯來伐，與之爭營邱。史稱太公「至國修政，因其俗，簡其禮，通商工之業，便魚鹽之利，而人民多歸齊，齊爲大國」（《史記・齊世家》）。太公至齊五月，報政於周公，周公美其「簡其君臣禮，從其俗爲也」（《史記・魯世家》），且曰：「夫政不簡不易，民不有近，平易近民，民必歸之。」（同上）是可見太公治齊之原則，只一「因」字而已。

齊僻處海隅，「地瀉鹵」（《史記・貨殖列傳》），因其鹼性重，不宜種植五穀。然近海者食於海，魚鹽之利却大有可爲。此一方面之生產，透過商業之行爲，足以以有餘補不足。是以先天之限制，使得以農耕爲主之周政，不適用於齊地。勉強用周政既不可能，則只有「因其俗」矣。太公遂「勸其女工，極技巧，通魚鹽，則人物歸之。繦至而輻湊，故齊冠帶衣履天下。海岱之間，斂袂而往朝焉」（《史記・貨殖列傳》）。

太公之佐文王武王也，以「兵權與奇計」（《史記・齊世家》），故其觀念與作法，與「制禮作樂」之周公不同。兵權奇計，重在通權與達變，而不重在規矩與禮制。是以太公之治齊爲：因俗、簡禮，而伯禽之治魯，則在「變其俗」、「革其禮」（《史記・魯世家》）。反觀齊地之原住民乃屬於少皞氏一支之爽鳩氏，爽鳩氏曾爲少皞氏司寇，而與其同屬一族之玄鳥氏，後更成爲天

下之共主——商朝（《左傳·昭公十七年》），可見其文化水準並不低俗。太公爲迅速安定東方，於是因時適變「簡其禮」。政治方面，則「擧賢而上功」（《淮南子·齊俗》），此又與周室封建世襲之制不同者也。

　　因其俗、簡其禮、通商工之業、便魚鹽之利之開國大政方針，使齊迅速成爲大國，且與周室有諸多之不同。齊中衰後，管仲起而爲相，「以區區之齊在海濱，通貨積財，富國彊兵，與俗同好惡。……其爲政也，善因禍而爲福，轉敗而爲功。貴輕重，愼權衡」（《史記·管晏列傳》）。是可見管仲之施政，大體仍遵太公之策，以期能配合齊地之特殊環境也。

四、諸子爭位

　　齊釐公寵愛其同母弟夷仲年之子公孫無知，賜以相當於太子之秩服。釐公歿，太子即位，是爲齊襄公。襄公爲太子時，曾與無知爭鬥，遂於即位後，貶降無知之秩服，二人仇怨因而益深。後齊襄公私通魯桓公夫人，且殺死魯桓公，結怨於魯。其平日言行又諸多不當，羣弟恐牽連及禍，乃先後出奔他國。時公子糾奔魯，召忽、管仲爲傅；公子小白奔莒，鮑叔爲傅。襄公曾命連稱、管至父二臣戍葵丘，言明瓜時而往，明年瓜時而代，然却言而無信，期滿，公問不至，請代，又不許。二人遂聯合公孫無知弑襄公。無知自立爲君，暴虐雍廩，遂又在出遊時爲雍廩人所弑。此時公子小白受齊大夫高傒之召，回齊。魯亦送公子糾回齊。管仲中途攔截小白，且以箭射中小白，小白佯死以欺之，〔註6〕遂得搶先回齊即位，是爲桓公。並發兵拒魯。乾時一戰，敗魯。子糾死，召忽殉主，管仲幽囚回齊。史稱「鮑叔受之，及堂阜而稅之」（《左傳·莊公九年》）。一場奪位之爭，至此結束。

　　自齊太公歿後，至桓公即位，歷三百餘載，史書所載齊國內亂頻仍，中衰已久。雖然否極當反，而泰來則更有賴賢人志士之奮鬥。管仲於齊國大局，認識深刻，早已預作設想。《管子·大匡》及《呂氏春秋·愼大覽·不廣》一段，均有記載：

　　　　齊僖公生公子諸兒、公子糾、公子小白。使鮑叔傅小白，鮑叔辭，

〔註6〕《呂氏春秋·開春論·貴卒》：「管仲扞弓射公子小白，中鈎。鮑叔御公子小白僵。（高誘注：御，猶使也。僵，猶偃也。）管子以爲小白死，告公子糾曰：『安之，公子小白已死矣。』鮑叔因疾驅先入，故公子小白得以爲君。鮑叔之智，應射而令公子小白僵也，其智若鏃矢也。」是則小白之佯死，乃鮑叔之將計就計也。

稱疾不出。管仲與召忽往見之曰：「何故不出？」鮑叔曰：「先人有言曰：知子莫若父，知臣莫若君。今君知臣不肖也，是以使賤臣傅小白也。賤臣知棄矣。」……管仲曰：「不可。持社稷宗廟者，不讓事、不廣閒。將有國者未可知也，子其出乎！」召忽曰：「不可。吾三人者之於齊國也，譬之猶鼎之有足也，去一焉，則必不立矣。吾觀小白，必不爲後矣。」管仲曰：「不然也。夫國人憎惡糾之母，以及糾之身，而憐小白之無母也。諸兒長而賤，事未可知也。夫所以定齊國者，非此二公子者，將無已也。小白之爲人，無小智，惕而有大慮，非夷吾莫容小白，天不幸降禍加殃於齊，糾雖得立，事將不濟。非子定社稷，其將誰也？」……鮑叔曰：「然則奈何？」管子曰：「子出奉令則可。」鮑叔許諾，乃出奉令，遂傅小白。（《管子・大匡第十八》。世界書局本《管子校正》，本書所引《管子》均用此本。）

觀此文所載，知鮑叔、召忽均以爲小白無大可爲，唯管仲能分析主觀條件（小白之爲人一段）與客觀環境（國人憎惡糾之母一段），認定小白早晚將得位，是以力勸鮑叔奉王命以傅之，且須對之忠心不二。「鮑叔謂管仲曰：『何行？』管仲曰：『爲人臣者，不盡力於君，則不親信；不親信則言不聽，言不聽則社稷不定。夫事君者無二心。』鮑叔許諾。」（同上）其後桓公聽鮑叔之言，用管仲，足證鮑叔確已得桓公之親信。另一方面，管仲、召忽傅公子糾。以管仲之見，子糾在年齡上當先立爲君，然欲強齊國、成大功，則必待小白。事實之發展爲：公子諸兒（齊襄公）確實無能，誤國亡身。公孫無知亦不旋踵而亡。子糾與小白爭位，小白有高傒爲內應，得朝臣支持，於是齊之政局，跳過公子糾之階段，而逕由小白即位。

《淮南子・要略》稱：「齊桓公之時，天子卑弱，諸侯力征，南夷北狄，交伐中國，中國之不絕如綫。齊國之地，東負海而北障河，地狹田少，而民多智巧。桓公憂中國之患，苦夷狄之亂，欲以存亡繼絕，崇天子之位，廣文武之業，故《管子》之書生焉。」此即管仲踏上政治舞臺，大展鴻圖前之天下大勢也。自各方面觀之，均爲一可以大有作爲之時代，亦爲應該稍作振興之時代。管仲掌握此一機會，運用時勢，不但個人成功，而天下亦因之展現一新形勢。

第二節 管仲功業

一、強 齊

齊桓公即位，正當齊國長期衰亂之後，桓公曾謂：「國家不日引，不月長，恐宗廟之不掃除，社稷之不血食。」（《國語·齊語》）齊國當時之內憂與危機之深重有如此者，亟需一能力極強之人出而輔佐桓公。桓公本屬意於鮑叔，欲令鮑叔爲宰。然鮑叔却大力推荐管仲曰：

> 臣，君之傭臣也。君加惠於臣，使之不凍餒，則是君之賜也。若必治國家者，則管夷吾乎。臣之所不若夷吾者五：寬惠柔民，弗若也；治國家不失其柄，弗若也；忠信可結於百姓，弗若也；制禮義，可法於四方，弗若也；執枹鼓立於軍門，使百姓加勇焉，弗若也。（《國語·齊語》）〔註7〕

又曰：

> 管夷吾治於高傒，使相可也。（《左傳·莊公九年》）

管仲既承大任，並不恃才傲物，大權獨攬。管仲頗能識拔人才，大家同心協力，各展所長，共謀強齊，而管仲則居中調和鼎鼐，總其大成。管仲所用之人才爲：

> 升降揖讓，進退閑習，辨辭之剛柔，臣不如隰朋，請立爲大行。墾草入邑，辟土聚粟，多眾盡地之力，臣不如甯戚，請立爲大司田。平原廣牧，車不結轍，士不旋踵，鼓之而三軍之士視死如歸，臣不如王子城父，請立爲大司馬。決獄折中，不殺不辜，不誣無罪，臣不如賓胥無，請立爲大司理。犯君顏色，進諫必忠，不辟死亡，不撓富貴，臣不如東郭牙，請立爲大諫之官。（《管子·小匡第二十》）〔註8〕

管仲強齊之重點工作有三：安定社會、富民教民與發展軍事。

安定社會之先，必先使百姓對桓公之新政府有信心，故其首要工作爲順從民心，進而獲得民心。管仲曰：

> 政之所興，在順民心；政之所廢，在逆民心。民惡憂勞，我佚樂之；

〔註7〕 鮑叔荐管仲之語亦見《管子·小匡》、《韓詩外傳》卷十。唯文字略有出入。

〔註8〕 管仲荐賢之語亦見《韓非子·外儲說左下》、《呂氏春秋·審分覽·勿躬》、《新序·雜事》。唯文字略有出入。

> 民惡貧賤，我富貴之；民惡危墜，我存安之；民惡滅絕，我生育之。
> 能佚樂之，則民爲之憂勞；能富貴之，則民爲之貧賤；能存安之，
> 則民爲之危墜；能生育之，則民爲之滅絕。故刑罰不足以畏其意，
> 殺戮不足以服其心。故刑罰繁而意不恐，則令不行矣；殺戮眾而心
> 不服，則上位危矣。故從其四欲，則遠者自親；行其四惡，則近者
> 叛之。故知予之爲取者，政之寶也。（《管子・牧民第一》）

於此原則之下，其實際之作法爲：成民之事、定民之居。所謂成民之事者，
管仲以爲：

> 四民者，勿使雜處。雜處，則其言哤、其事易。……昔聖王之處士也，
> 使就閒燕，處工就官府，處商就市井，處農就田野。令夫士羣萃而州
> 處，閒燕則父與父言義，子與子言孝，其事君者言敬，其幼者言悌。
> 少而習焉，其心安焉，不見異物而遷焉。是故其父兄之教，不肅而成；
> 其子弟之學，不勞而能。夫是故士之子恒爲士。……工之子恒爲
> 工。……商之子恒爲商。……農之子恒爲農。（《國語・齊語》）

此教民安心於其家業，且樂於其事業也。

定民之居，乃配合成民之事之另一工作也，所謂：

> 制國以爲二十一鄉。工商之鄉六、士鄉十五。公帥五鄉焉，國子帥
> 五鄉焉，高子帥五鄉焉。參國起案，以爲三官。臣立三宰，工立三
> 族，市立三鄉，澤立三虞，山立三衡。（《國語・齊語》）

士農工商分別領導，使其各安其居，各樂其業，各繁其生。

凡此皆爲富民也，「倉廩實則知禮節，衣食足則知榮辱」（《管子・牧民第
一》）。此富民之所以爲治國之要務也。民生經濟問題未能解決，則一切政治
措施均將落空。欲民生經濟上軌道，先決條件爲社會安定，人民安居樂業。
社會安定，人民安居樂業，則又賴民生富足，經濟良好，兩者相輔而又相成。
管仲重視民生問題，國家經濟整頓極好，均基於此項體認也。

管仲於富民時，特別考慮齊國之特殊歷史背景與地理環境。是以一則承
襲太公之業，再則，設輕重九府，制定山海利益歸公與鹽鐵公賣之策。鼓勵
商工，通貨積財，大富齊國。

教民之工作，先要求在上位之領導者爲民表率，要「上服度」，要「明鬼
神、祗山川、敬宗廟、恭祖舊」（均見《管子・牧民第一》）施政方面，則有
消極之「禁文巧」（同上），使民不見可欲，不貪淫樂。而最重要之工作則爲

積極之以四維教民：

> 一曰禮，二曰義，三曰廉，四曰恥。禮不踰節，義不自進，廉不蔽惡，恥不從枉。故不踰節則上位安，不自進則民無巧詐，不蔽惡則行自全，不從枉則邪事不生。（《管子‧牧民第一》）

此品格教育也、行爲教育也。管仲庶民、富民而後教民之施政，正後世孔子所主張者：

> 子適衛，冉有僕。子曰：「庶矣哉！」冉有曰：「既庶矣，又何加焉？」曰：「富之。」曰：「既富矣，又何加焉？」曰：「教之。」（《論語‧子路》）

齊之富強固爲根本，然欲對外建功立業，則又需軍事之配合乃可。管仲遂又有「作內政而寄軍令」（《國語‧齊語》）之軍政合一政策。使其人民「卒伍整於里，軍旅整於郊」（同上）。平時生活、工作在一起，同禍福；戰時編組在同一行伍，共生死。務期百姓「居同樂，行同和，死同哀」（同上），心連心，團結一致。春秋兩季集合訓練，以此方式組織一支強大之軍隊。管仲又訂定百姓犯罪，以甲兵贖罪之法，於是齊國之武器亦足。桓公之霸業，即建立在此基礎上。

二、尊王攘夷

《春秋穀梁傳》稱齊桓公衣裳之會十有一，兵車之會四（〈莊公二十七年〉），據范甯《集解》，衣裳之會計：齊桓公五年會北杏，六年、七年兩度會鄄，八年、十九年兩度會幽，二十七年會檉，二十八年會貫，二十九年會陽穀，三十一年會首戴（首止），三十三年會寧母，三十五年會葵丘。丘車之會則爲：齊桓公三十四年會洮，三十九年會鹹，四十一年會牡丘，四十二年會淮。所謂衣裳之會，乃以外交手段解決問題之和平之會，不以武力；兵車之會則是帥兵車聚卒伍而行之盟會，以軍事促成外交。《國語‧齊語》所載則爲「兵車之屬六，乘車之會三」。《史記‧齊世家》載齊桓公之語，謂：「寡人兵車之會三，乘車之會六，九合諸侯，一匡天下。」乘車之會者，不用武力軍事之盟會也。綜合史籍所載，桓公之爲霸王，確非全憑軍事，以力服人者。

桓公之任霸主，非一朝一夕之功。桓公五年，首次會宋、陳、蔡、邾四國諸侯於北杏，眾尚未服於齊。《穀梁傳》曰：「是齊侯、宋公也。其日『人』，何也？始疑之。何疑焉？桓非受命之伯也，將以事授之者也。曰：可矣乎？

未乎？舉人，眾之辭也。（范甯《集解》：稱人，言非王命，眾授之以事。）」
（〈莊公十三年傳〉）桓公六年，會魯、宋、衛、鄭四國於鄄。七年，再會宋、
陳、衛、鄭四國於鄄。《左傳》曰：「（魯莊公）十五年春，復會焉，齊始霸也。」
（〈莊公十五年傳〉）桓公八年，再會魯、宋、陳、衛、鄭、許、曹、滑、滕
等國，同盟於幽。〔註9〕桓公十九年，會魯、宋、陳、鄭四國，同盟於幽。《穀
梁傳》以為：桓公八年幽之會，諸侯仍有心存疑慮者，至十九年幽之會，齊
方得諸侯之心而為霸主。《穀梁傳》曰：

> 同者，有同也，同尊周也，於是而後授之諸侯也。其授之諸侯何也？
> 齊侯得眾也。桓會不致，安之也。桓盟不日，信之也。信其信，仁
> 其仁。衣裳之會十有一，未嘗有歃血之盟也，信厚也。兵車之會四，
> 未嘗有大戰也，愛民也。（〈莊公二十七年傳〉）

吾人總計桓公在位四十三年間，會盟諸侯大小凡十六次，即《穀梁傳》
所載之十五次外，復有伐蔡責楚之召陵之盟。〔註10〕桓公會盟之意義，在組
織中原諸華夏國家力量，如：齊、魯、衛、宋、曹、鄭、陳等國，內謀安定
和平，外求抵禦夷狄。換言之，即一方面尊王，內求統一於周，周無力，霸
主受王命代行。另一方面則是攘夷，以求中原上國衣冠，不淪為夷狄。

齊桓之尊王室，一則利用會盟，使諸侯彼此不得無故侵擾與自相殘殺。
再則，齊一諸侯步調，在周室遇外患之時，安定周室。如：首止之會、洮之
會與鹹之會，《左傳》稱曰「謀寧周」（〈僖公五年〉）、「謀王室」（〈僖公八年、
十三年〉）。桓公更曾定周襄王之位，鞏固周室政權。桓公之霸，就在等舉措。
「昔齊桓公九合諸侯，未嘗不以周襄王之命，然則雖尊襄王，桓公亦定霸矣。
九合諸侯之尊桓公也，猶共尊襄王也。」（《戰國策·韓策三》）葵丘之盟之時，
「王使宰孔賜齊侯胙，曰：『天子有事于文武，使孔賜伯舅胙。』齊侯將下拜，
孔曰：『且有後命。天子使孔曰：以伯舅耋老，加勞賜一級，無下拜。』對曰：
『天威不違顏咫尺，小白余敢貪天子之命無下拜？恐隕越于下，以遺天子羞，
敢不下拜！』下拜，登受。」（《左傳·僖公九年》）桓公之下拜受賜，當出於
管仲之提示。〔註11〕管仲之守禮與尊王，更可於下一事中見之。

〔註 9〕 幽之會，《左傳》無曹國，《公羊》、《穀梁》兩傳有。
〔註 10〕 桓公會盟之次數與性質《史記·齊世家》、〈封禪書〉；《漢書·郊祀志》；《國
語》；《管子·小匡》；《穀梁傳》等所載不同，可參看。
〔註 11〕 《國語·齊語》有桓公為此事召管仲謀之記載。管仲曰：「為君不君，為臣不
臣，亂之本也。」桓公懼，遂下拜。天子賞服大輅、龍旗九旒、渠門赤旆等物。

齊桓公三十七年，王子帶召揚、拒、泉、皋、伊、雒等地之戎人，同伐京師。次年冬，桓公派管仲平戎於王，隰朋平戎於晉。史稱周天子以上卿之禮饗管仲，管仲辭，曰：「臣，賤有司也。有天子之二守國、高在，若節春秋，來承王命，何以禮焉？陪臣敢辭！」（《左傳‧僖公十二年》）周天子雖曰：「舅氏，余嘉乃勳，應乃懿德，謂督不忘，往踐乃職，無逆朕命！」（同上）然管仲卒受下卿之禮而還。君子曰：「管氏之世祀也宜哉！讓不忘其上。詩曰：愷悌君子，神所勞矣！」（同上）

其後於桓公三十九年、四十二年，又分別因戎人侵周，而會同諸侯戍周，以拱衛王室。桓公、管仲不踰越禮節，在大庭廣眾之前，身體力行尊王政策，以爲天下表率。此與前此之射王中肩之鄭君（姬姓），後此召周王會踐土之晉文（姬姓）相比，桓公、管仲愈於鄭、晉之君多矣！孔子曰：「齊桓公正而不譎。」（《論語‧憲問》）管仲相之之功也。

夷狄侵犯周室，桓公大力維護之外，對其他諸國遭到夷狄侵略之時，亦以繼絕存亡之精神處理之。桓公二十二年，山戎伐燕，桓公救燕，燕莊公送桓公入齊境，桓公曰：「非天子，諸侯相送不出境，吾不可以無禮於燕。」（《史記‧燕世家》）桓公不敢居功，承受燕君之謝，遂割燕君所至之齊地至燕。〔註12〕並要求燕君修召公之政，納貢于周，護衛王室。賈誼曰：「諸侯聞桓公之義，口不言而心皆服矣。故九合諸侯，莫不樂德，扶興天子，莫不勸從。」（《賈誼新書‧春秋》）桓公二十四年狄人伐邢，次年，管仲請救邢。桓公二十六年，狄人又滅衛。桓公於是分別遷邢於夷儀，封衛於楚丘。史稱「邢遷如歸，衛國忘亡」（《左傳‧閔公二年》）。桓公二十七年，定魯國慶父之亂，使高子立魯襄公，定魯國。桓公四十年，率諸侯築緣陵，以安置去年被淮夷侵略之杞國。桓公四十一年春，楚人因徐國親近諸夏而伐徐，是年三月桓公有牡丘之會，集諸侯兵以救徐。凡此種種，均攘夷之功也。其尤難能而可貴者，乃將爲夷狄所滅之小國，另行覓地安置，教其復國。此種內諸夏而外夷狄之態度，繼絕存亡之偉大精神，均管仲所教導於桓公者也。管仲曰：

> 戎狄豺狼，不可厭也。諸夏親暱，不可棄也。宴安酖毒，不可懷也。
>
> 詩云：「豈不懷歸？畏此簡書。」簡書，同惡相恤之謂也。請救邢以
>
> 從簡書。（《左傳‧閔公元年》）

齊桓公三十年，與楚臣屈完定召陵之盟。則更具特殊之意義。在此事件

〔註12〕《韓詩外傳》卷四，亦載此事。

中，管仲是關鍵人物。桓公與蔡姬乘舟，蔡姬蕩舟，桓公懼。次年桓公會魯、宋、陳、衛、鄭、許、曹等國伐蔡以報仇。爲蕩舟受驚，而率諸侯伐一小國，並不十分妥當與必要。管仲因勢利導，轉移出兵目的，將重點改爲伐楚，一筆帶過伐蔡之舉。當時之楚不服王命，且一再侵擾中國，所謂「楚有王者則後服，無王者則先叛，夷狄也，而亟病中國。南夷與北夷交，中國不絕若綫」（《春秋公羊傳·僖公四年》）。基於此一原因，管仲伐楚，不但理由充分，而且光明正大，既尊周王又攘夷狄。管仲曰：

> 昔召康公命我先君太公，曰：五侯九伯，女實征之，以夾輔周室。賜我先君履，東至於海，西至於河，南至於穆陵，北至於無棣。爾貢包茅不入，王祭不共，無以縮酒，寡人是徵！昭王南征而不復，寡人是問！（《左傳·僖公四年》）

管仲一語道出桓公復修太公之政，以夾輔周室、推尊天子之抱負。楚貢不入，是不尊王；昭王南征不返，楚國責任更大。周天子早已無力質問或討伐，桓公乃以當年天子之命爲辭，質問於楚。雙方雖未兵戎相見，然楚却應允入貢於周，承認周之天子名義，此可謂「尊王」。而楚北侵之勢力，問鼎中原之野心，亦收遏阻之效，此可謂「攘夷」。

　　管仲直接影響與支配桓公之霸業，而此霸業則使周室重獲昔日天子之地位，亦使中原衣冠之國，實質上不亡於夷狄。桓公、管仲雖死，其「繼絕存亡」（《公羊》、《穀梁》兩傳語）之功，將永爲後人所稱道，爲歷史所肯定。

第三節　管仲評價

一、交友與出處

　　管仲之成功，個人學識、能力固具直接之關係，而知己朋友之支持與幫助，尤爲難能而可貴，且具重大之意義。管仲能躍上政治舞臺，大展長才，得力於好友鮑叔之大力推荐。前文已述及管仲、召忽傅公子糾，鮑叔傅公子小白之事，小白先歸即位，鮑叔爲第一功臣，而管仲、召忽則小白之仇人也。管仲射小白，是又仇人中之仇人也。管仲得以不死，鮑叔爲關鍵人物；管仲得以爲相，鮑叔尤爲關鍵人物。吾人可以如此認爲，無鮑叔即無後來之管仲。書載：「管仲、鮑叔相謂曰：君亂甚矣，必失國。齊國之諸公子，其可輔者，

非公子糾則小白也。與子人事一人焉。先達者相收。」(《韓非子‧說林下》)
是管鮑二人，早有承諾也。

　　史載桓公自莒返齊，使鮑叔爲宰，鮑叔自謙不能，並舉管仲以自代，前
文已述其事。當時桓公不諒解管仲射帶鉤之事，鮑叔爲之解釋，曰：「夫爲其
君動也。君若宥而反之，夫猶是也。」(《國語‧齊語》) 〔註13〕鮑叔認爲各爲
其主，正是忠之表現，管仲能忠於爲傅，也必將忠於爲臣。〔註14〕實則管仲
忠國之心甚於忠君，彼只知死國不知死君。管仲曰：

> 夷吾之爲君臣也，將承君命，奉社稷，以持宗廟，豈死一糾哉！夷
> 吾之所死者，社稷破、宗廟滅、祭祀絕，則夷吾死之，非此三者，
> 則夷吾生。夷吾生則齊國利，夷吾死則齊國不利。(《管子‧大匡第
> 十八》)

管仲以爲國家地位重而國君地位輕，是以情願幽囚返齊，而不似召忽之爲子
糾而死。否則，管仲一心死君 (子糾)，鮑叔焉能救之。管仲非但不死子糾，
甚而受桓公之命，掌齊國之政，其目的只在富強齊國，是以桓公問管仲「社
稷可定乎」(《管子‧大匡第十八》)之時，管仲對曰：「君霸王，社稷定；君
不霸王，社稷不定。」(同上)桓公不敢有此大志，管仲再請早定大計，桓公
仍不能，管仲遂「辭於君曰：『君免臣於死，臣之幸也。然臣之不死糾也，爲
欲定社稷也。社稷不定，臣祿齊國之政，而不死糾也，臣不敢。』乃走出」(同
上)。此管仲出處進退之節也。

　　子貢、子路曾以管仲之不死子糾，問孔子管仲仁乎？孔子曰：「豈若匹夫
匹婦之爲諒也，自經於溝瀆，而莫之知也。」(《論語‧憲問》)又曰：「如其
仁！如其仁！」(同上)自大處著眼，不以小節論人；以大節取人，不以細行
責人，此眞可謂知管仲之心者。〔註15〕吾人若謂管仲之不死子糾爲是，則難
保後世無喪節之人，藉口管仲，毀棄世人之節操，壞名教之大防。然此一顧
慮，可以孟子論伊尹放太甲之事以說明之，孟子曰：「有伊尹之志則可，無伊

〔註13〕鮑叔爲管仲解釋之語，亦見《呂氏春秋‧不苟論‧贊能》、《列子‧力命》。唯
　　　　文字略有出入。

〔註14〕《韓非子‧難二》，論齊桓公勞於索人而佚於使人一段，韓非認爲管仲能背子
　　　　糾於先，事仇於後，乃不可信任之人，故主張桓公不宜輕易相信管仲，與鮑
　　　　叔觀點恰相反。

〔註15〕《說苑‧善說》載子路批評管仲不辯、無能、不慈、無愧、不貞、無仁，孔
　　　　子則謂管仲天子之佐、諸侯之相，死之不免爲溝中之瘠，不死則功復用於天
　　　　下，故不必爲子糾死。

尹之志則簒也。」(《孟子‧盡心上》)吾人論管仲亦當如是。若徒以小節、細行論人,不但管仲一無足取,世上可取者又有幾人?魯仲連曰:

> 且吾聞,效小節者不能行大威,惡小恥者不能立榮名。昔管仲射桓公中鈎,簒也,遺公子糾而不能死,怯也;束縛桎梏,辱身也;此三行者鄉里不通也,世主不臣也。使管仲終窮抑,幽囚而不出,慚恥而不見,窮年沒壽,不免為辱人賤行矣。然管子并三行之過,據齊國之政,一匡天下,九合諸侯,為五霸首,名高天下,光照鄰國。……非不能行小節、死小恥也,以為殺身絕世,功名不立,非智也。故去忿恚之心,而成終身之名;除感忿之恥,而立累世之功。故業與三王爭流,名與天壤相敝也。(《戰國策‧齊策六》)

此取其大不取其細之論也。《淮南子》於此事亦有公允之論,其言曰:

> 管仲輔公子糾而不能遂,不可謂智。遁逃奔走,不死其難,不可謂勇。束縛桎梏,不諱其恥,不可謂貞。當此三行者,布衣弗友,人君弗臣。然而管仲免於累紲之中,立齊國之政,九合諸侯,一匡天下。使管仲出死捐軀,不顧後圖,豈有此霸功哉!今人君論其臣也,不計其大功,總其略行,而求其小善,則失賢之數也。故人有厚德,無問其小節,而有大譽,無疵其小故。……夫人之情,莫不有所短。誠其大略是也,雖有小過,不足以為累。若其大略非也,雖有閭里之行,未足大舉。(〈氾論〉)

又曰:

> 管子憂周室之卑,諸侯之力征,夷狄伐中國,民不得寧處,故蒙恥辱而不死,將欲以憂夷狄之患乎。(〈泰族〉)

管仲之以國家天下為己任,不顧一己之小恥,奮而出身靖天下之亂,其用心頗得孔子與後之學者之稱許。明清鼎革之際,諸大儒於此,尤所措意焉。顧亭林曰:

> 君臣之分,所關者在一身;夷夏之防,所繫者在天下。故夫人之於管仲,略其不死子糾之罪,而取其一匡九合之功。蓋權衡於大小之間,而以天下為心也。夫以君臣之分,猶不敵夷夏之防,春秋之志可知矣。……夫子之意,以被髮左衽之禍,尤重於忘君事讐也。(《日知錄》卷九,〈管仲不死子糾〉條)

王船山亦曰:

管仲之仁，正於其相桓見也。……微管仲，四夷闌入，兵戈不戢，
而衣裳之會不興，垂至今日，吾其被髮左衽矣。管仲知天下之安危
存亡，在此一時，後世之人心風俗，繫此一機，而齊有可用之勢，
桓公有可用之才，而己之從糾，非君臣分義之所在，決於不死，決
於相之，其以是爲心之安而理之得也。（《四書訓義》卷十八，〈管仲
相桓公霸諸侯一匡天下〉章）

淺見以爲，管仲若無後來九合諸侯，不以兵車之大成就，無「微管仲，
吾其被髮左衽」之大貢獻，則後人之評價又將如何？想管仲當初必有極崇高
之理想，有極強烈之自信，與極大之把握，乃敢冒此不死子糾、又相桓公之
大險，其人之信心與理想亦偉矣，此其所以能成大功者歟？

管仲之能成功立業，鮑叔亦與有力焉。鮑叔若無知人之明，焉敢力保桓
公之仇，且力荐之爲相哉！「管仲，桓公之讎也，鮑叔以爲賢，於桓公七十
言，說乃聽。遂使桓公除仇讎之心，而委之國政焉。桓公垂拱無事而朝諸侯，
鮑叔之力也。管仲之所以走桓公而無自危之心者，同聲於鮑叔也。」（《賈誼
新書》卷十〈胎教〉）鮑叔眞可謂管仲之恩人，亦桓公之恩人也。子貢問大臣，
孔子曰：「齊有鮑叔，鄭有子皮。」（《韓詩外傳》卷七）子貢復問夫子：「然
則薦賢，賢於賢？」（同上）孔子曰：「知賢，智也；推賢，仁也；引賢，義
也。有此三者，又何加焉？」（同上）孔子之推許鮑叔也如此！鮑叔推舉管仲
之功，桓公深知之，是以「管子治齊國，舉事有功，桓公先賞鮑叔，曰：使
齊國得管子者，鮑叔也」（《呂氏春秋·不苟論·贊能》）。司馬遷曰：「天下不
多管仲之賢，而多鮑叔能知人也。」（《史記·管晏列傳》）的是確論。

管仲曰：「吾始困時，嘗與鮑叔賈，分財利，多自與，鮑叔不以我爲貪，
知我貧也。吾嘗爲鮑叔謀事，而更窮困，鮑叔不以我爲愚，知時有利有不利
也。吾嘗三仕三見逐於君，鮑叔不以我爲不肖，知我不遭時也。吾嘗三戰三
走，鮑叔不以我爲怯，知我有老母也。公子糾敗，召忽死之，吾幽囚受辱，
鮑叔不以我爲無恥，知我不羞小節而恥功名不顯於天下也。生我者父母，知
我者鮑叔也。」（《史記·管晏列傳》）《韓詩外傳》另有如下之記載：

昔鮑叔有疾，管仲爲之不食、不內漿。宵戚患之，管仲曰：「生我者
父母，知我者鮑子。士爲知己者死，馬爲知己者良。鮑子死，天下
莫吾知，安用水漿？雖爲之死，亦何傷哉！」（《初學記》卷十八〈交
友〉第二引）

管鮑之交，真令人羨煞！

二、事功與遺教

管仲之能成大功立大業，最得力於桓公之重用不疑。尊之於高子、國子二卿之上，親之以為仲父，富之以三歸之家。《韓非子·難二》載之曰：「齊桓公之時，晉客至，有司請禮。桓公曰：『告仲父』者三。而優笑曰：『易哉為君，一曰仲父，二曰仲父。』桓公曰：『吾聞君人者勞於索人，佚於使人。吾得仲父已難矣，得仲父之後，何為不易乎哉！』」〔註16〕桓公之親信管仲，可謂無以復加矣。孟子即曾曰：「管仲得君，如彼其專也；行乎國政，如彼其久也。」（〈公孫丑篇上〉）桓公之能重用管仲而不疑，則因桓公寵信鮑叔，言聽計從也。鮑叔絕對瞭解管仲，而桓公絕對信任鮑叔，是以鮑叔敢於力荐。桓公亦因之不殺管仲於先，而又任用之於後，且於管仲被囚返齊之時，「三釁三浴之」（《國語·齊語》），「親逆之於郊」（同上），並問以國政。《荀子》論桓公曰：

> 於乎！夫齊桓公有天下之大節焉，夫孰能亡之？俠然見管仲之能足以託國也，是天下之大知也。安忘其怒，出忘其讎，遂立以為仲父，天下之大決也。立以為仲父，而貴戚莫之敢妒也；與之高國之位，而本朝之臣莫之敢惡也；與之書社三百，而富人莫之敢距也。貴賤長少，秩秩焉莫不從桓公而貴敬之，是天下之大節也。諸侯有一節如是，則莫之能亡也。桓公兼此數節者而盡有之，夫又何可亡也？其霸也宜哉！非幸也，數也。（〈仲尼〉）〔註17〕

《韓非子·難二》亦謂：

> 夫一匡天下，九合諸侯，美之大者也。非專君之力也，又非專臣之力也。……凡五霸所以能成功名於天下者，必君臣俱有力焉。

管仲何其幸運，有鮑叔為友，有桓公為君，宜乎能有如此之功業！

管仲尊王攘夷之功，已見前述。考桓公之所以能霸，乃管仲教其以「德」服諸侯也是桓公五年，與魯莊公會於柯，魯國原為擁護公子糾者，會盟時，魯臣曹沫復劫持桓公還魯侵地。此時，管仲教桓公以大度包容之，以化解雙方仇隙，並奠定為霸之基礎。「要盟可犯，而桓公不欺；曹子可讎，而桓公不怨。桓公之信，著乎天下，自柯之盟始焉。」（《公羊傳·魯莊公十三年》）董

〔註16〕文亦見《呂氏春秋·審分覽·任數》。
〔註17〕此論亦見《韓非子·難一》、《說苑·尊賢》。

仲舒亦曰：「齊桓公於柯之盟見其大信，一年而近國之君畢至，鄄幽之會是也。」（《春秋繁露·精華》）〔註18〕桓公三十三年，會於寧母，管仲教桓公以德服人，管仲曰：

> 臣聞之：招攜以禮，懷遠以德，德禮不易，無人不懷。（《左傳·魯僖公七年》）

又曰：

> 君若綏之以德，君之以訓詞，而帥諸侯以討鄭，鄭將覆亡之不暇，豈敢不懼。……且夫合諸侯以崇德也，會而列姦，何以示後嗣？夫諸侯之會，其德刑禮義，無國不記，記姦之位，君謀替矣。作而不記，非盛德也。（同上）

桓公之霸業，管仲居功最偉。而其功之最大者，則在教桓公以德服諸侯，而以禮自守也。

唯其以德服人，乃克糾集眾力，同心一志，內合諸侯，外攘夷狄。孟子曰：

> 五霸，桓公爲盛。葵丘之會諸侯，束牲載書而不歃血。初命曰：誅不孝，無易樹子，無以妾爲妻。再命曰：尊賢育才，以彰有德。三命曰：敬老慈幼，無忘賓旅。四命曰：士無世官，官事無攝，取士必得，無專殺大夫。五命曰：無曲防，無遏糴，無有封而不告。曰：凡我同盟之人，既盟之後，言歸於好。（〈告子下〉）〔註19〕

初命至五命之辭，均針對時弊而發，命各與盟諸侯，善齊其家，善治其國，以禁抑篡弒犯上。進而善待鄰國，敦睦友邦，上尊天子，以裁制彼此之兼併。內而各諸侯會盟爲一，尊敬王室；外而同心合力，攘四方夷狄。前在桓公二十九年，先會宋、江、黃三國於陽穀，以謀伐楚，會中桓公請各諸侯彼此之間「無障谷，無貯粟，無易樹子，無以妾爲妻」（《公羊傳·魯僖公三年》）。次年，桓公即行伐蔡攻楚，責楚之不臣。是可知桓公之霸業，以求各諸侯國，步上正軌，遵循常道爲第一步工作。以諸侯互助互救，尊崇王室，爲第二步工作。第三步工作，則爲團結諸夏，外攘四夷，以期中原衣冠文化，維繫不絕。

管仲之所作所爲，固使桓公之聲勢凌駕諸侯之上，成爲天下霸主，然其

〔註18〕　《呂氏春秋·離俗覽·貴信》、《新序·雜事》，亦極稱美管仲之能守信。

〔註19〕　《穀梁傳·僖公九年》：「九月戊辰，諸侯盟于葵丘。桓盟不日，此何以日？美之也。爲見天子之禁，故備之也。葵丘之會，陳牲而不殺，讀書加于牲上，壹明天子之禁。曰：毋雍泉，毋訖糴，毋易樹子，毋以妾爲妻，毋使婦人與國事。」可與《孟子》參看。

「尊王」之意義，則在霸主個人功業之上，而「攘夷」以維繫華夏文化於不絕如線之際，其貢獻則更凌駕於尊周王之上。周王固當尊崇之，然文化延續之重要性，尤過於一姓王朝之存亡。夫中華民族之所以為中華民族者，在文化。孔子夷夏之辨，亦在文化，所謂用夷禮則夷之，進於中國則中國之者是也。孔子之稱美管仲如其仁者，不以「微管仲，吾其被髮左衽」耶？此被髮左衽者，非政權誰屬之問題，而為文化誰屬之事。此乃自中華文化與華夏民族，整體之生存與發展之立場而言之者，是以視輔佐桓公成霸為管仲一生功業所在者，所見甚小；以為尊王攘夷不過為霸主之政治口號者，所見亦淺。

管仲者，東周一異姓諸侯之陪臣也，焉能責其不行王道而圖霸功哉！設若管仲以王道佐齊桓以王天下，則又將置周天子於何地？孔子春秋「大一統」、「王正月」之微言大義，不亦尊周王乎？管仲若身為周天子之上卿，責其不佐天子行道以王天下，自是理所當然。惜管仲無此權位，而當時之天下亦已無此環境。春秋時代之周王，只可使之尊，難以使之以德王天下矣。平情而論，孔子之評論管仲，最能見其大，而孟荀之以戰國時代天下大勢，非議管仲不行王政之語，又豈主張宗周之孔子之徒所當言者。〔註 20〕司馬光則頗有中肯之論，其言曰：「孔子稱管仲之器小哉，先儒以為管仲得君如此，不勉之以王，而僅止於霸，此其所以為小也。愚以為周天子尊，而管仲勉齊公以王，是教之篡也。此管仲所恥而不為，孔子顧欲其為之耶？」（《溫國文正司馬公集》卷七十一〈管仲小器論〉）

結 語

管仲任政相齊，善用齊國地利，通貨積財，使齊國富強，既蓄積九合諸侯之實力，又擁有尊王攘夷之資本。齊國之富厚，並使管仲有奢侈生活之客

〔註20〕孟荀批評管仲之語已見本篇之首。又：《荀子・王制》曾謂：「管子為政者也，未及修禮也。故修禮者王，為政者彊。」〈大略〉謂：「管仲之為人，力功不力義，力知不力仁，野人也，不可以為天子大夫。」〈臣道〉稱管仲為一「功臣」，而非「聖臣」；為「次忠者」，而非「大忠者」。荀子之所謂聖臣，用之者必王，大忠者則如周公之於成王。凡此皆責管仲不能輔君修禮行仁也。朱熹責管仲曰：「若仲輔其君使佐周室以令天下，俾諸侯朝聘貢賦皆歸於王室，而盡正名分致，周之命令復行於天下，已乃退就藩臣之列，如此乃是。今仲糾合諸侯，難也是尊王室，然朝聘貢賦，皆是歸己，而命令皆由己出，我要如此便如此，初不稟命於天子，不過只是要自成霸業而已，便是不是。」（《朱子語類》卷四十四）

觀環境。管仲有「三歸」（《論語・八佾》、《韓非子・難一》），又有「鏤簋而朱紘，旅樹而反坫，山節而藻梲」（《禮記・雜記下》孔子曰）。〔註21〕就個人進德修業言之，孔子責其小器、不儉、不知禮（《論語・八佾》）、「泰侈偪上」（《韓非子・外儲說左下》引），良非過苛。齊桓公不計射鉤之仇而重用管仲，是其長；生活奢靡，好色、好妒、好味，則是其短。桓公之長，使之為五霸首；桓公之短，使之身死不葬。吾人責備賢者，管仲有不能自修其身之過，亦有不能輔君於善之失也。

　　齊桓公生活浮華，縱欲過度，遂使豎刁、易牙、衛公子開方等食色小人乘虛而入，包圍桓公。管仲在位，彼等不能為惡，管仲一死，即肆無忌憚，終而亂齊之政。雖管仲病危之際，力勸桓公去此三人，然為時已晚。〔註22〕

〔註21〕《論語・八佾》亦有管仲樹塞門，有反坫之記載。《禮記・禮器》則與〈雜記〉所言相同。《戰國策・東周策》載：「齊桓公宮中七市，女閭七百，國人非之。管仲故為三歸之家，以掩桓公，非自傷於民也？」管仲若果如此，恐掩君之過之不能，反助長其非也。孔子所譏管仲者，正以此也。

〔註22〕《管子・小稱》、《韓非子・難一》、《呂氏春秋・先識覽・知接》、《史記・齊世家》，均只載管仲諫齊桓公去豎刁等三人之語。《管子・小稱》與〈戒〉兩篇、《呂氏春秋・先識覽》又載桓公接受管仲之諫逐去三人，居三年，又復召而返之，終而亂政之事。而《管子・戒》、《韓非子・十過》、《呂氏春秋・孟春紀・貴公》，《莊子・徐無鬼》、《列子・力命》，則不僅載其諫君去此三人，且推荐隰朋為其繼任人選。

《史記・齊世家》載管子卒於桓公四十一年，清朱駿聲據《呂氏春秋・先識覽》、《管子・霸形》，以為管仲之卒，「疑在齊桓四十年城緣陵後，決非卒於桓公四十三年」（《傳經室文集》卷九〈管子卒辨〉）。據《史記・齊世家》，隰朋與管仲同年去世，《管子・戒》則載管仲卒十月，隰朋亦卒，果如此，真齊之不幸也。《說苑・復恩》更載鮑叔先管仲死之事。《史記・正義》引括〈地志〉：「管仲冢在青州臨淄縣南二十一里牛山之阿。」1987年《管子學刊》第2期載：「管仲墓位於淄博市臨淄區齊陵鎮北山庄西，南依牛山，北臨淄水。現墓封土高十米，墓基東西長三十四米，南北寬十四米。明《青州府志》載：『管仲墓，牛山北麓。舊碑題：「管子之墓。嘉靖乙巳按察使鮑象賢立石冢上。」』今碑已失，僅存石碑座。……1981年，人民政府撥款于墓周修建了磚石圍牆，加以保護，南門正朝向松柏蒼翠的牛山。……墓前新立石碑二方，……一刻管仲肖像，一刻曰：『管夷吾之墓。』其背刻其簡歷，文曰：『管仲（？—公元前645年）名夷吾，字仲，諡號敬，因以敬仲稱之。春秋潁上人，我國古代著名政治家。少時與鮑叔牙為友，經商南陽。後由鮑叔牙荐與齊桓公，任命為卿，尊稱仲父。齊國實行改革，管仲進富國強兵之策。其為政，要在富民；崇尚法治，主張罰不避親貴；舉賢選才，提倡察能而授官，齊國遂強，桓公為春秋五霸之首。因此《史記》有「齊桓公以霸，九合諸侯，一匡天下，管仲之謀也」的記載。』」

韓非即就此事論管仲之失，在未教桓公治本之道，除去權豪重臣與左右之姦邪小人之外，更以法用人，以法考核，信賞必罰，以建立一制度，以期永久斷絕姦邪倖進之路。否則今日去此三人，難保他日不再有似此三人者進而包圍桓公也。管仲生前既未及早培養人才以為國用，又未能徹底除去小人，是以管仲一死，霸業隨即崩潰。齊國霸業之不能傳諸久遠，管仲當負其責。

反觀管仲禮、義、廉、恥四維之教，令順民心之施政原則，真足千古傳頌，垂教後世。其尊王攘夷之貢獻，維持民族文化命脈於不墜，厥功之偉，固不僅功在當時，更在千秋萬世之後。比較之下，管仲之過，可謂微乎其微矣。

第二章　管子書考

　　先秦諸子書，流傳至今而卷帙浩繁者，當推《管子》。管仲以事功顯名於春秋時代，其嘉言懿行與爲政之道，當時及後代，傳述者極多。秦以前已有《管子》文章流傳，《韓非子・五蠹》曰：「今境內之民皆言治，藏商、管之法者家有之。」斯時之管氏之法，內容恐未必同於今本。《莊子》、《韓非子》、《呂氏春秋》均載管仲事蹟與言論，與與見於今本《管子》者，文字有所不同，甚且有不見於今本《管子》者。〔註1〕《淮南子・要略》曾詳述《管子》書之成書背景，《史記・管晏列傳》亦言《管子》書世多有之。前此之《賈誼新書》，其〈俗激〉與〈春秋〉兩篇，曾稱引今本《管子・牧民》與〈形勢〉兩篇之文字。劉向校理《管子》，班固著錄《管子》，均題管仲作。然今見劉向校理之《管子》，內容龐雜，細究之下，疑竇甚多。今董理古今學者之說，就其著錄與亡佚，知見之古代版本，歷代校釋，與《管子》書之作者、分部諸端，略加論析，竊附一得之愚，以期有助於對《管子》書中思想之研究與瞭解。

〔註1〕《莊子・至樂》：「孔子曰：昔者管子有言，丘甚善之，曰：『褚小者不可以懷大，綆短者不可以汲深。』」成玄英疏：「此言出《管子》書。」今本《管子》無此語。《韓非子》稱引管仲語，見於今本《管子》者僅數處，文字亦有出入。十過、難一所引，見於《管子・戒》與〈小稱〉兩篇；〈外儲說左下〉所引，見於《管子・小匡》；〈難三〉所引兩段，見於《管子・權修》、〈牧民〉兩篇。其餘稱引管仲語而不載於今本《管子》者十餘處。《呂氏春秋・審應覽・重言》載謀伐莒事，見《管子・小問》；〈離俗覽・貴信〉載柯之盟事，見《管子・大匡》；〈貴直論・直諫〉載桓公等飲酒事，見《管子・小稱》；〈不苟論・贊能〉載鮑叔荐管仲事，見《管子・小匡》。二書文字有出入，記載有詳略。〈審應覽・精諭〉、〈恃君覽・達鬱〉所載者，則不見於《管子》。

第一節　歷代著錄與亡佚

一、漢代之著錄與亡佚

司馬遷曰：「吾讀管氏〈牧民〉、〈山高〉、〈乘馬〉、〈輕重〉、〈九府〉。……至其書，世多有之，是以不論。」（《史記・管晏列傳》）管晏之書，武帝時世多有之，然未必爲後人所見之形式，內容恐亦未必盡同，蓋西漢末劉向校理《管子》時，重複之篇章極多，且已有亡佚者。

劉向校讎中秘及民間圖書，所見之《管子》版本凡五。劉向《管子》書錄曰：

> 所校讎中《管子》書三百八十九篇、太中大夫卜圭書二十七篇、臣富
> 叅書四十一篇、射聲校尉立書十一篇、太史書九十六篇。凡中外書五
> 百六十四，以校除復重四百八十四篇，定著八十六篇，殺青而書可繕
> 寫也。……九府書民間無有，山高一名形勢。（四部叢刊本《管子》）

此《管子》書西漢時流傳之情形也，今本之八十六篇，乃劉向所定。〔註2〕司馬遷所讀之〈九府〉，此時已然亡佚。〔註3〕又其所稱〈山高篇〉，劉向則稱之〈形勢〉。此篇之又名山高，想係首句爲「山高而不崩，則祈羊至矣」之故。今本《管子》有形勢與形勢解，無山高，應爲劉向所定者。

〔註2〕屈萬里曰：「五百六十四篇，減去四百八十四篇，應該是八十篇。劉氏說八十六篇，當是因爲《輕重》有七篇，因爲篇目相同，而在復重的篇數中，少算了六篇的緣故。」（《先秦文史資料考辨》第三章）郭沫若以爲：「五六四減四八四，應爲八十篇。此卻多出六篇，不知何故。書中有〈牧民解〉、〈形勢解〉、〈立政九敗解〉、〈版法解〉、〈明法解〉五篇，本是〈牧民〉、〈形勢〉、〈立政〉、〈版法〉、〈明法〉等篇的解釋，在初或本合而不分，如〈心術上〉一樣。又：〈心術下〉與〈內業〉重複，校除未盡。劉向序錄，交代未清，故致數目不符耶？」（宋鈃《尹文遺著考》作者自註）亦有作如是說者：「劉向似乎在作校勘時，就已經分了幾個較大的篇數，因爲五百六十四和四百八十四的差別，是八十，而非八十六。再者，現有的一些章，很明顯的是由兩個或更多的片斷組合而成。而這些片斷，由於在內容上有類似之處而混合在一起。如果每個片斷原先就由一個篇組而成，那麼其中的矛盾勢必更大。」（W. Allyn Rickett, "Introduction to A Concordance to the Kuan-tzu"，莊爲斯編輯，《管子引得》，台北市成文出版社，1970, viii.）

〔註3〕牟庭曰：「《管子》有〈權修篇〉，即〈輕重九府篇〉也。劉向言『〈九府篇〉民間無有』，然據後文無權修解，而有《輕重》七篇，以發明經言篇意。《經言》又無〈輕重篇〉，故知太史公所讀輕重九府即權修也。」（《管子集校・權修篇》引）此說仍待考。

　　班固《漢書·藝文志》著錄:「筦子八十六篇」。在道家。另〈兵書略〉「兵權謀十三家,二百五十九篇」下,班固曰:「省伊尹、太公、管子、孫卿子、鶡冠子、蘇子、蒯通、陸賈、淮南王二百五十九種(劉奉世云:「種」當作「重」,「九」下脫「篇」字),出司馬法入禮也。」王先謙《漢書補注》引陶憲曾曰:「蓋七略中伊尹以下九家,其全書收入儒、道、從橫、雜各家,又擇其中之言兵權謀者,重入於此,共得二百五十九篇。(自註:如本志:太公謀八十一篇、兵八十五篇、今本《管子·兵法》、〈參患〉,《孫子·議兵》,《淮南·兵略》等篇之類,皆當在此二百五十九篇中。)班氏存其專家各書,而於此則省之,故所省亦止二百五十九篇也。」〔註4〕劉向校諸子書,任宏校兵書,二人各錄所見,遂有重出者,故班固《漢志》刪之也。

　　張守節《史記正義》引《七略》曰:「《管子》十八篇,在法家。」或曰:「劉歆《七略》著錄,還是十八篇本的《管子》為一種,他父親劉向所編定的八十六篇本的《管子》書為另外一種。……早在韓非以前,就有一本《管子》書,這可能就是司馬遷所見到的《管子》書,也就是劉歆所說的《管子》十八篇本。……可能是戰國齊稷下先生們編定,成書于戰國中期。這時,同時代人的作品,是不會被當作管仲的作品編進去的。」彼等所謂之十八篇為:《經言》九篇,加〈輕重〉、〈九府〉既《外言》七篇(〈八觀〉除外)。〔註5〕此十八篇本《管子》,若果為劉歆所著錄,何劉向未稱引此本?此大可疑者也。孫星衍《廉石居藏書記》曰:「此七錄字誤。」〔註6〕

　　《漢志·諸子略》儒家,著錄「《內業》十五篇」,不著作者。此書未著錄於隋、唐志,疑已亡佚,或以其已在《管子》書中而刪省。王應麟《漢書·藝文志考證》曰:「《管子》有〈內業篇〉,此書恐亦其類。」馬國翰〈玉函山房輯佚書〉子編儒家類,有《內業》一卷,全錄《管子·內業篇》文,而分之為十五段,以求其合《漢志》著錄者。馬國翰曰:「攷《管子》第四十九篇,標題內業,皆發明大道之蘊旨,與他篇不相類。蓋古有成書而管子述之。……明非管子所自作也。」(《玉函山房輯佚書》子編儒家類)馬氏以為《漢志》

〔註4〕章學誠《校讎通義》,稱此為劉歆互著之法,而弟子職之另行著錄,即為別裁之法。今人多能駁此說之誤。

〔註5〕見關鋒、林聿時著《管仲遺著考》。任繼愈主編之《中國哲學發展史》(先秦編)亦持此說。

〔註6〕宋王應麟《玉海》卷五十三〈藝文諸子〉,暨元馬端臨《文獻通考·經籍考》三十九引。

所著錄者即今本《管子》書中之〈內業〉。梁啓超則以爲：《管子‧內業》乃班固《漢志》所著錄十五篇中之一篇。梁啓超曰：「《管子》書乃戰國末人雜掇羣書而成。〈內業篇〉純屬儒家言，當即此十五篇中之一篇。」（《諸子考釋》，《漢書‧藝文志‧諸子略考釋》）又曰：「《管子》書中的〈弟子職〉、〈內業〉兩篇，與全書體例不同；大致是獻書的人，牟利邀賞，隨意竄入的。」（《古書眞僞及其年代》第二章）

　　管子有〈弟子職〉，《漢志‧六藝略》孝經家亦著錄：「〈弟子職〉一篇，說三篇。」顏師古注引應劭曰：「管仲所作，在《管子》書。」王應麟《漢書‧藝文志考證》曰：「《管子‧雜篇》第五十九，有學則、番作、受業、饌饋乃食、灑掃、執燭、請衽、退習等章。」朱熹則以爲：「〈弟子職〉一篇，若不在《管子》中亦亡矣。此或是他存得古人底亦未可知，或是自作亦未可知。竊疑是作內政時，士之子常爲士，因作此以教之。」（《朱子語類》卷七）此諸家皆以爲《漢志》孝經家所著錄之〈弟子職〉即《管子》書之〈弟子職〉也。

　　章學誠曰：「弟子之職，必非《管子》所撰。或古人流傳成法，輯《管子》者，採入其書。前人著作，此類甚多。」（《校讎通義》，〈焦竑誤校漢志第十二〉）前引梁啓超說亦同。《管子‧內業》若僅爲《漢志》所錄內業之十五分之一，宜乎《漢志》著錄其全書也。王先謙《漢書補注》引沈欽韓曰：「（〈弟子職〉）鄭曲禮注引之，蓋漢時單行。」莊述祖《弟子職集解‧序》曰：「漢建初論五經，引弟子職，鄭康成每據以說禮，當時尤重之，與六藝同。」似此情形，則弟子職之單獨著錄絕非偶然。章學誠以弟子職之單獨著錄，謂爲「別裁」之法，恐非是。

二、唐宋之著錄與亡佚

　　《管子》書漢代以「篇」計，至唐則稱「卷」矣。八十六篇之書，唐以後則分卷甚雜，茲略述之如次：

　　1. 十八卷本：著錄於《意林》、《舊唐書‧經籍志》、《崇文總目》、《通志‧藝文略》、袁州刊本晁公武《郡齋讀書志》。除晁書外，均不著錄有注。晁氏謂其五十八篇有注解，然已不能詳究爲尹知章所注抑房玄齡所注。此本至明，猶著錄於焦竑《國史經籍志》。

　　2. 十九卷本：著錄於《隋書‧經籍志》、《崇文總目》、《新唐書‧藝文志》、《通志‧藝文略》、《宋史‧藝文志》、《國史經籍志》。《崇文總目》（《文獻通

考‧經籍考》三十九引）、《通志》、《宋史》、《國史經籍志》等均稱：唐尹知章注。《通志》另稱舊有三十卷。考尹知章乃唐中宗時人，則魏徵之《隋志》所著錄者，當爲無注本。《新唐書》著錄者，未言其有注無注。

　　3. 三十卷本：著錄於唐吳兢《吳氏西齋書目》、《新唐書‧藝文志》、高似孫《子略》等書。《新唐書》、《子略》、《通志》、《文獻通考》均稱：唐尹知章注。《通志》、《文獻通考》且謂此本後來亡佚爲十九卷。按：吳兢卒於唐玄宗天寶八年，年八十餘。尹知章卒於玄宗開元六年，年五十餘，史稱其所注《管子》等書頗行於時。二人相去不遠，吳氏所見應爲尹注之三十卷《管子》全本。宋初編《崇文總目》載：「按吳兢書目凡三十卷，自存十九卷，自列勢解篇（按：管子無列勢解，當是形勢解篇）而下十一卷亡。」王應麟《玉海》卷五十三「國史志：尹知章注十九卷」下，注：「《吳氏書齋書目》三十卷，此自形勢解亡。」考其亡佚時間，當是南宋或更早。殘存之十九卷，明季猶存。其亡佚原因，或因二十四卷題房玄齡注本出，且大行於世之故。〔註7〕

　　4. 二十四卷本：著錄於《通志‧藝文略》、王應麟《漢書‧藝文志考證》、王先謙校刊衢州本晁公武《郡齋讀書志》、陳振孫《直齋書錄解題》、《宋史‧藝文志》、《文獻通考‧經籍考》等書。《通志》、《直齋書錄解題》均稱：唐房玄齡注。按：此本宋代以後始見著錄，且改題爲房玄齡注。王應麟考證《管子》八十六篇曰：「今二十四卷，〈牧民〉至〈輕重庚〉。」（《漢書‧藝文志‧考證》卷六）又曰：「今本房玄齡注（自注：五十八篇有注），有經言、外言、內言、短言、區言、雜篇、解、輕重（自注：〈牧民〉第一至〈輕重庚〉第八

〔註7〕孫星衍《廉石居藏書記‧內編》卷上，謂：「《玉海》云：『今本房玄齡注，五十八篇有注。』是房玄齡所見本，亦即隋唐十九卷之書也。……足證唐已前竟無第二十卷已下形勢解諸篇。」考唐時原有十九卷本《管子》，與三十卷亡佚爲十九卷者不同。且三十卷尹注《管子》，宋時猶存，謂《管子》在唐以前已無第二十卷以下諸篇，不確。日人豬飼彥博謂：「《崇文總目》云：『按吳兢書目凡三十卷，今存十九卷，自形勢解而下十一卷亡。』《文獻通考》云：『二十四卷，今本卷數正同。』形勢解而上有十九卷，亦與尹本合。蓋形勢解以下十卷，宋季復出，並爲五卷也。」（管子補正）按：尹注三十卷本，歐陽修、高似孫仍有著錄，謂其宋以前亡而又復出，且合爲五卷，殊乏佐證。「無論如何，我們知道，當《崇文總目》編好後，在西元 1038 年，有一個十九卷六十三篇的注解本存在。我們也知道，這一版本後來由其他正版拿來五卷二十三篇補足，才成爲二十四卷本。」（Rickett, "Introduction to A Concordance to the Kuan-tzu", xxii～xxiii.）按：其他正版如非三十卷本，焉能恰爲二十三篇分爲五卷？此一問題，請參閱第三節歷代校釋一、唐尹知章管子注。

十六）。」（《玉海》卷五十三）陳振孫著錄《管子》二十四卷，自注：「按：《隋唐‧經籍志》俱作十九卷。」（《直齋書錄解題》卷十）又曰：「《漢志‧管子》八十六篇，列於道家。……今篇數與《漢志》合，而卷視隋唐爲多。」（同上）今日所見各本《管子》，均爲二十四卷本，題房玄齡注。

　　5. 二十卷本：著錄於明焦竑《國史經籍志》，一題房玄齡注，一題劉績注。日本藤原佐世之《日本國現在書目錄》，法家類有《管子》二十卷。二十卷本之篇卷分合，不得其詳。

　　據王應麟、陳振孫兩家所言，《管子》書流傳至宋，卷帙分合雖有出入，然其篇數仍是劉向所定之八十六篇。篇數雖合，篇名雖在，內容卻已有亡佚。

　　唐尹知章注《管子》，〈封禪〉篇題下稱：「元篇亡；今以司馬遷〈封禪書〉所載《管子》言以補之。」〔註8〕《昭明文選》卷二十八〈樂府詩‧猛虎行〉，李善注曰：「江邃文釋云：『管子曰：夫士懷耿介之心，不蔭惡木之枝。惡木尚能恥之，況與惡人同處？』今檢《管子》，近亡數篇，恐是亡篇之內，而邃見之。」李善，唐高宗時人，觀其所言，唐初時已有亡佚。

　　今存南宋楊忱序本《管子》，凡二十四卷八十六篇，題房玄齡注。其中亡佚十一篇如下：卷八，〈王言〉第二十一；卷九，〈謀失〉第二十五；卷十一，〈正言〉第三十四；卷十六，〈封禪〉第五十（雖以《史記‧封禪書》管子言補，仍視爲亡篇之類）；卷十九，〈言昭〉第六十、〈修身〉第六十一、〈問霸〉第六十二、〈牧民解〉第六十三；卷二十一，〈問乘馬〉第七十；卷二十四，〈輕重丙〉第八十二、〈輕重庚〉第八十六。

　　亡佚之時間，據清嚴可均之考據，或早在梁隋，或遲至宋代。嚴可均曰：「其書八十六篇，至梁隋時，亡〈謀失〉、〈正言〉、〈封禪〉、〈言昭〉、〈修身〉、〈問霸〉、〈牧民解〉、〈問乘馬〉、〈輕重丙〉、〈輕重庚〉十篇。宋時又亡〈王言篇〉。」（《鐵橋漫稿》卷八，〈書管子後〉）日人安井衡則謂其爲「李唐至五季亡十篇，而其目猶存」（《管子纂詁‧序》）。亡佚之原因，有人以爲是：「因爲這幾章大致都在卷尾，所以斷定爲絲卷尾或紙卷尾腐壞了，或被蠹蝕蝕掉了的緣故。」〔註9〕亦有人以爲：「實則此十篇佚文，非盡皆亡佚，頗多混合

〔註8〕劉師培謂：《大戴禮‧保傅篇》盧注；文選東京賦李注、封禪文李注、刻秦美新文注：尚書序疏等所引之《管子》，確有〈封禪篇〉。故以爲唐代《管子》不僅一本，尹注所據雖缺〈封禪篇〉，然以孔、李之博，所見當非一本，或此篇他本尚存，尹偶未考。見《劉申叔先生遺書》，〈管子斠補〉。

〔註9〕Rickett, "Introduction to A Concordance to the Kuan-tzu", V.

於其他各篇中。牧民解混入〈牧民〉及〈權修〉中，即是一例。若自各篇中析出而復其舊，則亡佚之篇不達十篇之多。」〔註10〕在此種情況下，即使析出並加整理，恐亦非完整之篇章矣，然於研讀《管子》亦不無助益也。

第二節　管子古本簡述

　　《管子》歷代版本，許維遹等三氏之《管子集校》，論之已頗詳盡。嚴靈峯之《管子》知見書目，著錄中外《管子》書亦極詳備。今日各公藏、市售之《管子》書，檢尋甚易，均所不論。茲僅述他人所未詳之宋代以前版本四種。

一、竹簡、帛書與管子

　　民國六十一年，山東臨沂銀雀山一號漢墓，出土大量竹簡，其中有〈王兵〉一篇，與《管子》書文字頗有關係，可供校勘《管子》之用。茲據〈臨沂銀雀山漢墓出土王兵篇釋文〉一文，〔註11〕錄〈王兵篇〉原文於後。作〔□〕記號者為殘缺之字，作□記號者為無從辨識之字，簡文中之假借字、古字則用（）號注出。文長，酌分八段。

竹簡王兵篇釋文

　　主所以卑尊貴賤，國所以存亡安危者，莫鑿于兵。故〔□〕誅暴亂，伐不通，必以兵；〔□〕□奸邪，閉塞奇施，必以刑。然則兵者，古（固）所以外誅亂、內禁邪。故兵者，尊主安國之主〔□殘缺十字〕地必損而國必危矣。內不用〔□殘缺二十六字〕壹至，參（三）至當壹戰。故□□□□□〔□殘缺二十六字〕勝者，攻城圍邑，主人渴（竭）盡，易子而食之，〔□殘缺十五字〕非以圍也，見勝而起，不見勝而止。故計必先定，然后兵可以起。計未定而兵起者，兵自怠者也。

　　是故張軍有不能戰，圍邑有不能拔，得地有不能仁（伉）。參（三）者見一焉，則可破取也。故不明適（敵）國之制者，不可伐也，不知其蓄積不能約，不明其士卒弗先戡（陳），不審其將不可軍。夫以

〔註10〕李勉：〈管子其人及其書〉。《成大學報》第十卷。另氏注之管子今注今譯中有較詳之論證，可參看。

〔註11〕《文物》，1976 年第 12 期。

治擊亂，以富擊貧，以能擊不能，以教士擊毆民。此十戰十勝，百戰百勝之道。

故號令行，卒□帐（陳），則士知勝矣。所熹（喜）之國能蜀（獨）利之，所亞（惡）之國能蜀（獨）害之，令行〔□□□〕□百則天下畏之。位唯（雖）□而權多，則天下懷之。必罰有罪而賞功，則天下从之。□〔□〕□□取天下精材，論百工利器，收天下豪桀（傑），有天下俊雄。春秋轂（角）試，以闌（練）精材。勤（動）如雷神（電），起如蜚（飛）鳥，往如風雨，莫當其前，莫害（過）其后，獨出獨入，莫能禁止。

有風雨之疾則不難遠道，有蜚（飛）鳥之起則巠（輕）犯山河，有雷神（電）之戰，則能獨制而毋（无）適（敵）。

不莫（難）遠道，故禽（擒）絕地之民。巠（輕）犯山河，故能制侍（恃）固國。獨制而毋（无）適（敵），故令行天下。伐國破邑，不侍（待）權〔□殘缺十六字〕□天下莫之能害，故可以有地君國。出號令，明法制〔□殘缺十五字〕。

〔□□〕无將，不蚤（早）知。野无吏，无蓄積。官府毋（无）長，器戒（械）苦俴（窳）。朝廷无正，民幸生。先見適（敵）〔□□□□〕委，久而不賷（匱）。器戒（械）備，功（攻）伐少費。賞罰□，民不幸生，則賢臣權（勸）盡。

是故將者，審地刑（形），選材官，量蓄積，謨勇士，察知天下，□御機數，而圖險岨（阻）：舟車之險、濡輪之水、山陵、林陸、丘虛、岨（沮）澤、蒲葦、平蕩（蕩）、尺魯（斥鹵）、津泲、涂淖、大畝、深基、經溝、下澤，滅（測）水深淺，邑之小大，城〔□□殘缺十字〕入相錯者，乃可以行軍圍邑，舉措起居，知先後，毋（无）失地便。

王兵者，必三具：主明、相文、將武。主事者，將出令起卒有日，定所欲功（攻）伐國，使群臣、大吏、左右及父兄，毋（无）敢議于成，主之任也。相國者，論功勞，行賞罰，不敢隱賢，使百官共（恭）敬悉畏，毋（无）敢□隨（惰）行□，以侍（待）主令。大將者，□□……。

《竹簡·王兵篇》及《管子·參患》、〈七法〉、〈地圖〉等篇文字相合之

處頗多。其中〈參患〉相合之處幾近全篇之半,〈地圖〉與〈七法〉選陳之文字則均包括於〈王兵篇〉之中。是可見《竹簡·王兵篇》與《管子》上述三篇關係之密切矣。比較觀之,〈王兵篇〉似是一完整之作品,而《管子》各篇則不免割裂拼湊之痕迹。

　　民國六十二年,湖南長沙馬王堆三號漢墓,發現帛書一批,其中〈春秋事語〉第十六章,記魯桓公爲彭生所殺之事,此章事見於《左傳·桓公十八年》之外,亦見於《管子·大匡》,亦可供校勘比對之用。茲錄其文於後。原文錯字用〈〉號,原文脫字增補者用〔〕號,異體字、假借字用（）號,殘缺不易辨識字用□號,分別標示。

　　　　魯亘（桓）公與文羌（姜）會齊侯于樂。文羌（姜）迵（通）于齊
　　　　侯,亘（桓）公以詧文羌（姜）,文羌（姜）以告齊侯。齊侯使公子
　　　　彭生載,父薨于車。醫寧曰:「吾聞之,賢者死忠以辱尤而百姓愚焉。
　　　　知（智）者瘤李（理）長〔慮〕而身得比（庇）焉。今彭生近君,
　　　　□無盡言,容行阿君,使吾失親戚之,有（又）勒（力）成吾君之
　　　　過,以□二邦之惡,彭生其不免〔乎〕,禍李（理）屬焉。君以怒遂
　　　　禍,不畏惡也。親間容昏,生□無匿（慝）也。幾（豈）〔及〕彭生
　　　　而能貞（正）之乎?魯若有誅,彭生必爲說。」魯人請曰:「寡君來
　　　　勒〈勤〉〔舊〕好,禮成而不反（返）,惡〔於〕諸侯,無所歸窓（怨）。」
　　　　齊侯果殺彭生以說（悅）魯。(《中華五千年文物集刊·帛書篇》(一),
　　　　〈春秋事語〉)

此事《左傳》僅載其事及魯人告齊之語,最簡要。《管子·大匡》則兼載齊襄公之死,最詳。〈春秋事語〉中醫寧之語,《管子·大匡》則載爲豎曼,此二文之不同處也。

二、宋楊忱序本管子

　　楊本每半頁十二行,行二十四字。正文前有楊忱序、管子目錄、劉向管子書錄。正文題唐房玄齡注。正文末有張嵲（巨山）〈讀管子〉、清黃丕烈嘉慶丙寅（十一年）立冬後一日士禮居重裝記與戴望校記。

　　據黃丕烈重裝記,知此本爲黃氏於嘉慶九年,由其友人處以一百二十金之高價購得。黃氏稱此本板寬而行密,在瞿源蔡潛道墨寶堂本之上。唯此刻本在第六卷之中,有鈔補與僞刻之頁。清初陸貽典即據此本以校勘劉績本管

子，瞿鏞鏞、丁丙均以爲：明萬曆間趙用賢刻本，即從此本所出。〔註 12〕楊忱序本之價值於此可見一斑。

　　張嵲〈讀管子〉一文，有「紹興己未，乃從人借得之後，而讀者累月」之語。考紹興己未，爲南宋高宗紹興九年。至於楊忱刊刻時間則頗有爭議，蓋楊忱序文僅題「大宋甲申」，未言年號。黃丕烈嘉慶丙寅年重裝記曰：「刻其板刻，當在南宋初；以卷末附張巨山〈讀管子〉一篇也。」瞿鏞考訂爲南宋孝宗隆興二年所刻（《鐵琴銅劍樓藏書目錄》卷十四），正符黃氏之說。亦有人考證爲元世祖二十一年，歲次甲申之年所刻，刻成雖在元代，仍視之爲宋本。〔註 13〕

　　依黃氏、瞿氏之見，楊忱本乃據張嵲校勘後鈔藏於家之本所刻。然亦有人以爲，乃據紹興二十二年蔡潛道墨寶堂本所刻。〔註 14〕黃丕烈以爲：墨寶堂本刻於南宋末年，〔註 15〕是則楊忱本不可能據此而刻。然墨寶堂本刻於南宋高宗紹興年間，至爲明白，黃氏說誤。楊忱本據墨寶堂本刊刻，而墨寶堂本則據張嵲校勘鈔藏本而刻，就時序上言爲可能。然楊忱本亦有直接據張嵲本刊刻之可能，請參看下節。

　　黃丕烈後又自嘉興購得一可補前獲楊忱序本不足之影鈔楊忱本，只有六冊，十二卷。雖爲殘本，却有前獲楊忱序本第六卷所缺之第 7 至 11 頁。〔註 16〕於是命工用宋紙從影鈔本重摹輟鈔，補僞刻之頁並重裝之。〔註 17〕此一鈔補重裝完成之楊忱序本，後歸瞿鏞鐵琴銅劍樓。戴望、唐嵩甫、張純卿曾用此本同校一過於趙用賢刻本之上，現藏於北平圖書館。清光緒五年張瑛有影刻本。涵芬樓有影印本傳世，商務印書館據涵芬樓本刊入四部叢刊。

　　黃丕烈以爲影鈔之六冊十二卷殘本，極有價值，於是再用楊忱序本補足其十三至二十四卷，並手校其訛謬，使成完帙。此一補本，今已不知下落。

三、宋瞿源蔡潛道墨寶堂本管子

　　此本版式：「每半頁十二行，行二十三字，注二十八字。卷一後有木記，

〔註12〕見瞿鏞：《鐵琴銅劍樓藏書目錄》卷十四；丁丙：《善本書室藏書志》卷十六。
〔註13〕見郭沫若《管子集校·敍錄》，暨 Rickett, "Introduction to A Concordance to the Kuan-tzu", xxv.
〔註14〕同上，P. xxv.
〔註15〕楊忱本管子書末黃丕烈嘉慶丙寅年重裝記。
〔註16〕《士禮居藏書題跋記續》，卷上。
〔註17〕同註 15。

云：『瞿源蔡潛道宅墨寶堂新雕印』。又末卷後有木記，云：『蔡潛道宅板行，紹興壬申孟春朔題。』並巨山張嶠〈讀管子〉一則，謂『紹興己未，從人借得，舛錯甚眾，頗爲是正，鈔藏於家』云云。案：壬申乃紹興二十二年，上距己未，僅十二年。潛道所刊，當即據張氏鈔藏之本，在今日爲最古矣。」（楊紹和：《楹書隅錄》卷三）〔註18〕

墨寶堂本，原爲任蔣橋、顧竹君藏書，黃丕烈曾借得，稱之爲小字宋本，中缺十三至十九卷。取與陸貽典本對勘，多所不同。〔註19〕嘉慶二十二年，黃氏自顧氏後人處得此本，遂再向顧之逵後人借來小藏書堆所藏之陸貽典校宋本，補足墨寶堂本所缺之卷，於同年重陽之日，重裝成十冊一函之以校宋本補宋刻本之管子。〔註20〕裝成完帙後，黃丕烈又用陸貽典校宋本手勘一次，補正脫誤，以黃筆標之。此一經補全之宋墨寶堂本，後歸海源閣楊紹和氏所有。楊氏《楹書隅錄》稱此本卷首有劉氏伯溫一印，黃氏、汪氏各印。

據瞿鏞《鐵琴銅劍樓藏書目錄》之說，顧廣圻氏曾以缺十三至十九卷之墨寶堂本，校正趙用賢刻本。而王念孫、孫星衍、洪頤煊、宋翔鳳等人所稱之「宋本」，均爲影鈔紹興壬申瞿源蔡潛道刻本者，影鈔本有譌舛，且與楊忱序本間有不合之處。是可知清代此一墨寶堂本尚有影鈔者流傳於世。明許光清曾據影鈔本刊行，增入劉績補注。〔註21〕

今原缺卷之殘本、黃氏補全本、影鈔本，均未見。或曰：民國三十四年，墨寶堂本還保存在大連。再後則不知其去處矣。〔註22〕

四、錫山華氏家藏宋刻本管子

此本據陸貽典說，乃汲古閣毛晉之子毛扆，以善價購得。後歸錢曾，錢又以贈陸氏。陸氏以十日之力，校勘一次，頗多是正。黃丕烈稱：「陸校在劉績本上，於宋刻可疑處，每識於旁。」（楊紹和：《楹書隅錄》卷三）陸氏後又一遵宋本再勘一次，復多改正，時爲康熙五年四月與五月。其所依據之宋

〔註18〕據黃丕烈宋楊忱本嘉慶丙寅年立冬後一日士禮居重裝記，卷一後之印記爲長方。瞿鏞《鐵琴銅劍樓藏書目錄》卷十四云：每卷末，有墨圖記二行，其文字與楊氏所述者同，而卷終之圖記瞿氏亦云：二行，此則楊氏所未詳者。
〔註19〕同註15。
〔註20〕見楊紹和《楹書隅錄》卷三：黃丕烈嘉慶丁丑重陽秉燭記。
〔註21〕《管子集校》，郭沫若：所據管子宋明板本。
〔註22〕同註14。

本，可能即黃丕烈所云陸氏曾持以校劉績本之宋楊忱序本。

黃丕烈於顧之逵小藏書堆，曾見此陸貽典校宋本。嘉慶二十二年，黃氏再向顧氏後人借得此本，用以補蔡潛道墨寶堂本所缺之第十三至十九卷。此本最後歸海源閣楊紹和，《楹書隅錄》卷三著錄「校宋本管子二十四卷六冊」者即是。楊氏稱：每卷有宋本陸貽典印，敕先席鑑席玉照讀書記、茜山珍本等印記。末卷後有陸氏康熙五年四月二十六日、五月七日兩校後識語。今此本未見。

丁丙《善本書室藏書志》卷十六曾曰：「陸敕先有宋本，即毛斧季舊物，錢遵王影寫，有張嶧跋。末有木記曰：『瞿源蔡潛道墨寶堂新雕印』。爲南宋末年所梓。」陸校毛氏所得之宋本，黃丕烈曾取以補墨寶堂本之缺卷，且謂：「以校宋補宋刻，稍勝時本耳。……暇日當取陸校以校余所補本，并以參余所藏本，或可盡得其異同。」（楊紹和：《楹書隅錄》卷三引）依黃氏所言，陸校本與墨寶堂本不同。錢遵王影寫毛氏所購宋本，亦未見於他書著錄。丁丙可能誤混陸校本與墨寶堂本爲一，亦可能彼所見，乃黃丕烈用陸校本補全之墨寶堂本。

五、古選本管子

唐有三種管子選本，今存者爲魏徵之《羣書治要》、馬總之《意林》，亡佚者爲杜佑之《管氏指略》。《羣書治要》節選〈牧民〉、〈形勢〉以下至〈輕重〉等二十篇之部分文字。《意林》所選極少，僅二十條，見於卷一，其文字亦多與今本不同。杜佑《管氏指略》二卷，著錄於《新唐書》、《子略》、《通志》、《文獻通考》、《宋史》、《國史經籍志》等書，是其書明季猶存。王應麟稱：「唐杜佑抄管氏書爲指略。」（《玉海》卷五十三，〈藝文諸子〉）《文獻通考》引《崇文總目》曰：「采管氏章句之要爲十篇。」（〈經籍考・第三十九〉引）

北宋丁度有〈管子要略〉五篇，著錄於《玉海》卷五十三〈藝文諸子〉、《宋史・藝文志》四法家。《宋史・藝文志》注：卷亡。

明清以降，選本甚多，嚴靈峯之《周秦漢魏諸子知見書目》有著錄。

第三節　歷代校釋

一、唐尹知章管子注

《管子》書自劉向編定後，下訖於唐，始有尹知章爲之注，後又有所謂

房玄齡注。雖房注大行於世，然下至於明焦竑《國史經籍志》，仍著錄有尹知章注之《管子》，惟已殘存爲十九卷矣。明楊愼《丹鉛續錄》卷之一，亦曾稱引尹知章《管子》注，可證尹注本仍存於明季。

唐杜佑《管子指略》曰：「注頗淺陋，恐非玄齡，或云尹知章也。」（王先謙校刊衢州本晁公武《郡齋讀書志》引）張嵲〈讀管子〉曰：「世傳房玄齡所注，恐非是。」（四部叢刊本《管子》）王應麟亦曰：「愚謂《管子》乃尹知章注，今本云房玄齡，非也。」（《困學紀聞》卷十）按：尹知章在舊新兩唐書中均有傳，舊唐書本傳稱其所注孝經、老子、莊子、韓子、管子、鬼谷子，頗行於時。《新唐書》不載其注書之事。考《舊新兩唐書・房玄齡傳》，均不載其曾注《管子》之事，而《兩唐書・藝文志》亦均未著錄房玄齡所注之《管子》。

據此，則所謂房玄齡注、尹知章注，實即尹知章一人之注耳。尹注而改題房注，其原因可能爲：「殆後人以知章人微，玄齡名重，改題之以炫俗耳。……惟此註藉玄齡之名以存，其文淺陋，頗不足探。……則宋時亦採以命題試士矣。」（《四庫全書總目提要》卷一〇一）尹注之用以命題試士，余嘉錫《四庫提要辨證》稱爲北宋舊制。是可證尹注極通行於宋代，且受重視。然據杜佑所言，唐代可能已有人改題之爲房注矣。清人周廣業於其《意林》注中曰：「意房創而尹繼也。」此乃臆度之辭，不可信。尹注之三十卷本《管子》，於改題房注刊行時，篇卷之分合亦遭變更。題房注之二十四卷本通行後。題尹注之本，先殘存爲十九卷，終而全佚。

尹知章爲今日所知注《管子》之第一人，實有篳路藍縷開創之功。今題房注之宋楊忱本，其中無注之篇章爲：〈幼官圖〉、〈形勢解〉、〈立政九敗解〉、〈版法解〉、〈明法解〉、〈巨乘馬〉、〈乘馬數〉、〈事語〉、〈國准〉、〈輕重己〉，共十篇。王應麟《玉海》、晁公武袁州本《郡齋讀書志》均稱：五十八篇有注。顯然二人所見之《管子》，亡佚之尹注更多。至於尹知章是否爲《管子》逐篇作注，則不可知。孫星衍之《廉石居藏書記》則以爲：「今本此諸篇（按：指〈形勢解〉以下各篇），注亦較少。但文甚古雅，疑亦非後人掇拾增補者。豈即解八十八篇之辭，如韓非解老之屬，原文本附以上各篇乎？」資料不全，孫氏之說亦只推測而已。

尹知章注，固有功於《管子》書，然在殘缺不全之外，缺點亦頗不少。王念孫批評尹氏曰：「已據譌誤之本，強爲解釋，動輒抵牾。」（《讀書雜志》，〈管子雜志序〉）實則早在南宋初，張嵲已指出許多重大錯誤，見其〈讀管子〉

一文。稍後，黃震亦提出許多因斷句之誤而衍生之誤解，見《黃氏日抄》卷五十五。尹注之不愜人意，由此可見一斑矣。

二、宋張嵲校勘管子

《管子》書中多古字，而尹知章不知，且強爲之解。張嵲有鑒於《管子》「書既雅奧難句，而爲之注者，復繆於訓故，益使後人疑惑，不能究知」（四部叢刊本《管子》，〈讀管子〉），遂求善本而讀之。讀之之外，更由上下文義，參考經史，校勘訂正書中訛謬之處，是爲《管子》書之首次校勘工作。張氏於〈讀管子〉一文中曰：

> 予求《管子》書久矣。紹興己未，乃從人借得之後，而讀者累月，始頗窺其義訓。然舛脫甚眾，其所未解，尚十二三。用上下文義及參以經史刑政，頗爲改正其訛謬。疑者表而發之，其所未解者置之，不敢以意穿鑿也。既又取其間奧於理、切於務者，抄而藏於家，將得善本而卒業焉。（四部叢刊本《管子》）

張氏校勘之態度可稱嚴謹，然今日已不能見其校勘之處。楊忱序本之《管子》，即據張氏之校勘而刊刻者。

三、明劉績補注管子

明萬曆七年朱東光刊《中都四子》，有劉績補注《管子》二十四卷。萬曆十年，趙用賢刻《管子》書，其凡例謂：「《管子》注出房玄齡。或云：出唐國子博士尹知章。其訛謬穿鑿，《日抄》論之甚詳矣。蘆泉劉氏績，間爲補定，簡明貫穿，多所發明，第宋本俱不載。」尋趙氏文意，劉績補注似在宋代以前。《四庫提要》則考定其爲明代江夏人劉績字用熙者所補注。嚴靈峯說同，並謂其別號蘆泉。然亦有考訂其爲遼時人氏者。〔註23〕

劉氏補注，趙用賢選其最切當者，列之篇首，並冠以「按」字。《四庫提要》子部法家類，稱此補注：「於舊解頗有匡正，皆附於原注（按：指尹注）之後，以『續按』別之。雖其循文銓解，於訓詁亦罕所考訂，而推求意義，務求明愜，較原注所得則已多矣。」至於補注之疏失，王念孫曰：「惜其古訓未閑，讐校猶略。」（《讀書雜志》，〈管子雜志序〉）胡樸安亦批評之曰：「諸

〔註23〕 此說見《管子集校》郭沫若敍錄與附錄之任林圃文。同持此說者另有 Rickett, "Introduction to A Concor-dance to the Kuan-tzu", xxvi～xxvii.

評無關閎旨，且間有專評文法者。」（《周秦諸子書目》法家類）

　　劉績以後，明人訓釋與評注《管子》者，尚有其人。然亦均偶有創獲而已。今諸書俱在，不詳述。

四、明趙用賢訂正與刊刻管子

　　《管子》書問題極多，夙稱難讀。流傳至明，注釋欠明晰之外，版本尤其不精。「近世所傳，往往淆亂至不可讀。」（趙用賢〈管子書序〉）當時之情況爲：「《管子》新本，每遇長篇文字，至更端處，皆別爲一行。其間不能無分析太過之弊。……《管子》書文辭古奧，既不易讀；而近板數家，皆承訛襲謬，雜亂支離。讀者至一二卷後，往往厭棄，幾成廢書。」（趙用賢〈管子凡例〉）

　　趙用賢自稱：「余求古善本，庶幾遇之者，幾二十年，始得之友人秦汝立氏。其大章僅完整，而句字復多紕錯，乃爲正其脫誤者逾三萬言，而闕其疑不可考者尚十之二，然後《管子》幾爲全書。」（〈管子書序〉）趙氏重行刊刻《管子》，取劉績補注外，於文字亦頗有校改，唯其態度尚稱嚴謹也。書中古字，悉照宋本刊定，疑者存疑，未敢輕加更易。至於段落之劃分，則按宋本校正，並詳定句讀。書中雜亂支離處，趙氏亦按宋本更正次。然尚留一二闕文誤字，疏之於篇首，以俟海內藏書家或再遇善本時，再重加輯定。

　　明王世貞稱趙氏「悉其貲力，後先購善本凡數十，窮丹鉛之用，而後授梓」（〈合刻《管子》《韓非子》序〉，國立中央圖書館藏本）。趙氏於明萬曆十年之校改重刊，可謂用力甚大且勤矣。尹注、劉補之外，趙氏人間有所得，亦標注篇首。趙本能普遍通行，實非偶然。

五、清戴望校正管子

　　清代考據學盛行，致力於《管子》研究者，亦頗有其人。同治年間，戴望彙集眾說及己見，作《管子校正》。博采自明劉績、梅士享以下，凡十餘家之說。諸如：丁士涵、王念孫、王引之、王壽同、孫星衍、顧廣圻、俞樾、張文虎、俞正燮、陳奐、洪頤煊、宋翔鳳、吳志忠、臧庸、馬瑞辰、程瑤田、莊述祖等人，另有日本學者豬飼彥博、安井衡兩家。戴氏彙整之功不小。

　　戴氏校正除參考《太平御覽》、《藝文類聚》、《羣書治要》、《意林》等各類古書及古注外，所據以校正之管子版本，計有：宋本、楊忱本、蔡潛道本、

宋紹興本、元刻本、明仿宋本、劉績補注本、朱東光本、中立本。朱東光本
即中立本，戴氏失考，視之爲二，《管子集校》之敍錄第九節有考證，可參看。
戴氏所據之劉績補注本，不知是否爲趙用賢所刊者，所可怪者，戴氏未提及
趙用賢刊本。

　　見於清代藏書家著錄之宋本，僅楊忱序本、蔡潛道墨寶堂本、錫山華氏家
藏本三種。戴氏所稱引之「宋本」，可能是影抄蔡潛道本，亦可能爲錫山華氏家
藏本。潘祖蔭之戴望《管子校正・序》曰：「吾吳黃蕘圃有紹興本，其中足證各
本之謬者實多。……今歸東昌楊氏矣。」潘氏所舉諸例，均與楊紹和《楹書隅
錄》卷三所言者相合，可證潘氏所謂之紹興本，即黃丕烈以陸貽典校宋本補全
之蔡潛道本。而戴氏稱引之「宋紹興本」，亦可能爲墨寶堂系統之本。

　　戴氏之後，考校與訓釋《管子》者仍多。其較著者有：孫詒讓、張佩綸、
陶鴻慶、劉師培、章炳麟，于省吾、王叔岷諸家。亦有專門研究訓釋《管子》
部分篇章者，如〈弟子職〉、〈心術〉、〈白心〉、〈內業〉、〈輕重〉等。許維遹、
聞一多、郭沫若三人，先後致力而完成之《管子集校》一書，費時甚久，動員
人力亦最多，成績亦最可觀，可謂繼戴望之後之另一集眾說大成之校釋專書。

第四節　管子書作者

一、前人論管子書非管仲作

　　晉傅玄曰：「管仲之書，過半是後之好者所加，乃說管仲死後。其〈輕重
篇〉尤復鄙俗。」（王應麟《困學紀聞》卷十引）唐孔穎達亦曰：「世有《管
子》書者，或是後人所錄。」（十三經注疏本《春秋正義》，《左傳・莊公九年》）
杜佑《指略・序》曰：「其書載管仲將沒對桓公之語，疑後人續之。」（王先
謙校刊衢州本《郡齋讀書志》卷十一引）

　　宋代學者，發現更多之疑問，非但認爲《管子》非管仲所作，且更大膽
推測其爲何時何類人所爲。蘇轍曰：「至戰國之際，諸子著書，因《管子》之
說而益增之。」（《古史》卷二十五〈管晏列傳〉）葉夢得則疑其爲戰國時策士
相附益者。朱熹曰：「想只是戰國時人，收拾仲當時行事、言語之類著之，并
附以他書。」（《朱子語類》卷第一百卅七）葉適則推測《管子》成書於《左
傳》之後，《國語》之前，其言曰：

　　《管子》非一人之筆，亦非一時之書，莫知誰所爲。以其言毛嬙、
　西施、吳王好劍推之，當是春秋末年。又持滿定傾，不爲人客等語，
　亦種、蠡所遵用也。其時固有師傳，而漢初學者講習尤著。……至
　成、哀間，向、歆論定羣籍，古文大盛，學者雖疑信未明，……然
　自昔相承，直云此是齊桓、管仲相與謀議唯諾之辭。……此書所有
　者，左氏無有；而複重雜亂者，《國語》盡削除以就簡一。明此書之
　出在左氏後，《國語》之成在此書後也。（《習學記言》卷四十五）

試一歸納歷代學者之疑，可就下列四點觀之：

（一）時間方面之問題

　　自傅玄、杜佑起，即因書中載有管仲將沒之際與死後之事，而疑書中有
後人續加之材料。書中亦載有後代之人名，如：毛嬙、西施見《管子・小稱
篇》；吳王好劍在〈七臣七主篇〉；百里傒、秦穆公見〈小問篇〉等。梁啓超
曰：「人死始稱諡，生人不能稱諡，是周初以後的通例。管仲死在齊桓公之前，
自然不知齊桓公的諡。但《管子》說是管仲作的，却稱齊桓公，不稱齊君、
齊侯，誰相信。」（《古書眞僞及其年代》，第四章）

（二）載有後代地名方面

　　顧炎武曰：「《管子》稱三晉之君，其時未有三晉。〈輕重篇〉稱魯、梁、
齊、趙，其時未有梁。趙稱代王，其時未有代王。」（《原抄本日知錄》卷二
十六，〈傳記不考世代〉條）

（三）思想內容與管仲不合

　　朱熹曰：「《管子》之書雜。《管子》以功業著者，恐未必曾著書。如：弟
子職之爲，全似曲禮。它篇有似莊老。又有說得也卑，直是小意智處，不應
管仲如此之陋。」（《朱子語類》卷第一百卅七）

　　葉適曰：「九敗言：『寢兵之說勝，則險阻不守；兼愛之說勝，則士卒不
戰。』」（《習學記言》卷四十五）梁啓超亦曰：「《管子》之中，有批評兼愛、
非攻、息兵的話，這分明是戰國初年，墨家興起之後，才會成爲問題。若認
《管子》是管仲作的，則春秋初年，即有人講兼愛、非攻等問題，時代豈非
紊亂？」（《古書眞僞及其年代》，第一章）

　　黃震曰：「大抵《管子》之書，其別有五：〈心術〉、〈內業〉等篇，皆影
附道家以爲高；〈侈靡〉、〈宙合〉等篇，皆刻斷隱語以爲怪。《管子》責實之

政，安有盧浮之語？使果出於《管子》，則亦謬爲之以欺世，殆權術之施於文字間者爾，非《管子》之情也。」（《黃氏日抄》卷五十五）宋濂亦以爲書中有「小智自私而其言至卑汙者」（《宋文憲公全集》卷三十六，〈諸子辯〉）。

胡適曰：「《管子》這書，定非管仲所作，乃是後人把戰國末年一些法家的議論，和一些儒家的議論，和一些道家的議論，還有許多夾七夾八的話，併作一書。又偽造了一些桓公與管仲問答諸篇，又雜湊了一些紀管仲功業的幾篇，遂附會爲管仲作。……這可見《管子》書中的法治學說，乃是戰國末年的生產物，決不是管仲時代所能突然發生的。全書的文法筆勢，也都不是老子、孔子以前能產生的。即以論法治諸篇看來，如法法篇兩次說：『春秋之記，臣有弒其君，子有弒其父者矣。』可見是後人偽作的了」（《中國古代哲學史‧第一篇》）

（四）文字雜亂矛盾、文亂鄙俗

葉夢得曰：「其間頗多與鬼谷子相亂。《管子》自序其事，亦泛濫不切。疑皆戰國策士相附益。」（王應麟《玉海》，《漢書‧藝文志考證》引）〔註24〕葉適謂〈小匡篇〉「言管仲制國爲二十一鄉，商工六、士農十五，縱橫參亂，尤不近理。蓋非一人之筆。……所以爲《管子》者，在三匡二卷，雜亂重復」（《習學記言》卷四十五）。

黃震言其矛盾之處曰：「若其書載鮑叔薦仲，與求仲於魯，及入國謀政，與戈廩鴻飛，四時三弊，臨死戒勿用豎刁、易牙、開方等說，皆屢載而屢不同。或本文列前而解自爲篇，或併篇、或無解。或云：十日齋戒以召仲，觴三行而仲趨出；又云：樂飲數旬而後諫；自相矛盾，若此不一。故曰：龐雜重複，似不出一人之手。」（《黃氏日抄》卷五十五）

此外，諸家於《管子‧輕重篇》之文辭，亦頗多懷疑。傅玄稱其尤復鄙俗，葉適謂其猥瑣爲市人不肯爲之術，最爲謬妄。黃震說同。

（五）以常理論斷非管仲作

蘇轍曰：「其廢情任法，遠於仁義者，多申韓之言，非《管子》之正也。至其甚者，言治國則以智欺其民，言治外則以術傾鄰國。於是有不貲之寶，石璧菁茅之謀，使管仲而信然，則天下亦將以欺奪報之，尚何以霸哉！」（《古史》卷二十五，〈管晏列傳〉）

〔註24〕羅根澤《管子探源》，敍目曰：「鬼谷子晚出，鈔管子，非管子鈔鬼谷子。」

朱熹曰：「《管子》非仲所著。仲當時任齊國之政，事甚多；稍閑時又有三歸之溺，決不是閑工夫著書底人。著書者是不見用之人也。」（《朱子語類》卷第一百卅七）

前此所述諸端，不過略舉其一二，以見一斑。《管子》書中問題，固不僅此而已也。

二、管子書作者之推測

《四庫提要》考證《管子》書有手撰、語錄、家傳、箋疏等類不同之材料，後人混而一之，以致疑竇滋多耳。日人安井衡則以為經言成於管仲，餘則承其學者述之，而其所本，亦各不同；今人李勉雖以《管子》書由不同之五類人掇拾編入，然仍有管仲手著者。〔註 25〕章學誠則認為古人根本無私自著書之事，章氏曰：

> 春秋之時，《管子》嘗有書矣。然載一時之典章政教，則猶周公之有
> 官禮也。記《管子》之言行，則習管氏法者所綴輯，而非管仲所著
> 述也。（自註：或謂管仲之書，不當稱桓公之謚。閻氏若璩又謂：後
> 人所加，非管子之本文。皆不知古人並無私自著書之事，皆是後人
> 綴輯。）（《文史通義》卷一，〈詩教上〉）〔註 26〕

嚴可均亦曰：「先秦諸子皆門弟子或賓客或子孫撰定，不必手著。」（《鐵橋漫稿》卷八，〈書管子後〉）據此而論，凡言《管子》書有管仲作之說難以成立矣。至於分《管子》為可疑之篇與大致可信之篇，亦屬不必要。〔註 27〕

《管子》雖非管仲手著，然亦絕非「偽書」，余嘉錫稱此情形為「依託」。余氏曰：

> 父傳之子、師傳之弟，則謂之家法，六藝諸子皆同。故學有家法，
> 稱述師說者，即附之一家之中。……學不足以名家，則言必稱師，
> 述而不作，雖筆之於書，仍為先師之說而已。原不必於一家之中，
> 分別其孰為手撰，孰為記述也。況周秦西漢之書，其先多口耳相傳，

〔註 25〕安井衡說，詳見《管子纂詁・序》。李勉說，詳見《成大學報》第十卷，〈管
　　　　　　小其人及其書〉一文。

〔註 26〕章氏戰國前無私人著書之說，亦有反對之者，見關鋒、林聿時：《春秋哲學史
　　　　　　論集》，〈管仲遺說考〉一文，第一節，破兩個所謂公例。

〔註 27〕今人陸鐵乘曾如此區分。見《中央月刊》第六卷第 7 期，〈管子與管夷吾〉一
　　　　　　文。

至後世始著竹帛。……故有名爲某家之學，而其書并非某人自著者，惟其授受不明，學無家法，而妄相附會，稱述古人，則謂之依託。……故讀先秦之書，但當問其是否依託，而不必問其爲何人所著。然而依託與否，亦正難言。惟漢人多見古書，知其授受源流，或能加以別白，猶不能必其無誤。至於後世，去古已遠，有必不可得而詳者矣。（《四庫提要辨證》卷十一，〈子部二〉）

余氏之說已極詳確，且史書亦不曾有管仲著書之記載，是以吾人不當以書中有後代材料而視之爲「僞書」，予以斥棄不顧。〔註28〕

　　此一問題，胡家聰以爲是後人分辨不明而致誤，其言曰：「書名《管子》，並非有意作僞，蓋威王、宣王以繼承齊桓公霸業爲標榜，因而稷下法家學派亦以繼承發揚管仲遺說爲職志。書名《管子》，表明法家學派說有傳統，學有師承。戰國末，韓非已不明此意，將《管子》錯認爲是春秋時管仲遺著（《韓非子・難三）。司馬遷寫〈管晏列傳〉，亦持此說，更是一錯再錯。」〔註29〕此亦《管子》書爲依託之意也。另一重要證據爲民國六十一年，山東臨沂銀雀山漢墓出土之竹簡。據考證，其書寫時代，至遲在漢文帝即位以前，亦可能早至秦楚之際。是以羅福頤於〈臨沂漢簡概述〉一文中曰：

竹簡管子只有關於談兵的七法一篇，可能未錄全書。但十枚簡都很完整，與今本異同字不少。由此也足以證明《管子》的確是漢以前的作品。疑僞之說，不攻自破。（《文史集林》第二輯）

　　至於編集依託之時間與學者，前賢多以爲在戰國之世。熊十力曰：「《管子》書雖非其本人所作，要爲戰國時法家輯錄之書，則無疑。其書中多敘述管子當日行於齊國之政，必有所本。其理論部分，往往閎博奧密，而根於經驗，非生當戰國，歷練宏富，莫能爲也。」（《中國歷史講話》，〈晚周諸子非漢人僞託節〉）〔註30〕梁啓超則認爲一小部分從春秋末年開始，大部分歷經戰

〔註28〕「所謂僞書，是一：原有眞書，後來眞書亡佚，有人另作了一部假的，以冒充眞書。二：原來沒有這部書，後人假作了一部書，以冒充古人的眞書。以上兩種，才是僞書。」（屈萬里：〈傳述史料中常見的幾種現象〉，見沈剛伯先生《八秩榮慶論文集》）今本《管子》，並非上述兩種情形。

〔註29〕胡家聰：〈稷下學宮史鉤沉〉，見《文史哲》1981年4期，山東大學文史哲編輯委員會編。

〔註30〕黃漢亦自經濟發達之階段、學術思想系統、文字組織與文字等方面，論《管子》爲戰國時代之作品。見所著〈管子爲戰國時代作品考〉，文刊《安徽大學月刊》，第二卷第6期。

國再至漢初，遞爲增益而成。〔註31〕至於依託之人，說法亦不一致。葉夢得
謂爲戰國策士；梁章鉅引南宋韓無咎說，疑爲戰國游士；〔註32〕前引嚴可均
說，以爲門弟子、賓客或子孫所撰定。然多數學者則以爲係齊稷下學士所爲。
主此說者不少，舉其著者，前有朱長春、梅士享、姚際恆，後有馮友蘭、顧
頡剛、胡家聰，日本則有內藤虎次郎、武內義雄。

朱長春曰：

> 大氐周衰道詘，至于雄國而祖霸賤王大甚，天下有口，游談長短之
> 士，都用社稷。管仲爲大宗，因自以其說系而袝之，以干時王、獵
> 世資。……故其書雜者，半爲稷下大夫坐議浮談，而半乃韓非、李
> 斯法家輩，襲商君以黨管氏，遂以借名行者也。故其書有春秋後之
> 文，有戰國之文，有秦先周末之文，其體立辨。(《管子榷》)

武內義雄曰：

> 最早，是只能追溯到宣王以前的著述。這部書，恐怕是稷下的學問
> 風靡了一時之後，齊人託諸管仲以自重，仍舊可以看作稷下學士底
> 餘韻。……稷下底道家學者，依託輔佐桓公底霸業的管仲作《管子》。
> (《中國哲學思想史》第六章)

朱氏以爲半爲稷下大夫坐議浮談，半爲韓非輩所爲；武氏則以爲係稷下道家
學者所依託。馮友蘭以爲：《管子》可能是稷下學者之著作總集；顧頡剛則以
爲《管子》爲一部稷下叢書。〔註33〕胡家聰申論之曰：

> 《管子》書中的許多篇章，是在宣、湣時期寫成的。它們均出於佚
> 名的稷下先生之手，內容包括法家、道家、陰陽家的學說，以及自
> 然科學的作品，眞是蔚爲大觀。……經過湣王末年齊國大變亂，法
> 家學派的前輩稷下先生老成凋謝了。爲了繼承和發揚他們闡述的學
> 說，于是把留下的作品編輯成書，這就是戰國後期流傳于社會上的
> 管子原本。稷下先生們編成了《管子》(原本) 之書，接着才有講授

〔註31〕說見《諸子考釋》，《漢書‧藝文志‧諸子略考釋》節。梁氏又曰：「且以思想
　　　系統論，其大部分必爲戰國末葉作品無疑。最多則〈牧民〉、〈山高〉、〈乘馬〉
　　　等篇，或有一兩段傳管仲口說耳。」(《先秦政治思想史》，前論第一章，〈時
　　　代背景及研究資料〉)

〔註32〕葉夢得說，見王應麟《漢書‧藝文志考證》引。梁章鉅說，見《退菴隨筆》
　　　卷十七。

〔註33〕馮說見《中國哲學史史料學初稿》；顧說見〈周公制禮的傳說和周官一書的出
　　　現〉一文，載1979年《文史》第六輯。

《管子》各篇的講義錄，即編在今本《管子》之內的管子解。不僅
如此，這些法家學者還寫成了如〈君臣上下篇〉、〈七臣七主〉等重
要的法治論文。〔註34〕

此諸家之說，既肯定《管子》為稷下學者之總集性著作，則其編寫時代當不
遲於齊湣王末年稷下學宮解散之時。

有關《管子》〈心術上、下〉、〈白心〉〈四業〉四篇之作者，學者論之頗多，
或主為宋鈃、尹文派之著作，或主為慎到、田駢之書，亦有認為係管仲學派所
作者。宋尹之說，駁之者已多；慎田之說，亦未能得確證；與其謂為管仲學派
之作，毋寧稱之為稷下學者之文，其作者未必為吾人習知之諸大家也。〔註35〕

逐篇分析考證《管子》書各文依託之時代與何人所為者，為羅根澤之《管
子探源》。羅氏考證《管子》書中各篇之時代，上自戰國，下迄西漢文景武昭
時期。而各篇作者，更涵蓋各家各派，諸如：政治思想家、法家、兵家、道
家、儒家、陰陽家、醫家、雜家、理財學家等。羅氏之說，今人婁良樂氏曾
加評議，以為可以成立者僅七項，約居百分之六；可商者僅三十二，約居百
分之二十六；而不能成立之論證佔絕大多數。婁氏之結論曰：

經言諸篇乃管氏之本宗，然古人並無私自著書之事，皆後人所輯。
春秋之時，《管子》嘗有書，載一時之典章政教，記《管子》之言行，
則習《管子》法者所綴輯。雖有不倫，無乖傳信，故《管子》不可
謂之偽書。（《管子評議》，丙管子書考之評議）

亦有學者以為《經言》諸篇，為管仲之遺著。其言曰：

〔註34〕同註29。
〔註35〕主管子四篇為宋尹學派所作者，為郭沫若，見《青銅時代》〈宋鈃尹文遺著考〉；
另劉節亦主此說，見《古史考存》，〈管子中所見之宋鈃一派學說〉。謂其為慎
到田駢之書者，有裘錫圭，見《中國哲學》第二輯〈馬王堆老子甲乙本卷前后
佚書與道法家〉；朱伯崑亦主此說，見《中國哲學史論文集》第一輯〈管子四
篇考〉。吳光〈管子四篇與宋尹學派辨析〉一文以為：「雖然還不能斷定是田駢、
慎到本人，但却是可以肯定為戰國中後期的齊國稷下道家學派的。」李存山則
以為：「我們似可以推論管子四篇是從莊子學派內部分裂出去的一部分稷下黃
老學者的作品。」（見〈內業等四篇的寫作時間和作者〉，刊《管子學刊》創刊
號）以為係戰國時代齊國法家中一派之管仲學派所作者，為張岱年，見《中國
哲學史史料學》。祝瑞開《先秦社會和諸子哲學新探》一書以為：〈心術上下〉
分別為道家、法家與儒家之結合，決非宋尹學派之書。日人赤塚忠〈道家思想
之本質〉一文以為：顯示早期道家思想之論，〈心術下篇〉成立於《孟子》之
頃，〈內業篇〉則較《荀子》稍後（見幼獅公司出版之《中國思想》（二））。

　　《管子》書中的《經言》各篇，以及《外言》的〈五輔篇〉，基本上
是管仲的遺著（其中有後人摻入的成分）；《外言》除〈五輔篇〉以
外的各篇，以及《內言》各篇，一部分是解釋、發揮管仲思想的；
一部分是記錄管仲的言論和行事，而且是信實可靠的。……就說《管
子》書的《經言》吧：據我們考證所得的結論，它是春秋前期的書；
它到底是「官書」還是私人著作？可以說是管仲私人的著作，也可
以說是「官書」。因為管仲是執掌齊國國政的上卿，《經言》中有一
部分是針對齊國現實的政論，一部分就是齊國的方策、政令（如〈乘
馬篇〉中的一部分內容），這當然可以被當作齊國的國家檔案保存下
來。至于它是管仲口述、由史官記錄下來的（古代有所謂「左史記
事，右史記言」），還是管仲親手寫的，那是沒有關係的。〔註36〕

　　綜觀《管子》全書，實非一人一時所編成。至於依託成書之年代，應為自
春秋至戰國時期陸續附入。〔註37〕當時許多資料可能同時流通於世，彼此有同
亦有異。各類資料之大量集中可能在西漢初廣開獻書之路時，而將中央保存與
民間流傳之不同材料，加以總整理，刪重補闕，編為定本者，則為劉向。

　　書中記典章政教、管子言行等史事之材料，大部分為嚴可均所謂門下弟
子、賓客或子孫之類人所為，亦可能有齊國政府之檔案資料。管仲為政治家、
實行家，記其政令、行事者，宜可視為管仲之著作。講思想之文字，可能小
部分出於管仲之口，而為他人所記錄。大部分則是稷下學者，就管仲言行與
思想，引申發揮，依託於管仲。零星之依託者可能有，但不會太多。

　　朱長春以為韓非、李斯輩，襲商君以黨管氏，借名以行之說，可能性不
大。韓非善於著書，何需假他人之名？且《韓非子》一書中，批評管仲法家
思想不周不當之處極多，二人思想諸多不同，依託管仲，實不必要。《韓非子》
書中已稱商管之法家有之，是韓非之前《管子》之法已大行矣，謂之韓非、
李斯輩依託，時間亦有不合。

　　羅根澤考證今本《管子‧輕重篇》，為西漢武昭時理財學家所為者，亦不
可信。果如此，則司馬遷所讀之《管子‧輕重》，可能另有其文矣！否則，同

〔註36〕同註26。引文中括號內之文字，為原作者之自註。
〔註37〕「大致上我同意哥斯塔夫‧哈龍（Gustav Haloun）所說的，最原始的管子版
　　　　本，成型於西元前250年。附添作品與時俱增，直到最後由劉向定版。」（W.
　　　　Allyn Rickett，"Introduction to A Concordance to the Kuan-tzu"，P. xvi.）

時代理財家依託之文，司馬遷焉有不知之理？杜佑曰：「此篇經秦焚書，潛蓄人間，自漢興、晁、賈、桑、耿諸子，猶有言其術者。」（《通典》卷十二，〈食貨十二輕重注〉）謂漢代理財學家用〈輕重〉之術，斯爲得之者，再者，武昭時之理財學家如桑弘羊輩，乃商賈出身，出仕前不太可能著書，出仕後，又焉得閑暇以著書？桑孔輩輕重之術，《史記‧平準書》、《鹽鐵論》等言之頗詳，可以參證。〔註38〕

第五節　管子書之分部歸類

　　《管子》內容繁富，包羅甚廣，管仲以後之各學派思想，或多或少都曾涉及。謂其「一家之書而有五家之學（按：法、名、老子、告子、農）」（陳澧《東塾讀書記》卷十二），仍不足以形容。在此情形下，爲《管子》書分別部居，論其家數，實屬困難之事。

　　《漢志》著錄《管子》於道家，另見於兵權謀家、孝經家與儒家。自《隋書‧經籍志》著錄《管子》於法家之後，公私著錄，絕大多數從之。由道而法，或者管仲被視爲法家之祖之故也。管仲之成爲法家之祖，可能是治國觀念與爲政方法，爲戰國法家所取法，而管仲立一代宏規，強齊、霸諸侯，亦正後世法家之精神所在。反觀其他學派，則並不十分稱述管仲，偶一論及，亦毀多譽少。管仲被視爲法家之祖，是以依託之文，雖含各家思想，仍被列爲法家之書。

　　《管子》書以道、法兩家思想爲主，《史記》所載管仲爲政之要，多爲道家學說之發揮，是以主張《管子》書應歸爲道家者甚多。尹桐陽曰：

> 《管子》之類於道家者，在其屢言虛靜無爲之義。蓋法家之精義，
> 必審合刑名，其本無不出於虛靜，此法家淵源所自縣於道家也。……
> 然《管子》之所謂虛靜無爲者，大氐不外道家秉要執本，清虛自守
> 之意，惟作用則與之殊耳。……《管子》言道，言虛靜，與老莊頗
> 相類，吕其同祖黃帝耳。（《諸子論略》卷二）

尹氏此論係就書中內容，論其近於道家。陳振孫曰：「《管子》似非法家。而

〔註38〕〈輕重篇〉寫成時代之爭，鄭良樹編《續僞書通考》有馬非白、容肇祖、胡家聰諸文可以參考。西漢桑孔輩財經改革事，可參考拙著《鹽鐵論研究》一書，文史哲出版社出版。

世皆稱管商，豈以其操術用心之同故耶？然以爲道則不類。今從隋唐志。」（《直
齋書錄解題》卷十）此眞無可奈何之決定也。

　　歸之道、法均有不妥，遂又有歸之雜家之議。梁啓超曰：「實則援《呂氏春
秋》例入雜家，或較適耳。」（《諸子考釋》，《漢書・藝文志・諸子略考釋》）〔註
39〕嚴可均亦徘徊於雜、道兩家之間，其言曰：

> 余觀〈內業篇〉，蓋參同契所自出，實是道家。餘篇則儒家、陰陽家、
> 法家、名家、農家、兵家，無所不賅。今若改入雜家，尚爲允當。
> 不然，寧從〈漢志〉。（《鐵橋漫稿》卷八，〈書管子後〉）

呂思勉亦曰：

> 今通觀全書，自以道法家言爲最多。然亦多兵家、縱橫家之言，又
> 雜儒家及陰陽家之語。此外，又有農家言。〈輕重篇〉論生計學理，
> 大率重農抑商，蓋亦農家者流也。……而此書錯雜特甚，與其隸之
> 道、法，毋寧稱爲雜家，則謂其必本有條理，亦尚未必然也。（《經
> 子解題》，〈管子〉）

嚴、呂兩家雖以《管子》可以部列於雜家，然亦均未敢言其必當也。

　　先秦諸子競騁其學爭鳴於世，於互較高下之時，均逕稱其「人」，而無某
「家」之名。孟子闢楊、墨、許行，直指其人；荀子解蔽，亦就其人論其學；
《荀子・非十二子》與《莊子・天下》，則爲就思想相近之一些「人」，綜論
其得失。直至《韓非子・顯學》，始有「儒」、「墨」之通稱。當時儒墨爲顯學，
備受矚目，雖然儒分爲八，墨離爲三，韓非仍視之爲一家，稱其爲某氏之儒
與某某氏之墨，然亦正以此之故，韓非譏彼等同尊一祖而取舍相反。《韓非子・
五蠹》所批評者亦只是「言從者」、「言橫者」、「言談者」，而非「縱橫家」。
司馬談《論六家要旨》，始有陰陽、儒者、墨者、法家、名家、道家等許多學
派名稱。劉向、歆父子爲編目整理之需要，遂分七略，班固因之，乃正式有
九流十家等學派之分。

　　管仲之時代，在諸子橫議，學術大興之前，且彼爲一有顯赫事功之政治
家，實難以某家者流之劃分法歸類之。若就流傳至今之《管子》書之內容觀
之，實兼有道法兩家之長而無其短。《管子》書有道家「知秉要執本，清虛以

〔註39〕梁氏於《政治思想史》一書中謂：「本書（指管子）言政治思想精到處甚多，
　　　　只能歸入戰國法家之林，不應以入本時代也。」（〈前論〉，第一章時代背景及
　　　　研究資料）可見梁氏於分部歸類一事，亦猶豫難決也。

自守，卑弱以自持」(《漢書補注》，〈藝文志‧諸子略〉卷第卅)之優點，而無「絕去禮學，兼去仁義，曰獨任清虛，可以爲治」(同上)之病。又有法家「信賞必罰以輔禮制」之長，而無「無教化，去仁愛，專任刑法，而欲以致治，至於殘害至親，傷恩薄厚」(同上)之弊。道法兩派任何一家之思想，均不足以涵蓋《管子》書中豐富之內容。是以就今本《管子》而言，歸之於道家，或歸之於法家，均不十分妥當。

《管子》書既兼包各家之治道，則可依班固之說，歸之於雜家。蓋雜家者流，正是「兼儒墨、合名法，知國體之有此，見王治之無不貫」者也(《漢志‧諸子略》)。〔註40〕雖是如此，然《管子》書亦有與《呂氏春秋》、《淮南子》等書不同之處。其不同者在：《呂氏春秋》與《淮南子》，乃眾多學者，在特定人士呂不韋、劉安指示之下，爲達成特定之目的，有意匯集百家之學爲一「家」之言而編成之書。反觀《管子》，則爲不同時代之許多學者，在無特定人士——管仲之指示，亦不具任何特定目的之情形下，陸續雜湊各類材料而成者。當初既非有意爲之，最終目的，亦不在求其別立宗派，代表一家之言。是以部列《管子》於雜家，亦有問題在焉。〔註41〕婁良樂本馬其昶說，以爲「《管子》者，主於法，而旁通眾家之略也」(《管子評議》，〈緒論〉)。《管子》書既非一人一時所編成，原無所主，又何從主於某家而又旁通眾家？

管仲功業，自春秋以至秦併六國，堪稱第一。蓋任一國之宰輔，爲政治民，本已經緯萬端，勢須面面顧到。而以僻處海濱區區之齊，能爭霸於中原，實有賴於管仲爲政，於政治、法律、社會、教育、軍事、經濟諸端，皆能兼籌並顧也。管仲之功業，在當時範圍既廣，影響更深，是以爲文依託者雖極

〔註40〕今人于大成謂：劉向歆父子認爲「《老子》之書，所講的道，是清靜無爲之道，這才是道家的正統。至於道德家學說中所包括的一切清靜無爲之道之外的學說，與道家正統之學有異，不宜同屬之道家，因而，就把這部分全部從道家中畫分出來，而另外爲他取一個名字，以其內容龐雜，無所不有，所以叫他作雜家。儘管如此，但雜家之學，既久與道家合流，又原本屬於道家，當然道家的色彩相當濃厚，所以，就算他離道家而獨立了，然而其中的道家色彩是抹不去的」(《中國歷代思想家》，劉安)。此論雜家之書多道家色彩之故甚詳。

〔註41〕梁啓超雖然以爲部列《管子》於雜家或較合適，然又曰：「乃是雜誌體。……若認爲一部類書，倒還可以，若認爲一種專書，那就錯了。」(《古書眞僞及其年代》，第二章)傅斯年則認爲《呂氏春秋》、《淮南子》兩書，自身沒有甚麼內含價值，只是「類書」而已。說詳《傅斯年全集》第二冊，戰國子家敍論，十四所謂雜家節。徐復觀於其《周官成立之時代及其思想性格》一書第二章中，以爲《管子》可以說是一部「叢書」，作者非一人一時，內容非一家一派。

眾多，仍能不脫離管仲功業之範圍，而以「管子」名此駁雜之書，亦無涵蓋不周之病。此古人不依託他人而依託於管仲之故歟？若管仲功業所就者小，依託於彼者恐亦不如是之夥矣。

　　管仲尊王攘夷、一匡天下之功，奠基於齊國自身之實力。齊國國力之培養，非由外力促成，乃自基層政治之改革入手。管仲於齊國之政治、社會、經濟、軍事，均有一番因時因地而制宜之法制。經此徹底之改革，齊國既富且強，乃能成此霸功。此一富國強兵，先內政而後外交之政治原則，正後世法家所遵用者。而先求自立於不敗之地，進而雄霸天下，更為戰國眾法家者流所努力以赴之目標。管仲之學見稱於法家之書，而未見重於道家之門者，或以此也。

　　梁啟超曰：「法治主義，則起源甚早。管仲、子產時確已萌芽。其學理上之根據，則儒、道、墨三家，各有一部分為之先導。」（《先秦政治思想史》，〈本論〉，第十三章法家思想其一）道家思想影響法家者原不只《管子》一書，重勢之稷下法家學者慎到即為道法轉關之重要人物，〔註42〕《管子》書中之道家思想，或即此輩學者所為。

　　基於前述種種，淺見以為，若必欲依前例為《管子》書定其部居，似仍以歸之法家為較近理。實則綜貫百家，不必強為立名歸類也。

結　語

　　《管子》書內容龐雜，且為後人陸續依託編成，若據以研究管仲之生平，則需謹慎從事，小心取材。就書而言，其龐雜亦不失為一可貴之處，即其書保存自春秋以降之諸多思想史資料，此一價值絕不在小，不可因其為依託之書而輕忽之也。

〔註42〕可參考拙著《慎子校注及其學說研究》一書，嘉新水泥公司文化基金會印行。

第三章　管子書所見道家與陰陽家之學

　　《管子》非一人一時一家之書，其內容之龐雜，為先秦諸子書之最。陳澧謂其一家之書有五家之學，實仍不足以盡之。《漢志》列《管子》於道家，惟又將其書中若干篇章別見於兵權謀家、孝經家與儒家。後儒論者，多謂其書為稷下諸儒之集體著作。考齊宣王時稷下有騶衍、淳于髡、田駢、接子、慎到、環淵、騶奭之徒等七十餘，皆列第為上大夫，不治而議論，且各著書言治亂之事。齊襄王時，荀卿最為老師，三為祭酒。下迨齊湣王之世，矜功不休，百姓不堪。「諸儒諫不從，各分散。慎到、接子亡去，田駢如薛，而孫卿適楚。」（《鹽鐵論·論儒》）

　　稷下諸子，如慎到、田駢、接子、環淵，「皆學黃老道德之術」（《史記·孟荀列傳》），騶衍則「深觀陰陽消息」（同上），荀卿乃儒學大師。是稷下乃一學術自由、百家爭鳴之所。眾家學者，各逞其才智，為不同之論。惜其著書，多不傳世，無由詳其內容為憾耳。管仲任政相齊，為齊人所宗，其嘉言懿行、其思想行事，時人及後世，多有為之記述、引申者。今觀其書雜有道家、法家、儒家、陰陽家、兵家、農家與輕重之言，因此遂致諸家學說紛然雜陳。其中思想各屬何人？文字出於誰手？全不能確知。就思想發生之跡象言，先後有別；由主張之傾向言，彼此又不免有異。今茲所述，亦就文論文，以學言學，不能專指也。其中法、儒、兵、農、輕重之學，將分別評述於其後各篇之中，以見其異同優劣，故不復以專章重出。茲篇所述，僅以道家暨陰陽家為主。

第一節　《管子》書中道家思想

一、《管子》論「道」

　　《管子》由中多道家之言，有與老子同者，有異於老子者。或其於老而別有引申，或竟以不出一人之手而有別。茲分述之於後。

　　　　虛無無形謂之道（王念孫云：當作「虛而無形」），……大道可安而不可說（張文虎云：依注則「安」乃「案」之借字，「大」字疑本作「夫」）。……故必知不言無爲之事（王念孫云：「不言」下脫「之言」二字），然後知道之紀。……道在天地之間也，其大無外，其小無內，故曰：不遠而難極也。……以無爲之謂道（俞樾云：「以」衍字），……道也者，動不見其形，施不見其德，萬物皆以得，然莫知其極。（〈心術上〉第三十六）

　　　　夫道者，所以充形也，而人不能固。其往不復，其來不舍。謀乎莫聞其音（王念孫云：「謀」當爲「詩」。說文：「宋（今作寂），無人聲也，或作詩。」），卒乎乃在於心，冥冥乎見其形，淫淫乎與我俱生。不見其形，不聞其聲，而序其成，謂之道。……道也者，口之所不能言也，目之所不能視也，耳之所不能聽也。……凡道者，無根無莖，無葉無榮，萬物以生，萬物以成，命之曰道。（〈內業〉第四十九）

　　　　道者，一人用之，不聞有餘；天下行之，不聞不足；此謂道矣。……道之大如天，其廣如地，其重如石，其輕如羽。民之所以，知者寡。（〈白心〉第三十八）

　　　　道也者，通乎無上，詳乎無窮（丁士涵云：「詳」，「翔」之假字），運乎諸生。（〈宙合〉第十一）

《管子》之言「道」也，虛而無形、不言、無爲、至大亦至小、不聞其聲，然萬物均賴之以生，民皆用之，而知之者寡。

　　《管子》之論「道」，與《老子》之論「道」多同。《管子》言其「虛」也，《老子》則曰：「道，沖而用之，或不盈。」（第四章）「虛而不屈，動而愈出。」（第五章）《管子》言知「不言之言，無爲之事」，然後知道之紀，《老子》則曰：「聖人處無爲之事，行不言之教。」（第二章）「不言之教，無爲之事，天下希及之。」（第四十三章）又曰：「希言，自然。」（第二十三章）「爲

無爲，則無不治。」（第三章）《管子》言道其大如天，其廣如地，其大無外，其小無內，《老子》則曰：「強爲之名曰大。」（第二十五章）「天下皆謂我道大，似不肖。」（第六十七章）又曰：「道常無名，樸雖小，天下莫能臣。」（第三十二章）「可名於小。萬物歸焉而不爲主，可名爲大。」（第三十四章）《管子》言道不見其形、不聞其聲者，《老子》亦曰：「道之出口，淡乎其無味，視之不足見，聽之不足聞，用之不足既。」（第三十五章）「視之不見，名曰夷；聽之不聞，名曰希；搏之不得，名曰微；此三者不可致詰，故混而爲一。其上不皦，其下不昧，繩繩不可名，復歸於無物。是謂無狀之狀，無物之象，是謂惚恍。迎之不見其首，隨之不見其後。」（第十四章）又曰：「大音希聲，大象無形。」（第四十一章）《管子》言道爲萬物以生、萬物以成之物，《老子》亦曰：「淵兮，似萬物之宗。」（第四章）「可以爲天下母。」（第二十五章）又曰：「萬物恃之而生而不辭，功成不名有，衣養萬物而不爲主。」（第三十四章）「天下有始，以爲天下母。」（第五十二章）《管子》言道爲民之所用，然知之者寡，《老子》亦曾曰：「吾言甚易知、甚易行，行下莫能知、莫能行。……知我者希，則我者貴。」（第七十章）

　　《管子・兵法》曰：「明一者皇，察道者帝，通德者王。」〈心術下〉曰：「執一之君子，執一而不失，能君萬物。」此所謂「一」者，即「道」也。《老子》不云乎：「天得一以清，地得一以寧，神得一以靈，谷得一以盈，萬物得一以生，侯生得一以爲天下貞。」（第三十九章）又曰：「聖人抱一，爲天下式。」（第二十二章）《老子》之言「一」，亦指「道」也。

　　《管子》言「道」，亦言「德」，及「道」「德」二者之關係。《管子》曰：

> 虛無無形謂之道（王念孫云：當作「虛而無形」），化育萬物謂之德。
> （〈心術上〉第三十六）

又曰：

> 德者，道之舍，物得以生生，知得以職道之精（張文虎云：「職」、「識」古通假字，「知」字似衍），故德者得也。得也者，其謂所得以然也（丁士涵云：「其謂」當作「謂其」，「以」與「已」同）。以無爲之謂道（俞樾云：「以」，衍字），舍之之謂德。故道之與德無間，故言之者不別也。間之理者（郭沫若云：「間」上脫「人」字），謂其所以舍也。（同上）

道之本體爲虛而無形，其爲用也，則化育萬物，即道之施舍於萬物者也。故

物得以生生，得以識道之精。「愛之生之，養之成之，利民不德，天下親之，曰德。」（〈正篇〉第四十三）道無爲，德則施舍之，此一物之兩面也，統言無別，對言則有分也。故《管子》曰：道之與德無間也。王弼釋《老子》三十八章「上德不德，是以有德」曰：「德者，得也。」陸德明釋「德」字曰：「道之用也。」（《經典釋文》卷二十五〈老子〉）由是皆可見《老子》、《管子》之說道德，實相一致也。

二、精氣之論

夫道者，所以充形也。（〈內業〉第四十九）

氣者，身之充也。（〈心術下〉第三十七）

又曰：

道在天地之間也，其大無外，其小無內。故曰：不遠而難極也。（〈心術上〉第三十六）

靈氣在心，一來一逝。其細無內，其大無外。（〈內業〉第四十九）

道者，所以充形者也；氣者，亦所以充身者也，二者名異而實同。道之爲物，其大無外，其小無內；氣之爲體，亦其細無內，其大無外；是可知道之與氣，亦名異而實同。

道也者，動不見其形，施不見其德，萬物皆以德，然莫知其極。（〈心術上〉第三十六）

搏氣如神，萬物備存。（〈內業〉第四十九）

又曰：

道之在天者，日也；其在人者，心也。故曰：有氣則生，無氣則死，生者以其氣。（〈樞言〉第十三）

自道之作用言，變化莫測，然萬物皆以得；氣亦變化如神，且備於萬物之中。道在人身，如人之有心；氣在人身，無之則死；是人無道則死，無氣亦死。則道、氣之作用於人身也亦同。

夫道者，所以充形也。而人不能固，其往不復，其來不舍。（〈內業〉第四十九）

靈氣在心，一來一逝。（同上）

道之爲物，人力不能限制之。方其往也，不復；時其來也，不舍；流動不居，

充於四塞。氣之爲物亦然，其一來一逝，亦流動不居者也。是《管子》之道
與氣，於此方面觀之，亦可視爲相同之物也。

綜上三方面而論，《管子》書中「道」、「氣」二名，實相一致也。《管子》
書又有「精」之一名，亦道與氣之意也。

> 凡物之精，此則爲生（石一參云：原本「比」作「此」；比，合也），
> 下生五穀，上爲列星。流於天地之間，謂之鬼神；藏於胸中，謂之
> 聖人。是故民氣（何如璋云：「民」當是「名」字），杲乎如登於天，
> 杳乎如入於淵，淖乎如在於海（丁士涵云：「淖」讀爲「綽」，寬也），
> 卒乎如在於己（豬飼彥博云：卒、崒同，高峻貌；郭沫若云：「己」
> 讀爲「屺」，山無草本也）。是故此氣也，不可止以力，而可安以德；
> 不可呼以聲，而可迎以音（王念孫云：「音」即「意」字也）。敬守
> 勿失，是謂成德，德成而智出，萬物果得（王念孫云：「果」當爲「畢」）。
> （〈內業〉第四十九）

> 是故聖人與時變而不化，從物而不移（許維遹云：「物」下脫「遷」
> 字）。能正能靜，然後能定。定心在中，耳目聰明，四枝堅固（郭沫
> 若云：「枝」與「肢」通），可以爲精舍。精也者，氣之精者也。（同
> 上）

「精」也者，其在於物，可生五穀；其在於人，可稱聖人。夫道爲天下母，
生養萬物，得「道」之人，亦名聖人，準此而觀，則「精」亦「道」也。人
之形軀可以爲「精」之舍，是精亦同乎「道」與「氣」，乃充形者也。「精」
又可名曰「氣」，存乎天地之間，敬守勿失，是謂成德。然細繹之，「精」又
氣中之最精者。《管子》以爲：氣乃構成萬物之基本物質，其中最精粹、最細
微者，亦稱曰「精」。宇宙萬物與人類，皆由此精氣聚合而成。準此而觀，《管
子》之「精」即「氣」，與其所謂之「道」同物而異名。

前言《管子》之論道與《老子》之論道，多有同者，然若合精、氣之說
而觀之，則《管子》之道與《老子》之道，則又有其不同之處。如謂：「凡人
之生也，天出其精，地出其形，合此以爲人。」（〈內業〉第四十九）若以此
語論之，「精」雖爲構成人之必要條件之一，然仍在天地大範疇之中，而不在
天地之外、之上。老子之「道」，乃「有物混成，先天地生」（《老子》第二十
五章），在天地之先、之上。《管子》之「道」、「精」、「氣」，雖生成萬物，却
不先於天地。是《管子》之所謂道、精、氣，僅側重於說明萬物之構成，而

不能用於解釋天地之起源。此其一。

《老子》之「道」，先天地生，象帝之先（《老子》第四章），爲天下之母（《老子》第二十五章），爲一切之本始，包含天地與天地間之一切。「道之爲物，唯恍唯惚。忽兮恍兮，其中有象；恍兮忽兮，其中有物；窈兮冥兮，其中有精；其精甚眞，其中有信。」（《老子》第二十一章）「萬物負陰而抱陽，沖氣以爲和。」（《老子》第四十二章）《老子》所言之「道」，包括「精」、「象」與「物」，「道」發生作用之時，則沖陰陽二「氣」以爲和。是《老子》之「道」與「精」「氣」二者之關係，爲包含與被包含、全體與部分之別，不同於《管子》之所謂「道」、「精」、「氣」爲同等性質之物。此其二。

「精」之與「氣」，其性質爲無固定形體，流動不居，通達無阻，放之則瀰六合，卷之則退藏於密。然此種變動，正其所以能生成萬物也。精氣之變化無端，故又有靈氣、善氣、惡氣、陽氣、陰氣之別：

> 靈氣在心，一來一逝。（〈內業〉第四十九）

> 善氣迎人，親於兄弟；惡氣迎人，害於戎兵。（同上）

> 春者，陽氣始上，故萬物生；夏者，陽氣畢上，故萬物長。秋者，
> 陰氣始下，故萬物收；冬者，陰氣畢下，故萬物藏。（〈形勢解〉第
> 六十四）

由上舉諸例觀之，《管子》之言「氣」，非徒爲一構成萬物生命之物質而已，亦具精神方面之含義，如云「靈氣」者是也。至於「善氣」、「惡氣」之名，則又具道德之意味矣。其存於天地之間也，則以陰陽二氣，分具不同之功能，交感互應而運行無窮。

精氣除爲萬物與人類之構成因素之外，萬物與人類之精神力量亦源於此。如曰：

> 凡物之精，……流於天地之間，謂之鬼神；藏於胸中，謂之聖人。（〈內
> 業〉第四十九）

> 能摶乎？能一乎？能無卜筮而知吉凶乎？能止乎？能已乎（按：「已」
> 當依趙本作「已」。）？能勿求諸人而得之己乎？思之思之，又重思
> 之，思之而不通，鬼神將通之。非鬼神之力也，精氣之極也。（同上）

> 氣，道乃生，生乃思，思乃知，知乃止矣。（同上）

此言精氣流動於天地之間，成爲鬼神之力，實則精氣之作用也。精氣藏於胸

中，則導之而生思想、智慧，使之成為聖人。

「凡人之生也，天出其精，地出其形，合此以為人。」（〈內業〉第四十九）此說將人之精神，視為天出之精所造成，而人之形體，則為地之所出，形與神分離而言之。「虛其欲，神將入舍，掃除不潔，神乃留處（丁士涵云：「乃」當從宋本作「不」，據後解亦當作「不」）。……神者，至貴也，故館不辟除，則貴人不舍焉，故曰：不潔則神不處。」（〈心術上〉第三十六）人唯虛其欲、除其污，「神」乃留處於此「形」之中。此所謂「神」者，精氣所生之思想、智慧與精神也。由此可知得精氣之道，在虛其欲，去其不潔也。欲精氣充沛，必先使精氣有可居之形體，所謂「能正能靜，然後能定。定心在中，耳目聰目，四枝堅固（郭沫若云：「枝」與「肢」通），可以為精舍」（〈內業〉第四十九）者是也。精氣既來，則當留而存之，勿使失之，《管子》曰：

> 敬除其舍，精將自來。精想思之，寧念治之。嚴容畏敬，精將至定
> （王念孫云：「至」當為「自」）。得之而勿捨，耳目不淫，心無他圖，
> 正心在中，萬物得度。（同上）

保存精氣而勿失之法，首為「敬除其舍」，即除去形體之污穢。次之，「嚴容畏敬」，使已來之精氣安定於形體之中。終則「耳目不淫，心無他圖，正心在中」，虛其欲望，正其心志，則精氣將永不失矣。

三、靜因之道

「道」之體為虛而無形，道之用為不言與無為，然萬物皆賴以生、賴以存。凡為人君者，亦當法「道」，故其為政也，亦貴虛靜、因應、無為。其言曰：

> 毋代馬走，使盡其力；毋代鳥飛，使獎其羽翼（陳奐云：「羽」字衍）；
> 毋先物動，以觀其則。動則失位，靜乃自得。……虛其欲，神將入
> 舍。掃除不潔，神乃留處（丁士涵云：「乃」當從宋本作「不」，據
> 後解亦當作「不」）。人皆欲智，而莫索其所以智乎（王念孫云：「智」
> 下不當有「乎」字）。智乎智乎，投之海外無自奪，求之者不得處之
> 者（俞樾云：下「之者」二字衍文也），夫正人無求之也（王念孫云：
> 「聖人」作「正人」，聲之誤也；「之」字涉上文而衍），故能虛無（王
> 念孫云：「無」字後人所加）。……天曰虛，地曰靜，乃不伐（俞樾
> 云：「伐」乃「貸」字之誤；貸，過差也），潔其宮，開其門，去私
> 毋言，神明若存。紛乎其若亂，靜之而自治。……故必知不言無為

之事（王念孫云：「不言」下脫「之言」二字），然後知道之紀。……
是以君子不休乎好（王念孫云：「休」當依下解作「怵」；怵與誘通，
誘也），不迫乎惡，恬愉無爲，去智與故。其應也，非所設也；其動
也，非所取也。過在自用，罪在變化。是故有道之君（郭沫若云：
下解作「君子」，此「君」下當奪「子」字），其處也，若無知；其
應物也，若偶之；靜因之道也。（〈心術上〉第三十六）

靜因之道爲國君治國之正道，其要點爲：國君虛其欲以得「道」，既得道，則
當行不言之教、無爲之事，君靜於上，臣動於下，天下將自治。

「道」之最大特點在虛而無形，唯其心虛，道乃能入於心。而人心每因
物欲，成見而不得其虛，是以欲得道，必先虛心。虛心必先無欲、去私，此
即〈心術上〉所謂必當不怵乎好，不迫乎惡，恬愉無爲，去智與故（巧詐）
也。蓋「人迫於惡，則失其所好；怵於好，則忘其所惡；非道也」（〈心術上〉
第三十六）。是以去好惡、去智巧，虛其欲，道即可入於人之心，掃除心中不
潔之情欲，道將留處於心。所謂：

虛者，無藏也。故曰去知則奚率求矣（王念孫云：「故」下衍「曰」
字，「奚」下不當有「率」字），無藏則奚設矣。無求無設，則無慮，
無慮則反覆虛矣（張文虎云：「覆」當爲「復」）。（同上）

無藏者，心無成見與私心也。「自用則不虛，不虛則忤於物矣。」（同上）唯
其無成見與私心，乃能應物於無窮，而復返於虛，此所謂：

君子之處也若無知，言至虛也。其應物也若偶之，言時適也。若影
之象形，響之應聲也，故物至則應，過則舍矣。舍矣者（李哲明云：
「矣」字涉上而衍），言復所以虛也（李哲明云：「所」字亦當衍）。
（同上）

綜上所述，是「虛」者，無好惡、智巧、成見，使心「恬愉無爲」，而又「無
藏」、「無設」也。物至則應，過則捨之，使心復歸於虛。其因心之虛而能應
外物之理，《管子》明言之曰：

其所以知（吳汝綸云：「以」衍字），彼也（按：彼者，外物也）；其
所以知，此也（按：此者，心也）。不修之此，焉能知彼？修之此，
莫能虛矣（張文虎云：「能」讀爲「而」；「而」、「如」古通用）（同上）

「靜」，乃去欲心虛之後即可獲得之一種境界也。靜者，安也。心境安定、
心平氣和之狀態即靜也，所謂「彼心之情，利安以寧，勿煩勿亂，和乃自成」

（〈內業〉第四十九）者是也。「心靜氣理，道乃可止」（同上）、「修心靜音（豬飼彥博云：「靜音」當作「靜意」），道乃可得」（同上）。「靜」之境界，即得「道」、止「道」之境界。心能控制感官耳目鼻口等九竅，所謂：

> 潔其宮，開其門，去私毋言，神明若存，紛乎其若亂，靜之而自治。……
> 宮者，謂心也。心也者，智之舍也，故曰宮。……門者，謂耳目也。
> 耳目者，所以聞見也。（〈心術上〉第三十六）

心煩慮亂，則心無由制其九竅；心不能制竅，則竅將爲外物所閉矣。是故「能正能靜，然後能定，定心在中，耳目聰明，四枝堅固（郭沫若云：「枝」與「肢」通）」（〈內業〉第四十九）。「靜則得之，躁則失之。」（同上）心得其靜，則能制九竅而「靜觀」外物，所謂「毋先物動，以觀其則」者是也（〈心術上〉第三十六）。如以妄動之心觀物治事，則必不能得其正。「過在自用，罪在變化」（同上）。自用即有成見，此不得虛靜者也；變化則僞生，僞生則亂矣。是以「人主者立於陰，陰者靜，故曰：動則失位。陰則能制陽矣，靜則能制動矣，故曰：靜乃自得」（同上）。又曰：「是以聖人之治也，靜身以待之，物至而名自治之（陶鴻慶云：「自治」二字涉下句而誤衍也）。」（〈白心〉第三十八）《管子》潔其宮，開其門，處心以靜，以御外物之說，與《老子》之論不同。《老子》曰：「塞其兌，閉其門，終身不勤。開其兌，濟其事，終身不救。」（五十二章）《老子》所主張者，在閉塞耳目九竅，勿使爲外物所擾，以安其心。二家之着眼點不同，故其所用之方法有別，實則皆不甚易行，然其以虛靜之心以處世之目的，則並無二致。此管老學說之又一相異者。

　　虛靜之道，在求君道無爲而臣道有爲。君之在體也，猶「心」之位；臣之在體，猶「九竅」之位。「心不爲九竅，九竅治；君不爲五官，五官治。」（〈九守篇〉第五十五）心爲主宰，九竅爲輔，宰者主靜，輔者主動。《管子》曰：

> 心之在體，君之位也。九竅之有職，官之分也。心處其道，九竅循
> 理。嗜欲充益（王念孫云：「充益」當爲「充盈」），目不見色，耳不
> 聞聲。故曰（戴望云：「故曰」二字涉後文而衍）：上離其道，下失
> 其事（何如璋云：此下脫去「心術者，無爲而制竅者也」，宜據下解
> 補入）。（〈心術上〉第三十六）

心爲身體之主宰，九竅則各司其事，猶臣之各有其職也。心處其所當處，不干涉九竅之所司，則耳目鼻口皆得各遂其性，各司其事。反之，君之所處不合於道，即不能虛靜去欲，則將影響九竅之所司，使「物過而目不見，聲至

而耳不聞」（同上）。在上之君若離其道，有所爲而司事，則臣下之職必受干擾，將不得正其所事矣。是即君上者當無爲而治也。君上無爲，臣下乃得各盡其智能，有所成功。

> 無爲之道（張佩綸云：「道」當作「事」），因也。因也者，無益無損也。以其形因爲之名，此因之術也。……因也者，舍己而以物爲法者也。感而後應，非所設也；緣理而動，非所取也。……因者，因其能者言所用也（李哲明云：「者」字疑當衍）。（〈心術上〉第三十六）

靜之外當「因」，「因」即無爲之道。所謂「因」者，無所益無所損，舍己之心而以物爲法，因物之形而定物之名。感而後應，無主觀設想於心；緣理而動，無主觀取捨於心；此之謂「因」之道。因其所能而用之，因其所言而用之，此君上無爲，循臣下與外物之形名而爲之之道也。是可知靜因之道，按實定名也。按實定名之後，即當循名以責實也。循名責實之道在周密。其言曰：

> 直人之言（王念孫云：「直人」當爲「眞人」），不義不顧（章炳麟云：「義」借爲「俄」；郭沫若云：「顧」乃「頗」字之譌），不出於口，不見於色，四海之人，又孰知其則（丁士涵云：「又」字當衍）？……不出於口，不見於色，言無形也。四海之人，孰知其則，言深囿也。（〈心術上〉第三十六）

無形、深囿者，君上御臣之術也，務以周密爲本，以靜制動爲則，深藏而不露。〈九守〉亦曰：

> 聽之術曰：勿望而距，勿望而許。許之則失守，距之則閉塞。高山仰之，不可極也。深淵度之，不可測也。神明之德，正靜其極也。……人主不可不周。人主不周，則羣臣下亂。寂乎其無端也，外內不通，安知所怨？關開不開（王引之云：「關開」當爲「關閉」），善否無原。

此周密之說，一至法家之手，則愈加強調，〈法法〉曰：

> 人主不周密，則正言直行之士危。正言直行之士危，則人主孤而毋內。人主孤而毋內，則人臣黨而成羣。使人主孤而毋內，人臣黨而成羣者，此非人臣之罪也，人主之過也。

循此而觀，周密者，人主御臣所當用之術也。〔註1〕

〔註1〕參閱下節韓非子論周密一段。

四、與老、慎、韓三子之比較

　　《管子》書言「道」、言「精」、言「氣」，已與《老子》所言者，合而觀之矣。其論「靜」、「虛」、「無爲」、「不言」、「周密」等意，《老子》、《慎子》、《韓非子》均曾言之，其相互發明與影響也明甚，茲略述之如次。

　　　　致虛極，守靜篤。萬物並作，吾以觀復。夫物芸芸，各復歸其根。
　　　　歸根曰靜，是謂復命。（《老子》第十六章）

　　　　重爲輕根，靜爲躁君。……輕則失本，躁則失君。（《老子》第二十
　　　　六章）

　　　　不欲以靜，天下將自定。（《老子》第三十七章）

　　　　清靜爲天下正。（《老子》第四十五章）

觀《老子》言虛靜之道，正與《管子》所言者同。皆欲國君致虛、守靜以求守道，令天下之人事物自定、自正也。《韓非子》亦推演此說，運用於國君南面之術，其言曰：

　　　　去喜去惡，虛心以爲道舍。（《韓非子・揚權》）

　　　　不離位曰靜。（《韓非子・喻老》）

　　　　虛靜以待令（梁啓雄云：「令」字似衍），令名自命也，令事自定也。
　　　　虛則知實之情，靜則知動者正（俞樾云：「知」當作「爲」）。有言者
　　　　自爲名，有事者自爲形，形名參同，君乃無事焉，歸之其情。（《韓
　　　　非子・主道》）

　　虛靜者，求其君上不言、無爲，而令臣下言之與有爲也。《管子》書論虛靜者在此，《老子》言虛靜者亦在此。《老子》之言曰：

　　　　是以聖人處無爲之事，行不言之教。（《老子》第二章）

　　　　爲無爲，則無不治。（《老子》第三章）

　　　　以正治國，以奇用兵，以無事取天下。……故聖人云：我無爲而民
　　　　自化，我好靜而民自正，我無事而民自富，我無欲而民自樸。（《老
　　　　子》第五十七章）

君上無爲、好靜、無事、無欲，民亦將隨之而善，若君上有爲，則可能反失其正，以有事亂天下矣。惟《老子》之無爲，求上下一體，一任自然，君民皆無爲以合於道，與《管子》、《韓非子》之應用於治理臣民者，有所不同。《韓非子》之論主道也，尤其強調國君無爲以求其能得藏己拙、防臣姦之利，故

力主國君當無爲於上。其言曰：

> 力不敵眾，智不盡物，與其用一人，不如用一國。故智力敵而羣物
> 勝。（《韓非子・八經》）

> 明君之道，使智者盡其慮，而君因以斷事，故君不窮於智；賢者敕
> 其材，君因而任之，故君不窮於能。有功則君有其賢，有過則臣任
> 其罪，故君不窮於名。是故不賢而爲賢者師，不智而爲智者正。臣
> 有其勞，君有其成功，此之謂賢主之經也。（《韓非子・主道》）

《韓非子》之堅決主張無爲之目的，即在臣下任事、負責，無所不爲，而國
君虛靜、無事。其與《管子》之言不同者，《管子》倡虛靜無爲之目的，固在
君逸臣勞，與《老子》有所不同，然其重點仍在求君之不失其「道」，能以正
治國也。《韓非子》則以「無爲」作爲領導統御之術，以此爲主要目的，是管
韓二家又稍有不同也。是以《韓非子》言人主「周密」，尤甚於《管子》。其
言君術當秘密守之、獨自操之者，即在力求周密也。唯其主術周密，乃能「明
主無爲於上，羣臣竦懼乎下」（《韓非子・主道》）。國君「大不可量，深不可
測，同合刑名（顧廣圻曰：「刑」讀爲「形」），審驗法式，擅爲者誅，國乃無
賊」（同上）。〔註2〕

接近於《管子》而在《韓非子》之前者，有一《愼子》焉，亦言無爲之
術與「因」之道。

> 君之智，未必最賢於眾也，以未最賢，而欲以善盡被下，則不贍矣。
> 若使君之智最賢，以一君而盡贍下則勞，勞則有倦，倦則衰，衰則
> 復反於不贍之道也。（錢熙祚校本《愼子・民雜》）

此言不論君之才智高低，皆不可事必躬親，否則臣下「不敢與君爭爲善以先
君矣。皆私其所知以自覆掩，有過，則臣反責君，逆亂之道也」（同上）。是
以「臣不事事，是君臣易位也，謂之倒逆。倒逆則亂矣」（同上）。此就國君
勞逸、能力而言者，以見「無爲」有其事實上之必要。若就客觀環境言之，
天下人才眾多，能兼包並蓄，以爲己用，豈有不足者乎？而國君又何必有所
爲？其言曰：

> 民雜處而各有所能，所能者不同，此民之情也。大君者，太上也，
> 兼畜下者也。下之所能不同，而皆上之用也。是以大君因民之能爲

〔註2〕 參閱拙著《韓非的法學與文學》第五篇，〈韓非的用術思想〉。文史哲出版社
印行。

資，盡包而畜之，無能去取焉，是故不設一方以求於人，故所求者
無不足也。大君不擇其下，故足。不擇其下，則易爲下矣，易爲下
則莫不容，莫不容故多下，多下之謂太上。（《愼子‧民雜》）

是可見《愼子》之主張無爲者，只在「臣事事而君無事，君逸樂而臣任勞。
臣盡智力以善其事，而君無與焉，仰成而已，故事無不治」（同上）。此旨已
不同於《管子》之言無爲，以守「道」爲主者，而係延伸「上失其道，下失
其事」（〈心術上篇〉第三十六）中「下失其事」之論點。《愼子》之後，始有
《韓非子》無爲之說。

天道因則大，化則細。因也者，因人之情也。人莫不自爲也，化而
使之爲我，則莫可得而用矣。是故先王見不受祿者不臣；祿不厚者，
不與入難。人不得其所以自爲也，則上不取用焉。故用人之自爲，
不用人之爲我，則莫不可得而用矣。此之謂因。（《愼子‧因循》）

此《愼子》論爲政之本在因人情之說也。人情莫不自爲，如何轉化自私心而
爲利他心，實爲主政者之一大難題，《愼子》以爲關鍵只在一「因」字。即因
人之情以立法施政，利用其自爲心，順應其自爲心，因勢利導使之爲我，則
可成功矣。此《愼子》貴「因」之說也。《管子》論因，只言「因」爲「無爲」
之道，所謂「無益無損」者，不以主觀成見損益外物也、以其形因爲之名也。
其範圍限於君之統御術。史稱管仲善因禍而爲福，轉敗而爲功，是可見齊地
學者，對「因」之重視。《愼子》所言因人情以爲政者，《管子》論「因」、管
仲用「因」之引申發揮也，其範圍已由君擴展而及於臣民之身矣。化被動爲
主動，轉消極爲積極，此《愼子》論「因」之特色也。〔註3〕《韓非子》則多
用《愼子》之說，而更發揮之，以成其法家集大成之學。

　　《管子‧心術上下》、〈白心〉、〈內業〉諸篇向被視爲道家之言，其中固以
道家之言爲主，然其中亦不乏論禮、義與法治者，既不同於《老子》之反對禮、
義與法治，亦不同於法家之專尚法治而菲薄禮義。今觀《管子》全書，則既不
廢禮義，亦言道法，有兼容並包之意味，與道法各家之視同冰炭者異趣。然一
篇之中有此現象，亦可見當時各家思想交互影響之迹也。《管子》之言曰：

虛無無形謂之道（王念孫云：當作「虛而無形」）；化育萬物謂之德；
君臣父子人間之事謂之義；登降揖讓、貴賤有等、親疏之體（丁士

〔註3〕參閱拙著《愼子校注及其學說研究》丁編第一章，由現存《愼子》書看愼子
思想。嘉新水泥公司文化基金會印行。

涵云：當作「親疏有體」；體猶分也），謂之禮；簡物小未一道（墨寶堂本「未」作「末」。丁士涵云：「末」疑「大」字之誤），殺僇禁誅謂之法。……義者，謂各處其宜也。禮者，因人之情，緣義之理，而爲之節文者也。故禮者，謂有理也。理也者，明分以諭義之意也。故禮出乎義，義出乎理，理因乎宜者也（郭沫若云：「道」因形近誤爲「宜」耳）。法者，所以同出不得不然者也，故殺僇禁誅以一之也。故事督乎法，法出乎權，權出乎道。（〈心術上篇〉第三十六）

昔者明王之愛天下，故天下可附；暴王之惡天下，故天下可離。故貨之不足以爲愛（俞樾云：「貨」字乃「賞」字之誤；下同），刑之不足以爲惡。貨者，愛之末也；刑者，惡之末也。凡民之生也，必以正平，所以失之者，必以喜樂哀怒。節怒莫若樂，節樂莫若禮，守禮莫若敬（丁士涵云：句下脱「守敬莫若靜」）。外敬而內靜者，必反其性。（〈心術下〉第三十七）

明君聖人亦不爲一人枉其法（丁士涵云：「明君」二字衍）。……名正法備，則聖人無事。……故曰：祥於鬼者，義於人，兵不義不可。（〈白心〉第三十八）

賞不足以勸善，刑不足以懲過。……是故止怒莫若詩，去憂莫若樂，節樂莫若禮，守禮莫若敬，守敬莫若靜。內靜外敬，能反其性，性將大定。（〈內業〉第四十九）

觀《管子》之言，義、禮、法、刑、賞各有其用，而義、禮與法皆出乎道，雖其說以道爲本，然亦不廢義、禮與法之用，不同於《老子》失道而後有德、仁、義、禮之說（《老子》第三十八章），亦不同於《老子》「民不畏死，奈何以死懼之」（《老子》第七十四章）之輕視法之功用。《管子》言禮義廉恥爲國之四維，較之後世法家如商、韓輩之輕忽禮義者，尤大相逕庭。是《管子》書所表現之思想，在道法家言之外，實兼具儒學之精義。

第二節　管子書中陰陽家思想

一、四時與五行

司馬談嘗〈論六家之要旨〉，其於陰陽家日：

嘗竊觀陰陽之術，大祥而眾忌諱，使人拘而多所畏。然其序四時之大順，不可失也。……夫陰陽、四時、八位、十二度、二十四節，各有教令，順之者昌，逆之者不死則亡，未必然也，故曰：使人拘而多畏。夫春生夏長秋收冬藏，此天道之大經也。弗順則無以為天下綱紀，故曰：四時之大順，不可失也。（《史記‧太史公自序》）

班固《漢書‧藝文志‧序》列陰陽家曰：

陰陽家者流，蓋出於羲和之官。敬順昊天，歷象日月星辰，敬授民時，此其所長也。及拘者為之，則牽於禁忌，泥於小數，舍人事而任鬼神。

綜觀此二家之言，所謂陰陽家者，於承襲自古相傳之星歷術之外，復益以若干因天時運行而設施之「教令」。由此種教令之設，遂寖假演成先秦一種學派。雖其學說頗多使人拘而多畏之弊，然其原始之星歷天時之說，終為民生日用所不可少。

古今考證五行之起源者，所獲致之結論頗多不同。或曰：神之恩賜，或曰：理之體現，或曰：數之啟示，或曰：出於考訂星歷之現象活動，或曰：出於農業生產中對風雨、物候之觀察，或曰：出於古代農業國家所處之特定地理環境，與產生於偉大之治水工作（參閱李德永〈五行探源〉一文，《中國哲學》第四輯）。五行之名，據顧頡剛（《尚書甘誓校釋譯論》）劉起釪（《洪範成書時代考》）二先生之考證，以為最初係天象之術語，指辰星、太白、熒惑、歲星、填星等五大行星在天體中之運行，與金、木、水、火、土無關。而金、木、水、火、土原稱「五材」或「五才」，見《左傳‧襄公二十七年》、〈昭公十一年〉與《國語‧齊語》。

金、木、水、火、土之稱為「五行」，始見於《尚書‧洪範》，其文曰：「一五行：一曰水，二曰火，三曰木，四曰金，五曰土。水曰潤下，火曰炎上，木曰曲直，金曰從革，土爰稼穡。潤下作鹹，炎上作苦，曲直作酸，從革作辛，稼穡作甘。」其五行之次序為水火木金土，不同於五行相生說之木火土金水，亦不同於五行相克說之水火金木土，由其排列順序之無特殊意義，可見其可能早於生克之說。

《管子》之陰陽五行學說，以〈幼官〉、〈四時〉、〈五行〉、〈輕重己〉等篇為主，然此數篇所論，頗有不同。

〈四時〉曰：

> 東方曰星，其時曰春，其氣曰風，風生木與骨。……南方曰日，其
> 時曰夏，其氣曰陽，陽生火與氣。……中央曰土，土德實輔四時入
> 出，以風雨節土益力（丁士涵云：「以」字衍）。……西方曰辰，其
> 時曰秋，其氣曰陰，陰生金與甲。……北方曰月，其時曰冬，其氣
> 曰寒，寒生水與血。

東方爲春，配木，其氣風；南方爲夏，配火，其氣陽；西方爲秋，配金，其
氣陰；北方爲冬，配水，其氣寒；中央爲土，輔四時者也。

〈五行〉曰：

> 睹甲子，木行御，……七十二日而畢。睹丙子，火行御，……七十
> 二日而畢。睹戊子，土行御，……七十二日而畢。睹庚子，金行御，……
> 七十二日而畢。睹壬子，水行御，……七十二日而畢。

此又將一年均分爲五階段，每一階段七十二日，分別配合木、火、土、金、
水之五行，全年三百六十日。不以春夏秋冬四時爲區分單位，顯與〈四時〉
不同。

〈輕重己〉曰：

> 以冬日至始，數四十六日，冬盡而春始。……服青而絻青。……號
> 曰：祭日。……以冬日至始，數九十二日，謂之春至。……號曰：
> 祭星。……以春日至始，數四十六日，春盡而夏始。天子服黃而靜
> 處（王引之云：當云：「天子服赤絻赤而靜處」），……以春日至始，
> 數九十二日，謂之夏至。……以夏日至始，數四十六日，夏盡而秋
> 始。……以夏日至始，數九十二日，謂之秋至。……服白而絻白。……
> 號曰：祭月。……以秋日至始，數四十六日，秋盡而冬始。天子服
> 黑絻黑而靜處。……以秋日至始，數九十二日（王念孫云：此下當
> 有「謂之冬至」四字）。

此又將一年分爲八個節段，每段四十六日，分屬春始、春至、夏始、夏至、
秋始、秋至、冬始與冬至。既不同於〈四時〉，亦不同於〈五行〉，係另一系
統之分法。春服青，祭日、祭星；夏服赤；秋服白，祭月；冬服黑。依四時
而有不同之服色，祭不同之星辰，所祭者僅日、星、月，或有脫文也。

〈幼官〉曰：

> 君服黃色，味甘味，聽宮聲，治和氣，用五數，飲於黃后之井，以
> 倮獸之火爨。……此居圖方中。

春行冬政，肅；行秋政，雷（丁士涵云：「雷」乃「霜」字誤）；行夏政，闓。十二，地氣發，戒春事；十二，小卯，出耕；十二，天氣下，賜與；十二，義氣至（丁士涵云：「義」當爲「和」，聲之誤也），修門閭；十二，清明，發禁；十二，始卯（陳奐云：「卯」當作「卵」；下同），合男女；十二，中卯；十二，下卯。三卯同事，八舉時節。君服青色，味酸味，聽角聲，治燥氣，用八數，飲於青后之井，以羽獸之火爨。……此居於圖東方方外。

夏行春政，風；行冬政，落，重則雨雹（許維遹云：四字爲讀者旁注誤入正文）；行秋政，水。十二，小郢（何如璋云：「郢」當作「盈」；「盈」亦通「嬴」；下同），至德；十二，絕氣下，下爵賞（丁士涵云：「下」字當衍）；十二，中郢，賜與；十二，中絕，收聚；十二，大暑，至盡善；十二，中暑；十二，小暑（吳志忠云：「大暑」、「小暑」之大小二字當互易；即上文爲小暑，下文爲大暑），終。三暑同事，七舉時節。君服赤色，味苦味，聽羽聲，治陽氣，用七數，飲於赤后之井，以毛獸之火爨。……此居於圖南方方外。

秋行夏政，葉；行春政，華；行冬政，耗。十二，朝風至（丁士涵云：「期」乃「朗」字誤），戒秋事；十二，小卯，薄百爵（張佩綸云：「薄」當爲「搏」，爵、雀通）；十二，白露下，收聚；十二，復理，賜與；十二，始節，賦事（劉師培云：「賦事」上當補「弟」字；第次也）；十二，始卯，合男女；十二，中卯；十二，下卯。三卯同事，九和時節。君服白色，味辛味，聽商聲，治濕氣，用九數，飲於白后之井，以介蟲之火爨（豬飼彥博云：「蟲」當作「獸」）。……此居於圖西方方外。

冬行秋政，霧；行夏政，雷；行春政，烝泄（許維遹云：「烝」字當衍）。十二，始寒，盡刑；十二，小榆，賜予；十二，中寒，收聚；十二，中榆，大收；十二，寒（丁士涵云：「寒」上當補「大」字），之陰；十二，大寒，終。三寒同事，六行時節。君服黑色，味鹹味，聽徵聲，治陰氣，用六數，飲於黑后之井，以鱗獸之火爨。……此居於圖北方方外。……

旗物尚青，……此居於圖東方方外。旗物尚赤，……此居於圖南方

方外。旗物尚白，……此居於圖西方方外。旗物尚黑，……此居於圖北方方外。

〈幼官〉詳言黃、青、赤、白、黑之五色；甘、酸、苦、辛、鹹之五味；宮、角、羽、商、徵之五音；和、燥、陽、濕、陰之五氣；五、八、七、九、六之五數；倮、羽、毛、介、鱗之五獸；與中、東、南、西、北之五方。〈幼官篇〉以五色、五后、五味、五音、五氣、五數、五獸配五方之方位。〈揆度篇〉亦曰：「權也、衡也、規也、矩也、准也，此謂正名五。其在色者，青、黃、白、黑、赤也。其在聲者，宮、商、羽、徵、角也。其在味者，酸、辛、鹹、苦、甘也。」〈幼官〉之方位劃分法與〈四時〉相同。何種季節當行何種政事之說，亦與〈四時〉同。所不同者，〈四時〉以三個月為一季，〈幼官〉則每一季中復劃分為若干個「十二」，計其四季之中，共有三十個「十二」，其數為三百六十。此三百六十，當指全年三百六十日，「十二」則為一年中之「節」也。

《管子》書中四時與五行相配之法，各篇均略有不同，是可見其為尚未定型之說也。各篇均言五行相生，不及五行相克、大小九州等學說，是又在鄒衍前之陰陽家之學也。然觀《呂氏春秋‧十二紀》、《禮記‧月令》與《淮南子‧時則》，則其所載五行相生之說，已趨成熟矣。且三書所載者，其旨大同而文字小異，舉凡〈幼官〉等篇所言者，皆已包括在內，且更詳亦更有系統。茲舉《呂氏春秋》為例，以見其一斑：

一曰：孟春之月，……其蟲鱗，其音角，……其數八，其味酸，……載青旂，衣青衣，……盛德在木，……迎春於東郊。(《呂氏春秋‧孟春紀》)

一曰：孟夏之月，……其蟲羽，其音徵，……其數七，其味苦，……戴赤旂，衣赤衣，……盛德在火，……迎夏於南郊。(《呂氏春秋‧孟夏紀》)

中央土，……其蟲倮，其音宮，……其數五，其味甘，……載黃旂，衣黃衣。(《呂氏春秋‧季夏紀》)

一曰：孟秋之月，……其蟲毛，其音商，……其數九，其味辛，……載白旂，衣白衣，……盛德在金，……迎秋於西郊。(《呂氏春秋‧孟秋紀》)

一曰：孟冬之月，……其蟲介，其音羽，……其數六，其味鹹，……
載玄旂，衣黑衣，……盛德在水，……迎冬於北郊。(《呂氏春秋・
孟冬紀》)

觀此所載，《管子》書所言之五色、五味、五音、五數、五獸、五月，均包括
在內，且繁衍出更多之內容，原書具在，此不詳引。其中不同者爲各獸所配
之季節，《呂氏春秋》以屬陰之鱗，歸之屬陽之春季，顯有改動未當者。《管
子・幼官》、〈四時〉兩篇所論，何種季節當行何政之言，《呂氏春秋》等書不
但有，且更詳盡。其不同者，《呂氏春秋》等書，均將一年劃分爲整齊之四季
十二月，較之《管子》各篇所言各殊之情況，爲趨於一致。〈幼官〉中僅有黃、
青、赤、白、黑五后之名，《呂氏春秋》、《禮記》則增出「其帝太皞，其神句
芒」(《呂氏春秋・孟春紀》) 等更多之帝與神。綜合觀之，四時與五行之關係，
至《呂氏春秋》、《禮記》等書，可謂定型矣，則其時代亦顯然可見皆晚於《管
子》也。

二、陰陽學說與政治

　　司馬談稱陰陽家之學，於不同之時節，各有其「教令」，順之者昌，逆之
者不死則亡，使人拘而多畏。考此「教令」之說，《管子》書中已言之矣。〈四
時篇〉曰：

唯聖人知四時，不知四時，乃失國之基。……是故陰陽者，天地之
大理也。四時者，陰陽之大經也。刑德者，四時之合也。刑德合於
時，則生福，詭則生禍。……刑德易節失次，則賊氣遬至。賊氣遬
至，則國多菑殃。是故聖王務時而寄政焉。……是以聖王治天下，
窮則反，終則始。德始於春，長於夏；刑始於秋，流於冬。刑德不
失，四時如一，刑德離鄉，時乃逆行。作事不成，必有大殃。

治國之聖人，必當知四時、順四時、明陰陽，然後務時而寄政。爲政之要在
刑德，德行於春夏，刑施於秋冬，此刑德合於時也。刑德合於時則生福，反
之，則有災殃。此陰陽學說之「教令」也。

　　順四時、陰陽而行其刑德之政，固有其因天地自然現象，以人事爲之配合
之意義，然若講求太過，則誠如古人所譏：使人拘而多畏，事事牽於禁忌、泥
於小數，如此則將舍人事而專任鬼神矣。以今日觀之，此即不科學者也。如：

日掌陽，月掌陰，星掌和。陽爲德，陰爲刑，和爲事。是故日食，

則失德之國惡之；月食，則失刑之國惡之；彗星見，則失和之國惡之；風與日爭明，則失生之國惡之（許維遹云：「生」當作「正」，「正」讀爲「政」；下同）。是故聖王日食則修德，月食則修刑，彗星見則修和，風與日爭明則修生。此四者，聖王所以免於天地之誅也。（〈四時〉第四十）

以天象日食、月食、彗星見與狂風蔽日，視之爲災異，有借天示警，警惕在下之人君，爲政當修其刑德、明其政教之功。此說亦有追求人與天調之意義，所謂「然後作立五行，以正天時，五官以正人位。人與天調，然後天地之美生」者是也（〈五行〉第四十一）。

《管子》書言順四時以修政之言甚詳，茲略述之如次：

東方曰星，其時曰春。其氣曰風，風生木與骨。其德喜嬴，而發出節時，其事號令，修除神位，謹禱獘梗（王引之云：「獘」與「幣」同；「梗」，禱祭也）。宗正陽，治隄防，耕芸樹藝，正津梁，修溝瀆，甃屋行水。解怨赦罪，通四方。然則柔風甘雨乃至，百姓乃壽，百蟲乃蕃，此謂星德。星者掌發爲風。是故春行冬政則雕（戴望云：「雕」，「凋」之借字）；行秋政則霜；行夏政則欲（劉績云：「欲」疑「燠」字誤）。是故春三月以甲乙之日發五政，一政曰：論幼孤，舍有罪。二政曰：賦爵列，授祿位。三政曰：凍解修溝瀆，復亡人。四政曰：端險阻，修封疆，正千伯。五政曰：無殺麑夭，毋寒華絕芋（洪頤煊云：「芋」即「蓲」字之譌）。五政苟時（孫星衍云：「苟」當爲「循」），春雨乃來。（〈四時〉第四十）

又曰：

日至，睹甲子木行御。天子出令，命左右士師內御，總別列爵，論賢不肖士吏，賦秘，賜賞於四境之內。發故粟以田數，出國衡，順山林（任林圃云：順、愼古通；安井衡云：古本「順」作「愼」），禁民斬木，所以愛草木也。然則冰解而凍釋，草木區萌，贖蟄蟲卵菱（李哲明云：「贖」當爲「殰」，說文：「胎不成也。」郭沫若云：「卵」當從古本作「卯」，讀爲「萌」），春辟勿時（郭沫若云：「時」當爲「待」），苗足本。不癘雛鷇，不夭麑麇，毋傅速（郭沫若云：「傅」讀爲「縛」；「速」謂緊束也），亡傷纖褵。時則不凋，七十二日而畢。（〈五行〉第四十一）

又曰：

> 以冬日至始，數四十六日，冬盡而春始。天子東出其國四十六里而
> 壇，服青而絻青，撝玉總（王念孫云：「總」爲「忽」之譌；「忽」
> 即「笏」也），帶玉監（聞一多云：「玉」當爲「金」之誤；張佩綸
> 云：「監」，「鑑」省），朝諸侯卿大夫列士，循於百姓，號曰祭日，
> 犧牲以魚。發出令曰（王念孫云：「發」下當有「號」字）：生而勿
> 殺，賞而勿罰，罰獄勿斷，以待期年。教民樵室鑽燧，墐竈泄井，
> 所以壽民也。耜耒耡懷（丁士涵云：「耜」，「耟」字之誤。「懷」，「櫄」
> 字之誤；櫄，斫也），銚銛叉橿（王念孫云：「叉」當爲「乂」，與「刈」
> 通），權渠繩絿（郭沫若云：「權渠」爲「護褠」之訛；褠者，臂衣。），
> 所以御春夏之事也必具（李哲明云：「也」字衍）。教民爲酒食，所
> 以爲孝敬也。民生而無父母，謂之孤子。無妻無子，謂之老鰥。無
> 夫無子，謂之老寡。此三人者，皆就官而眾（郭沫若云：「眾」當是
> 「家」字之譌）。可事者，不可事者，食如言而勿遺。多者爲功，寡
> 者爲罪，是以路無行乞者也。路有行乞者，則相之罪也。天子之春
> 令也。（〈輕重己〉第八十五）

《管子》論陰陽學說諸篇，皆言國君施政之當配合四時與五行，前引三文即
其一斑。〈幼官〉則於此之外更詳言四時之政與兵事之相互關係，則又兵陰陽
家之言也，文長不錄。觀前引三文，其論春政，多以農事爲本務，是又可見
四時五行與農事之關係矣。由此亦可見當時農業社會之實況，或管仲本有按
時施政之事，後人語增而爲之歟？班固言陰陽家出於羲和之官，敬授民時者，
誠然。〔註4〕

　　《禮記‧月令》，後人多稱曰：明堂月令，以古之天子施政居於明堂也。
明堂月令之構想，吾人可於《管子‧幼官》與〈幼官圖〉兩篇略窺其最初風
貌。考〈幼官〉之名，實爲「玄宮」之誤。何如璋曰：「舊注『幼者始也』，
始字無義，疑『幼』本作『玄』，故注訓爲始，宋刻乃誤爲『幼』字耳。『官』
宜作『宮』，以形近而誤。本文有玄帝之命，又『玄宮』凡兩見。……足證『幼
官』爲『玄宮』也。」聞一多曰：「『幼』古『窈』字，與『玄』同義。『官』
疑當爲『宮』，字之誤也。『幼官』即『玄宮』。……玄宮，即明堂也。本篇所
說，大似月令，題曰『玄宮』，蓋猶月令或曰『明堂月令』乎？」郭沫若以金

―――――――――――――――――――――――

〔註 4〕參閱第六章管子之經濟思想第二節二、天時地利。

文考證幼字與玄字極相近，是以肯定幼官乃玄宮之誤，且將〈幼官圖〉一文，恢復爲四方形之圖。上引各說均見《管子集校》。據此，則又可見陰陽家學說與政治之關係極爲密切也。

三、陰陽學說對各家之影響

（一）陰陽學說與道家思想

> 宙合之意，上通於天之上，下泉於地之下（王引之云：「泉」當爲「象」；古「暨」字，及也，至也），外出於四海之外，合絡天地以爲一裹。散之至於無閒，不可名而山（安井衡云：古本「山」作「出」），是大之無外，小之無内，故曰有橐天地。（〈宙合〉第十一）

宙合者，包羅萬有，上通於天，下達於地，大之無外，小之無內者也。是〈宙合〉所言者，道家思想也。其文章之形式前經後解，亦與道家言之〈心術上〉同。然〈宙合〉亦曰：

> 左操五音，右執五味。……春采生，秋采蔌（張佩綸云：「蔌」當作「藏」，字之誤也；下同）夏處陰，冬處陽。……左操五音，右執五味，此言君臣之分也。君出令佚，故立于左；臣任力勞，故立于右。夫五音不同聲而能調，此言君子之所出令無妄也，而無所不順，順而令行政成。五味不同物而能和，此言臣之所任力無妄也，而無所不得，得而力務財多。……春采生，秋采蔌，夏處陰，冬處陽，此言聖人之動靜，開闔，詘信、淫儒（王念孫云：「淫」當爲「遲」，「儒」當爲「偄」；遲偄，盈縮也）、取與之必因於時也。時則動，不時則靜。

此文已將陰陽家之五音、五味，牽合於道家之政治觀點，而春夏秋冬四季影響政治之說法，亦入於此篇，是可見當時陰陽家對道家之影響。

〈樞言〉之首曰：「道之在天者，日也；其在人者，心也。故曰：有氣則生，無氣則死，生者以其氣。」此道家之旨也，然此文中亦有陰陽家之說，其父曰：「用一陰二陽者霸，盡以陽者王。以一陽二陰者削，盡以陰者亡。」

〈四時〉言風、陽、陰、寒四氣流轉而成四時。風生木與骨，陽生火與氣，陰生金與甲，寒生水與血，中央則生皮與肌膚。木、火、金、水爲萬物之所構成者，骨、氣、甲、血、皮、肌膚，爲人之所構成者，而皆爲「氣」之所生。此正可見本篇之以「氣」爲萬物本源之中心觀念，即道家之說也。〈四

時〉又曰：「道生天地，德出賢人。道生德，德生正（王念孫云：「正」與「政」同；下同），正生事，是以聖王治天下，窮則反，終則始。」此又陰陽家之言滲入道家之學之又一證也。此道家與陰陽家思想交互影響之一斑也。

（二）陰陽學說與法家思想

> 版法者（王念孫云：「版」字涉上文而行），法天地之位，象四時之行，以治天下。四時之行，有寒有暑（陶鴻慶云：此句上當有「有生有殺」四字），聖人法之，故有文有武。天地之位，有前有後，有左有右，聖人法之，以建經紀。春生於左，秋殺於右，夏長於前，冬藏於後。生長之事，文也；收藏之事，武也。是故文事在左，武事在右，聖人法之，以行法令，以治事理。……凡人君者，覆載萬民而兼有之，燭臨萬族而事使之。是故以天地日月四時爲主爲質，以治天下。……四時之行，信必而著明，聖人法之，以事萬民，故不失時功，故曰：伍於四時。（〈版法解〉第六十六）

〈版法解〉爲法家之言，然其論法也，竟曰：法當象四時之行，聖人法天地四時，故有生殺，且以天地日月四時爲主爲質以治天下。此法家受陰陽家影響之一例也。

〈禁藏〉亦法家之言，其中有曰：

> 當春三月，萩室熯造（王念孫云：「萩室」即「樵室」也；「熯」，古之「然」字；「造」即「竈」字），鑽燧易火，杼井易水（丁士涵云：「杼」當爲「抒」；渫也），所以去茲毒也。舉春祭，塞久禱（張佩綸云：「塞」，古「賽」字；「久」，「疚」省），以魚爲牲，以蘖爲酒，相召，所以屬親戚也。毋殺畜生，毋拊卵，毋伐木，毋夭英，毋拊竿（王引之云：「拊竿」乃「折萼」之誤），所以息百長也。賜鰥寡、振孤獨、貸無種、與無賦，所勸弱民（許維遹云：「民」下脫「也」字）。發五正（張佩綸云：正、政通）、赦薄罪、出拘民、解仇讎，所以建時功、施生穀也。夏賞五德，滿爵祿、遷官位、禮孝弟、復賢力，所以勸功也。秋行五刑，誅大罪，所以禁淫邪、止盜賊（許維遹云：「賊」下脫「也」字）。冬收五藏，最萬物（丁士涵云：「最」當爲「冣」；積也），所以內作民也。四時事備，而民功百倍矣。

此文所言者，陰陽家「務時而寄政」之說也，然無五行之色彩。或疑務時而

寄政之說，倡自法家，而陰陽家引申發揮之。〔註5〕

〈七臣七主〉自「天下得失，道一人出」起至「故法不煩而吏不勞，民無犯禁，故有百姓無怨於上」止，張佩綸以爲係〈禁藏〉錯簡於〈七臣七主〉之中。此段文字言及明主有六務四禁，其四禁，即依四時而爲政以避災異之說也。災異乃陰陽家之學，是可見〈禁藏〉一篇確有陰陽家影響法家之處。

（三）陰陽學說與經濟思想

〈侈靡〉爲《管子》論經濟思想之重要文獻，然此文亦雜有陰陽家思想，其文曰：

> 其滿爲感，其虛爲亡（郭沫若云：「感」讀爲「減」，「亡」讀爲「萌」），滿虛之合，有時而爲實，時而爲動。地陽時貸（丁士涵云：當作「陰陽時貸」；「貸」與「代」通），其冬厚則夏熱，其陽厚則陰寒。是故王者謹於日至，故知虛滿之所在以爲政令。

此言天地時滿時虛，滿者損之始，虛者生之基，生生死死，盈虛相合，時而爲實，時而爲變。陰陽代生，冬寒而夏熱，或夏有極熱，冬有極寒。是以聖王爲政，必謹於冬至與夏至之寒熱變化，以知天地之滿虛，準此而爲政。觀其所言，亦陰陽家務時而寄政之說也。

〈侈靡〉又曰：

> 請問形有時而變乎？對曰：陰陽之分定，則甘苦之草生也。從其宜，則酸鹹和焉，而形色定焉，以爲聲樂。夫陰陽進退，滿虛亡時，其散合可以視歲。唯聖人不爲歲，能知滿虛，奪餘滿，補不足，以通政事，以贍民常。地之變氣，應其所出：水之變氣，應之以精，受之以豫；天之變氣，應之以正。且夫天地精氣有五，不必爲沮（張佩綸云：「沮」當爲「祖」；始也），其亙而反，其重陔（李哲明云：「陔」借爲「硋」，即「礙」字）、動毀、之進退（俞樾云：「之」字衍文），即此數之難得者也，此形之時變也。

此言陰陽配合各得其分，則甘苦之草得其生，酸鹹之味得其宜，聲樂之音得其和。其陰陽、滿虛雖因季節而變，然聖人能掌握其變化而補其不足，以通政事，以贍民用。天地與水皆有變氣，皆當順應之。天地之精氣有五，即木、火、土、金、水五行之氣也，五行之氣中，本篇只言水之氣。水之氣流動變

〔註 5〕 參閱胡家聰〈管子中的陰陽五行說新探〉，《中國哲學》第九輯。

化不定，配以天地之變氣，而爲事物變化之理。此其所言者，掌握陰陽之變化以爲政，暨五行之氣相生而動者，皆陰陽家之學也。此以陰陽五行交互變動之理，解釋變化多端之經濟活動之說也。

（四）其　他

〈侈靡〉只言水之變氣，未及其他，此可怪之事。〈水地〉言地爲萬物之本原，諸生物之根本，而水又爲地之血氣，如筋脈之通流。此專言水德之文，亦雜五行之說。其言曰：

> 人，水也。男女精氣和，而水流形。三月如咀（郭沫若云：「咀」當是「胆」（蛆）字之誤；蛆蛹也。此句下脱「胆者咀也」）。咀者何？曰五味。五味者何？曰：五藏。酸主脾、鹹主肺、辛主腎、苦主肝、甘主心。

〈幼官〉以酸、苦、辛、鹹、甘之五味，配東南西北中五方等數，此篇則將此五味，配合人體之五臟，似已開啓中國醫學以五行之說解釋人體功能之事。

《管子・地員》，闡述植物生長與地形、土壤、水文間之相互關係，爲農家之言。然其文中亦雜陰陽家之說。其言曰：

> 見是土也，命之曰五施，……呼音中角。……見是土也，命之曰四施，……呼音中商。見是土也，命之曰三施，……呼音中宮。……見是土也，命之曰再施，……呼音中羽。……見是土也，命之曰一施，……呼音中徵。……凡聽徵如負豬豕，覺而駭；凡聽羽如鳴馬在野；凡聽宮如牛鳴窌中；凡聽商如離羣羊；凡聽角如雉登木以鳴。……羣土之長，是唯五粟。五粟之物，或赤、或青、或白、或黑、或黃。……粟土之次曰五沃，五沃之物，或赤、或青、或黃、或白、或黑。……沃土之次曰五位（張佩綸云：「位」當作「𣶏」；深泥也）……位土之次曰五蘟（何如璋云：「蘟」當爲「隱」；盛也）……蘟土之次曰五壤。……壤土之次曰五浮（張佩綸云：「浮」當作「垺」；碎細也）。……

〈地員〉以五音形容不同深度水泉之呼聲，而其命上土、中土、下土之名，亦均用「五」，不可謂爲不受五行學說之影響也。

結　語

自周衰王官失守、保氏廢絕，四方學者競逞才智，爭鳴於世，學風蔚爲

極盛。彼輩各有所長，或以其才學爭用於朝，或以其思想爭鳴於野；或授徒講學，或羣居講論；中國之學術於焉大盛。司馬談〈論六家之要旨〉曰：「易大傳：天下一致而百慮，同歸而殊塗。夫陰陽、儒、墨、名、法、道德，此務爲治者也，直所從言之異路，有省與不省耳。」（《史記・太史公自序》）

周至禮壞樂崩，新制度、新觀念猶未建立，人民得以自由思想、自由發表，是以諸子之學極其複雜多方，班固曰：「諸侯力政，時君世主，好惡殊方，是以九家之說，蠭出竝作，各引一端，崇其所善，以此馳說，取合諸侯。其言雖殊，辟猶水火，相滅亦相生也。」（《漢書・藝文志・諸子略》）各家之學皆務於爲治，以期爲混亂之社會求一致治之途，然彼等所從言異路、其論各殊，是以彼此辟猶水火，時相攻訐，學術之蓬勃熱烈者，正以此也。諸子互相切磋之際，其思想亦必互爲影響，其最明顯者，則稷下學說之紛亂現象是也。本篇各節所述，均足以見之。

《管子》書多雜春秋、戰國學者之言，且以稷下諸儒爲多。彼輩不治而議論，後人雜收之，遂使《管子》一書紛然雜陳，而不專一。即以本篇所述之道家與陰陽家思想而言，有同於《老子》者，有異於《老子》者；有言四時者，有言五行者。書中之言，非但與他書不同，本身前後各篇亦不一致，於以見《管子》書之蕪雜也。再就其所述之思想觀之，多不足以獨立成家，亦唯有依附於《管子》書中以自託耳。然以另眼觀之，管書之價值，卻正在於此。蓋吾人可藉此略窺古人思想遞邅之迹，以及相生相滅之端也。其中道家、法家、陰陽家交互影響者尤大且多，此正中國學術思想史上極重要之關鍵也，爰爲略述如上。

第四章　管子之政治思想

　　管仲佐齊桓公，強齊、霸諸侯，是其爲政必有可觀者焉。史稱其爲政，能與俗同好惡，論卑而易行，善因禍而爲福，轉敗而爲功。今觀《管子》之書，信然。考其論君上之治國，當一秉大公之心爲之，且當爲民之表率，實屬政治思想之可貴者，其言曰：

> 以家爲鄉，鄉不可爲也。以鄉爲國，國不可爲也。以國爲天下，天下不可爲也。以家爲家，以鄉爲鄉，以國爲國，以天下爲天下。毋曰不同生，遠者不聽。毋曰不同鄉，遠者不行。毋曰不同國，遠者不從。如地如天，何私何親，如月如日，唯君之節。御民之轡，在上之所貴；道民之門，在上之所先；召民之路，在上之所好惡。故君求之，則臣得之；君嗜之，則臣食之；君好之，則臣服之；君惡之，則臣匿之。毋蔽汝惡，毋異汝度，賢者將不汝助，言室滿室，言堂滿堂，是謂聖王。（〈牧民〉第一）

《管子》論爲政之道，上以導君於至公，下以順民心之所向，復教之以禮義廉恥四維之德，輔之以倉廩衣食之富，深得政治之要，用能匡世濟俗，成不世之勳業。

第一節　立國之宏規

一、國家之起源

　　古今中外論政治者，多喜言國家之起源，究其故，實以國家起源觀點之不同，每每影響其對政治之主張。今考《管子》之言曰：

古者未有君臣上下之別，未有夫婦妃匹之合，獸處群居，以力相征。
於是智者詐愚，彊者凌弱，老幼孤獨，不得其所。故智者假眾力以
禁強虐，而暴人止。爲民興利除害，正民之德，而民師之。是故道
術德行，出於賢人，其從義理（郭沫若云：「從」字涉注文而衍），
兆形於民心，則民反道矣。名物處、違是非之分（許維遹云：「違是
非之分」，當爲「讎非分」，「之」字涉下文而衍），則賞罰行矣。上
下設、民生體，而國都立矣。是故國之所以爲國者，民體以爲國。
君之所以爲君者，賞罰以爲君。（〈君臣下〉第三十一）

《管子》以爲古社會無長幼尊卑、夫婦倫常之秩序，完全以「力」相征。
聰明人、有力者，自然居於上風之有利地位，而愚者、弱者，則受侵陵而不
得其所。此種觀點亦見之於先秦他書，如：

子墨子言曰：古者民始生，未有刑政之時，蓋其語人異義，是以一
人則一義，二人則二義，十人則十義，其人茲眾，其所謂義者亦茲
眾，是以人是其義，以非人之義，故交相非也。是以內者父子兄弟
作怨惡，離散不能相和合。天下之百姓，皆以水火毒藥相虧害，至
有餘力，不能以相勞；腐朽餘財，不以相分；隱匿良道，不以相教；
天下之亂，若禽獸然。（《墨子‧尚同上》）

人生而有欲，欲而不得則不能無求，求而無度量分界則不能不爭，
爭則亂，亂則窮。（《荀子‧禮論》）

天地設而民生之，當此之時也，民知其母而不知其父，其道親親而
愛私，親親則別，愛私則險。民眾而以別險爲務，則民亂。當此時
也，民務勝而力征。務勝則爭，力征則訟，訟而無正，則莫得其性
也。（《商君書‧開塞》）

昔太古嘗無君矣，其民聚生群處，知母不知父，無親戚、兄弟、夫
妻、男女之別；無上下、長幼之道；無進退、揖讓之禮；無衣服、
履帶、宮室、畜積之便；無器械、舟車、城郭、險阻之備。（《呂氏
春秋‧恃君覽》）

凡此諸家均以爲上古社會，無規範，無秩序，擾攘而不安，此與老子之以上
古社會爲最純樸自然之至治者不同。基於此種認識之不同，各家遂有不同之
治道與政治理想。

　　《管子》所論解決紛爭之道，以爲係由「智者」憑其一己之道術德行，糾合廣大羣眾之「眾力」，以禁止強暴。而其禁強暴、辨名物、分是非所使用之方法，則爲行賞罰，故曰：君之所以爲君者，賞罰以爲君。此種作法可以爲民興利除害、正民之德，故天下之民師之。天下之民皆師之，國家於焉以立，而君長亦因是而生焉。《墨子》曰：「夫明乎天下之所以亂者，生於無政長，是故選天下之賢可者，立以爲天子。」（〈尚同上〉）《荀子》曰：「先王惡其亂也，故制禮義以分之，以養人之欲、給人之求。」（〈禮論〉）《商君書》曰：「故賢者立中正、設無私，而民說仁。當此時也，親親廢，上賢立矣。」（〈開塞〉）《韓非子》曰：「上古之世，人民少而禽獸眾，人民不勝禽獸蟲蛇，有聖人作，構木爲巢，以避羣害，而民悅之，使王天下，號曰：有巢氏。民食果蓏蚌蛤，腥臊惡臭，而傷害腹胃，民多疾病，有聖人作，鑽燧取火，以化腥臊，而民悅之，使王天下，號之曰：燧人氏。」（〈五蠹〉）《呂氏春秋》曰：「……此無君之患也。故君臣之義不可不明也。自上世以來，天下亡國多矣，而君道不廢者，天下之利也。」（〈恃君覽〉）可證爲定亂止爭，使人人皆得遂其生，捨立君長之外，別無他途，此一君長又必爲賢者、智者，乃能負此重任，以求天下人之大利。一人之力猶有不足，則設百官以爲輔貳，政府組織亦因以成焉。故《墨子》曰：

> 天子立，以其力爲未足，又選擇天下之賢可者，置立之以爲三公。天子、三公既以立，以天下爲博大，遠國異土之民，是非利害之辯，不可一二而明知，故畫分萬國，立諸侯國君。諸侯國君既已立，以其力爲未足，又選擇其國之賢可者，置立之以爲正長。（〈尚同上〉）

二、立國之環境

　　《管子》書對建國之地理環境，十分重視，良以地理環境之優劣，關係於國家之盛衰成敗者至深且鉅。是以桓公問管仲度地形而爲國者，當如何而可之時，管仲對曰：

> 聖人之處國者，必於不傾之地，而擇地形之肥饒者，鄉山左右，經水若澤，內爲落渠之寫（安井衡云：落、絡通；絡，饒也。按：寫，通瀉），因大川而注焉。乃以其天材地之所生利（丁士涵云：疑當作「乃以其天材地利之所生」），養其人，以育六畜。天下之人，皆歸其德而惠其義。（〈度地〉第五十七）

此言立國之地理條件，必須土地肥沃，有高山之資源，有水澤大川之水利，如此乃能物產豐盛，天地自然所生之一切，足以養人民、育六畜。民生樂利，天下之人皆懷德而向心，欣然歸附矣。

國都乃一國之政治中心，其位置亦關乎國家之盛衰強弱。國土未必可以選擇，國都之建立，則必當擇善地而立之，《管子》曰：

> 凡立國都，非於大山之下，必於廣川之上。高毋近旱，而水用足；
> 下毋近水，而溝防省。因天材，就地利，故城郭不必中規矩，道路
> 不必中準繩。（〈乘馬〉第五）

占國都之原則，首重地理形勢，因天材、就地利而建都城。取其大山之下者，易於設防，不虞戰守；取其廣川之上者，交通便利，發展容易也。地勢須高，然不能高亢無水；地勢忌低，卻需有溝防之利。平時、戰時所需要之自然條件均已考慮在內，不可謂思慮不周也。

建設國家，除利用天然資源以養民、建立國都以爲政之外，亦須修築城郭、整理街道、挖設溝隍、樹立荊棘，以爲金城之固、湯池之險，平時可以防盜賊姦邪，戰時可以禦外侮寇戎，其言曰：

> 大城不可以不完，郭周不可以外通（張佩綸云：「郭周」當作「周郭」；
> 下同），里域不可以橫通，閭閈不可以毋閤，宮垣關閉不可以不修（戴
> 望云：「修」當爲「備」之誤）。故大城不完，則亂賊之人謀；郭周
> 外通，則姦遁踰越者作；里域橫通，則攘奪竊盜者不止；閭閈無閤、
> 外內交通，則男女無別；宮垣不備、關閉不固，雖有良貨，不能守
> 也。（〈八觀〉第十三）

此城郭內之諸般設施也，至於城郭外之防禦，則有曰：

> 內爲之城，城外爲之郭，郭外爲之土閬，地高則溝之，下則隄之。
> 命之曰：金城。樹以荊棘上相穚著者，所以爲固也。（〈度地〉第五
> 十七）

城外之防禦設施，必須「歲修增而無已，時修增而無已」（同上），唯有時時修築增強，乃克有攻守之用，此「福及子孫」，「人命萬世，無窮之利」也（均見〈度地〉）。

> 地理環境之選擇，與夫人爲之建設，既已言之矣，然任何地方均不
> 免有自然之災害，亦當設法爲之預防。「故善爲國者，必先除其五害，
> 人乃終身無患害而孝慈焉。」（〈度地〉第五十七）

五害者，水也、旱也、風霧雹霜也、厲也、蟲也。五害之中，水害最嚴重。《管子·度地》論除水害之法甚詳，文多，不具述。

三、治國之規制

首論中央政府之官制。

《管子》書論及齊國中央政府之官制及其職掌者凡三處：

> 修火憲，敬山澤，林藪積草，夫財之所出（丁士涵云：「敬」與「儆」同，「夫財」當作「天財」），以時禁發焉，使民於宮室之用，薪蒸之所積（戴望云：「民」下當脫「足」字，「所」字疑衍），虞師之事也。決水潦、通溝瀆、修障防、安水藏，使時水雖過度，無害於五穀，歲雖凶旱，有所芸穫，司空之事也。相高下、視肥墝、觀地宜，明詔期，前後農夫，以時均修焉，使五穀桑麻，皆安其處，由田之事也（孫星衍云：「由田」當作「司田」）。行鄉里、視宮室、觀樹蓺、簡六畜，以時鈞修焉，勸勉百姓，使力作毋偷，懷樂家室，重去鄉里，鄉師之事也。論百工、審時事、辨功苦、上完利，監壹五鄉，以時鈞修焉，使刻鏤文采，毋敢造于鄉，工師之事也。（〈立政〉第四）

> 故使鮑叔牙為大諫，王子城父為將，弦子旗為理，甯戚為田，隰朋為行。曹孫宿處楚，商容處宋，季勞處魯（宋翔鳳云：「季勞」即下文「季友」），徐開封處衛（王念孫云：「徐」當為「衛」，「開封」當為「開方」），匡尚處燕，審友處晉。（〈小匡〉第二十）

> 升降揖讓，進退閑習，辨辭之剛柔，臣不如隰朋，請立為大行。墾草入邑，辟土聚粟，多眾盡地之利，臣不如甯戚，請立為大司田。平原廣牧，車不結轍，士不旋踵，鼓之而三軍之士視死如歸，臣不如王子城父，請立為大司馬。決獄折中，不殺不辜，不誣無罪，臣不如賓胥無，請立為大司理。犯君顏色，進諫必忠，不辟死亡，不撓富貴，臣不如東郭牙（張佩綸云：疑東郭牙即鮑叔牙之別名，如東里子產之類），請立以為大諫之官。（〈小匡〉第二十）

梁啟超以為：「大約〈立政篇〉乃汎論制度之所當然，〈小匡篇〉則其時之事實也。……〈君臣上篇〉言有五官以牧其民，則當時之中央官制，必分為五部，而右表所列凡有六官，或大諫之職，專在拾遺補闕，不入於五官之數歟？

抑鄉師分任地位，不入於中央五官之數歟？未能點定，存之俟考。」（《管子傳》第八章〈管子之官制〉）

綜觀《管子》一書所載，齊國大政，以相室（又稱「宰」）總其大成，下有大諫一官，主拾遺補闕，鮑叔牙、東郭牙曾任其官。大司馬（又稱「將」）主軍事，王子城父任之。〔註1〕大司理（又稱「理」）主司法，賓胥無、弦子旗曾任之。大司田（又稱「田」）主經濟，甯戚任之。〈立政〉所述之虞師主林業；司空主水利；司田主農業；鄉師掌勸農；工師主工業；疑此均為大司田之屬官，分掌各事者。《管子》書中另有言及「水官」者，近於司空之職，似亦可歸之大司農。其言曰：「請置水官，令習水者為吏，大夫、大夫佐各一人。率部校長官佐各財足（郭沫若云：「財」同「材」或「才」，材足猶言捷足或健足，即所謂徒也），乃取水左右各一人（張佩綸云：「水左右」當作「水官左右」），使為都匠水工，令之行水道、城郭、隄川、溝池、官府、寺舍及洲中當繕治者，給卒財足。」（〈度地〉第五十七）經濟方面無商業之官、財政之官為可怪者也，梁啓超則疑其權責專屬於宰相。大行（又稱「行」）主外交，隰朋主之，〈立政〉所述之某人處某國者，齊國派駐各國之大使也。教育工作，中央無主管首長，疑皆由地方長官負責行之，其考核權在中央，〈立政〉所述之「士師」，疑為大司理之屬官。〔註2〕

次論地方政府之官制。

> 分國以為五鄉，鄉為之師（安井衡云：「師」疑當為「帥」）。分鄉以為五州，州為之長。分州以為十里，里為之尉。分里以為十游，游為之宗。十家為什，五家為伍，什伍皆有長焉。（〈立政篇〉第四）
>
> 方六里，命之曰暴（張佩綸云：「暴」當為「篳」，藩落也；下同）；五暴命之曰部；五部命之曰聚。聚者有市，無市則民乏。五聚命之曰某鄉，四鄉命之曰方，官制也。官成而立邑：五家而伍，十家而連。五連而暴，五暴而長，命之曰某鄉，四鄉命之曰都，邑制也。邑成而制事：四聚為一離，五離為一制，五制為一田，二田為一夫，三夫為一家，事制也。事成而制器：方六里，為一乘之地也。一乘者，四馬也。一馬，其甲七，其蔽五。四乘（丁士涵云：「四乘」乃是「一乘」之譌），其甲二十有八，其蔽二十，白徒三十人奉車兩，

〔註1〕 參閱第八章管子之軍事思想第二節定組織明賞罰。
〔註2〕 參閱第七章管子之教育思想第六節教育考核。

器制也。(〈乘馬〉第五)

桓公曰：「參國奈何」？管子對曰：「制國以為二十一鄉：商工之鄉
六，士農之鄉十五。公帥十一鄉，高子帥五鄉，國子帥五鄉。參國
故為三軍。公立三官之臣，市立三鄉，工立三族，澤立三虞，山立
三衡。制五家為軌，軌有長。十軌為里，里有司。四里為連，連有
長。十連為鄉，鄉有良人。三鄉一帥（安井衡云：古本、下文、齊
語均作「五鄉」）。」桓公曰：「五鄙奈何？」管子對曰：「制五家為
軌，軌有長。六軌為邑，邑有司。十邑為率（王念孫云：「率」當作
「卒」；下同），率有長。十率為鄉，鄉有良人。三鄉為屬，屬有帥。
五屬一大夫（王念孫云：「一」當為「五」）。武政聽屬，文政聽鄉。」
(〈小匡〉第二十)

百家為里，里十為術，術十為州，州十為都，都十為霸國。(〈度地〉
第五十七)

管子於是制國以為二十一鄉：工商之鄉六，士鄉十五。公帥五鄉焉，
國子帥五鄉焉，高子帥五鄉焉。參國起案，以為三官，臣立三宰，
工立三族，市立三鄉，澤立三虞，山立三衡。……管子於是制國：
五家為軌，軌為之長，十軌為里，里有司；四里為連，連為之長；
十連為鄉，鄉有良人焉。……制鄙：三十家邑，邑有司；十邑為卒，
卒有卒帥；十卒為鄉，鄉有鄉帥；三鄉為縣，縣有縣帥；十縣為屬，
屬有大夫。五屬，故有五大夫，各使治一屬焉。立五正，各使聽一
屬焉。是故正之政聽屬，牧政聽縣，下政聽鄉。(《國語·齊語》)

地方政府之官制，各篇所言者不同。或以為〈立政〉為理想而〈小匡〉為事
實。顧頡剛氏以為〈小匡〉、〈立政〉所載不同，是「因為這許多全是齊國人
空想出來的制度，當時又沒有確實數字的統計資料可以依據，所以在〈乘馬〉
裏又有些人作不成樣的計劃來」(〈周公制禮的傳說和周官一書的出現〉)。也
有人以為：「我們認為〈小匡〉、〈齊語〉所述，不可能是這種原始性質的單系
統國家，而是由中心城邑和次級城邑組成的雙重系統的國家，已經是一種晚
期形態。」〔註3〕

〔註3〕說見李零〈中國古代居民組織的兩大類型及其不同來源〉一文。該文詳細分
　　　析春秋戰國時期齊國居民組織，其引據資料有《管子》、《周禮》、《銀雀山漢
　　　簡》等。

　　然〈小匡〉、〈齊語〉所言者，均有國與鄙之分，梁啓超以爲即都邑與郊野之別也。〔註4〕楊寬氏認爲：國中之十五士鄉，即相當《周禮》之「六鄉」。「鄙」即相當於《周禮》之「野」。「五屬」即《周禮》之「六遂」，其民爲農業生產的主要擔當者。〔註5〕〈小匡〉與〈齊語〉所載相同者多，其不同者爲：國之部分，〈齊語〉無「五鄉一帥」一級。鄙之部分：〈齊語〉但言三十家爲邑，〈小匡〉則詳言五家爲軌，六軌爲邑也；〈小匡〉鄉之一級，〈齊語〉爲縣；〈小匡〉三鄉爲一屬，〈齊語〉則十縣爲一屬。〈小匡〉與〈齊語〉所載者，層級之數相同，而所轄之大小則有異，名稱亦偶有別。今人劉殿爵氏以爲：「〈齊語〉、〈小匡〉，都是根據一種共同材料的來源，不是誰抄襲誰的，而以〈小匡〉較多保存了材料的原來面貌。……〈小匡〉的條理實較〈齊語〉爲優。」（徐復觀著《周官成立之時代及其思想性格》一書自序引）李學勤氏以爲：「〈小匡〉的文字遠比〈齊語〉淺顯易懂，無疑是在〈齊語〉上加以修改的結果。〈小匡〉與〈齊語〉相比較，不難發現〈小匡〉的內容有多于後者的地方。……〈齊語〉、〈小匡〉間文字的差異，有時會反映出把〈齊語〉修改成〈小匡〉的學者的時代及其局限性。」（〈齊語〉及〈小匡〉，刊《管子學刊》西元 1987 年創刊號）〈乘馬〉則有官制（行政體制）、邑制（居民體制）、事制（生產體制）、器制（軍備體制）之分，所述更詳。然不能知其行之於國或鄙，或兼行於二者。管仲當時之實際情況，已因《管子》書之龐雜而令事實難明矣。

四、國勢之觀察

　　國家既立，國都既定，制度亦已設矣，凡此皆爲國之富強壯盛奠一宏基也。然國之是否能臻此富強壯盛，則端視其治道之強弱與夫治術之優劣。吾人若能觀察一國之國勢，則可知其成敗之因，更可知爲政之正道何所在也。《管子》書於一國國勢之觀察，深入而周詳。能明乎此，則治道得矣。

　　　行其田野，視其耕芸，計其農事，而飢飽之國可知也。……行其山
　　　澤，觀其桑麻，計其六畜之產，而貧富之國可知也。……入國邑，
　　　視宮室，觀車馬衣服，而侈儉之國可知也。……課凶饑，計師役，

〔註4〕說見梁氏所著《管子傳》第八章管子之官制。
〔註5〕說見楊氏所著《古史新探》所收〈試論西周春秋間的鄉遂制度和社會結構〉一文第二節。至於《周禮》與《管子》書之關係，參見本書第八章管子之軍事思想之結語部分。

觀臺榭，量國費，而實虛之國可知也。……入州里，觀習俗，聽民
之所以化其上，而治亂之國可知也。……入朝廷，觀左右，本求朝
之臣（洪頤煊云：當作「求本朝之臣」），論上下之所貴賤者，而彊
弱之國可知也。……置法出令，臨眾用民，計其威嚴寬惠，行於其
民與不行於其民，可知也（張佩綸云：「可知也」上脱五字，按解當
作「而興滅之國」）。……計敵與，量上意，察國本，觀民產之所有
餘不足，而存亡之國可知也。（〈八觀〉第十三）

此八觀者，或觀一國之經濟問題，或觀一國之社會現象，或觀一國之行法狀
況，或觀一國之教育情形，或觀一國之用人方法，或觀一國之軍事力量，舉
凡國家施政之大綱，皆在觀察考核之列。由此八觀，可得為政之大要，茲略
述於次。

　　一國之飢飽，當觀察其耕之深淺，耘之勤惰與土地之利用。若未開墾之土
地過多，或耕種瘠土而荒置沃土，雖無水旱之天災，仍將是一飢餓之國。設若
此等國家人口眾多，則更不足以養民之生，不能養民之生則人散，人散則不足
以守國，故管子稱有地而不務耕耘者，寄生之君也。管子觀一國之貧富之法為：
察其山林湖澤之出產、桑麻之生長與六畜之繁育。山海之資源是否善加運用，
關係一國之財源；桑麻之生產是否繁盛，關係一國之紡織業，民生之「衣」；六
畜之繁育，則關係一國之畜牧事業，不當有所征賦。三者皆國之資源，苟未能
善加運用，則國家之財源寡，雖有金玉之積，民猶窮也、國猶貧也。社會風俗
是一國侈儉之反映，《管子》以為「主上無積而宮室美，氓家無積而衣服脩，乘
車者飾觀望，步行者雜文采，本資少而末用多者，侈國之俗也」（〈八觀〉第十
三）。奢侈之害，用費多則民貧，民貧則姦謀生、邪巧作，此國之大病也。欲知
一國之虛實，但觀其賦稅之輕重，師役之多寡。蓋賦稅重則民不蓄積糧食，師
役多則力田之丁壯寡。國無畜積、民力盡竭，國力必虛，是以賦稅宜輕，民力
宜節，而山澤亦當依時而禁，以求民力之務於耕農也。

　　國之治亂，固與民生有關，然亦可自風俗教化中見其端倪。故《管子》
曰：「入州里、觀習俗，聽民之所以化其上者，而治亂之國可知也。」（〈八觀〉
第十三）而觀一國之強弱，則在其賞罰是否得當。賞罰失當，則豪傑材臣不
務竭能、百姓疾怨而非上，如此則能者去而佞幸來，國焉得不弱？國之強弱
視賞罰之用，國之興滅，則視法令之能否貫徹於民。若「法虛立而害疏遠，
令一布而不聽者存，賤爵祿而毋功者富，然則眾必輕令，而上位危」（同上）。

諫臣死而諛臣尊，私情行而公法毀，則廷無良臣而兵士不用。君悅商販而不務本貨，則民偷處而不事積聚，以致困倉空虛。內政不修，與國必不親附，敵國必不畏懼，如此，將有外患。此《管子》所謂「計敵與，量上意，察國本，觀民產之所有餘不足，而存亡之國可知也」（同上）。

第二節　布政之大計

一、順民利民

順民利民者，管子之民本政策也。

國家之立，除主權、國土之外，主要之力量來源為人民。地廣土沃而民眾者國強，地廣土沃而民寡者國弱。欲霸王天下，必先強其國；欲強其國，必先得民之力；欲得民之力，必當順民、愛民、利民；此政府施政當用民本政策也。「齊桓公問於管仲曰：『王者何貴？』曰：『貴天。』桓公仰而視天。管仲曰：『所謂天，非蒼莽之天也。王者以百姓為天，百姓與之則安，輔之則強，非之則危，倍之則亡。』」（《韓詩外傳》卷四）「夫爭天下者，必先爭人。……夫霸王之所始也，以人為本，本理則國固，本亂則國危。」（〈霸言〉第二十三）桓公欲為霸王，舉大事，管仲教其必從其本事。所謂本事者：「齊國百姓，公之本也。人甚憂飢而稅斂重；人甚懼死而刑政險；人甚傷勞而上舉事不時。公輕其稅斂，則人不憂飢；緩其刑政，則人不懼死；舉事以時，則人不傷勞。」（〈霸形〉第二十二）國之本在民，欲得民，必當行愛民之政，令其不憂飢、不懼死、不傷勞。

能愛民，則民安利之，民能安利，則親其上矣。「凡眾者，愛之則親，利之則至。是故明君設利以致之，明愛以親之。徒利而不愛，則眾至而不親；徒愛而不利，則眾親而不至。」（〈版法解〉第六十六）能愛民、利民，則民皆歸之而又親其上，此霸王之道也。〈小匡〉載桓公問管仲如何修政以干時於天下，管仲即對以「始於愛民」也。〈樞言〉曰：「愛之、益之、利之、安之，四者道之出，帝王者用之，而天下治矣。」愛民、利民之道為何？〈小匡〉曰：

> 公修公族，家修家族，使相連以事，相及以祿，則民相親矣；放舊罪，修舊宗，立無後，則民殖矣；省刑罰，薄賦斂，則民富矣；鄉

建賢士，使教於國，則民有禮矣；出令不改，則民正矣。此愛民之
道也。

然則得人之道，莫如利之。利之之道，莫如教之以政。故善爲政者，
田疇墾而國邑實，朝廷閒而官府治，公法行而私曲止，倉廩實而囹
圄空，賢人進而奸民退。（〈五輔〉第十）

凡人主之所以使下盡力而親上者，必爲天下致利除害也。故德澤加
於天下，惠施厚於萬物父子得以安，羣生得以育。故萬民驩盡其力，
而樂爲上用。入則務本疾作，以實倉廩；出則盡節死敵，以安社稷。
雖勞苦卑辱，而不敢告也，此賤人之所以亡其卑也。（〈形勢解〉第
六十四）

本愛民利民之心，行愛民利民之政，則天下歸之如流水矣。民所欲者安也、
生也、富也，故爲政當爲人民致其利、除其害，蓋「民利之則來，害之則去。
民之從利也，如水之走下，於四方無擇也。故欲來民者，先起其利」（〈形勢
解〉第六十四）。

爲民致利除害之道，《管子・牧民》言之最爲詳明，其言曰：

政之所興，在順民心；政之所廢，在逆民心。民惡憂勞，我佚樂之；
民惡貧賤，我富貴之；民惡危墜，我存安之；民惡滅絕，我生育之。
能佚樂之，則民爲之憂勞；能富貴之，則民爲之貧賤；能存安之，
則民爲之危墜；能生育之，則民爲之滅絕。……故從其四欲，則遠
者自親；行其四惡，則近者叛之。故知予之爲取者，政之寶也。

又曰：

錯國於不傾之地者，授有德也；積於不涸之倉者，務五穀也；藏於
不竭之府者，養桑麻、育六畜也；下令於流水之原者，令順民心也；
使民於不爭之官者，使各爲其所長也；明必死之路者，嚴刑罰也；
開必得之門者，信慶賞也；不爲不可成者，量民力也；不求不可得
者，不彊民以其所惡也；不處不可久者，不偷取一世也；不行不可
復者，不欺其民也。故授有德，則國安；務五穀，則食足；養桑麻、
育六畜，則民富；令順民心，則威令行；使民各爲其所長，則用備；
嚴刑罰，則民遠邪，信慶賞，則民輕難；量民力，則事無不成；不
彊民以其所惡，則詐僞不生；不偷取一世，則民無怨心；不欺其民，
則下親其上。（同上）

愛民利民則應爲之興利除害，爲民興利除害，必當先知民之所好惡。民之所好者予之，民之所惡者除之，此則所謂令順民心也。民欲佚樂我佚樂之，民欲富貴我富貴之，民欲存安我存安之，民欲生育我生育之。能予民者，民必回報之，斯則上下皆得其利、皆享其福也。既一本順民心之原則而爲政，則其所當行者爲：授有德、務五穀、養桑麻、育六畜、令順民心、使民各爲其所長、嚴刑罰、信慶賞、量民力、不強民以其所惡、不偷取一世與夫不欺其民也。此《管子》「予之爲取」之施政原則也。

二、任勢用術

　　任勢用術者，《管子》之行政管理政策也。至其施行法治以爲政理民，則於第五篇詳述之，此不具論。

　　「由主任勢守數以爲常」（〈七臣七主〉第五十二），國君治國行政，必當用臣，臣有忠奸、賢愚之分，是以主必任勢用術，方得確保政令之推行得當。任勢者，強固領導權，發揮統治權是也。用術者，運用考核權，實施賞罰權是也。唯人君得任勢用術，此人君一民治吏之利器，不可一日無之者也。故《管子》曰：

> 凡人君之所以爲君者，勢也。故人君失勢，則臣制之矣。勢在下，則君制於臣矣；勢在上，則臣制於君矣。故君臣之易位，勢在下也。
> （〈法法〉第十六）

又曰：

> 明主在上位，有必治之勢，則羣臣不敢爲非。是故羣臣之不敢欺主者，非愛主也，以畏主之威勢也。百姓之爭用，非以愛主也，以畏主之法令也。故明主操必勝之數，以治必用之民；處必尊之勢，以制必服之臣。故令行禁止，主尊而臣卑。……人主之所以制臣下者，威勢也。故威勢在下，則主制於臣；威勢在上，則臣制於主。……故威勢獨在於主，則羣臣畏敬；法政獨出於主，則天下服德。故威勢分於臣，則令不行；法政出於臣，則民不聽。故明主之治天下也，威勢獨在於主，而不與臣共；法政獨制於主，而不從臣出。（〈明法解〉第六十七）

國欲大治，政欲清明，必先明上下之分，定君臣之度。臣莫不欲得尊勢也，然臣得尊勢，則政必亂，以上下之分不明也。上下之分不明，則令出多門，

民無所措手足也。是以為政之道，首重任勢，君必善守其勢，乃能鞏固一國之領導中心，而令羣臣奉公守法。一國之領導中心強而有力，其布政於國，乃能明確而有成；羣臣奉公守法，其施政乃能平正而無姦；此為政之大本也。

　　勢者，地位也，有地位方有權力。君之地位最高，故其權力亦最大。權之大者為何？曰：生之、殺之。生者賞也，殺者罰也，君之大權者，賞罰也。術者，運用賞罰權之能力也、執行賞罰權之技巧也。賞罰當，則羣臣盡力以任事；賞罰不當，則羣臣為姦私而國亂主危。善任勢者，必知用術，善用術者，主安國治。「明主之動靜得理義，號令順民心，誅殺當其罪，賞賜當其功，雖不用犧牲珪璧禱於鬼神，鬼神助之，天地與之，舉事而有福。」（〈形勢解〉六十四）術必國君獨用之乃可。倘賞罰權與臣下共，或竟交與臣下操持，君必失位亡身，《管子》曰：

> 今人君之所尊安者，為其威立而令行也。其所以能立威行令者，為其威利之操莫不在君也。若使威利之操不專在君，而有所分散，則君日益輕，而威利日衰，侵暴之道也。（〈版法解〉第六十六）

又曰：

> 明主者，有術數而不可欺也，審於法禁而不可犯也，察於分職而不可亂也。故羣臣不敢行其私，貴臣不得蔽賤，近者不得塞遠，孤寡老弱不失其所職，竟內明辨，而不相踰越，此之謂治國。……人主者，擅生殺，處威勢，操令行禁止之柄，以御其羣臣，此主道也。人臣者，處卑賤，奉主令，守本任，治分職，此臣道也。故主行臣道則亂，臣行主道則危。故上下無分，君臣共道，亂之本也。……制羣臣，擅生殺，主之分也。……威勢尊顯，主之分也。……令行禁止，主之分也。……故君臣相與，高下之處也，如天之與地也；其分畫之不同也，如白之與黑也。故君臣之間明別，則主尊臣卑。如此，則下之從上也，如響之應聲，臣之法主也，如景之隨形。故上令而下應，主行而臣從，以令則行，以禁則止，以求則得，此之謂易治。（〈明法解〉第六十七）

國君任勢用術則臣民為上所用，如此則君逸臣勞，君可無為而事治，故曰：「明主之舉事也，任聖人之慮，用眾人之力，而不自與焉，故事成而福生。」（〈形勢解〉第六十四）用眾人之力者，用眾人之長、用眾人之智以補己之不足也。是以《管子》曰：「明主之官物也，任其所長，不任其所短，故事無不成，而

功無不立。亂主不知物之各有所長所短也，而責必備，……故其令廢而責不塞。」（同上）明主用人之長，亦當度其力之所能爲乃可，否則超過人力之所能及，事亦將無成也。故「明主猶造父也，善治其民，度量其力，審其技能，故立功而民不困傷。……明主度量人力之所能爲，而後使焉，故令於人之所能爲，則令行；使於人之所能爲，則事成」（同上）。國君非特用人之長與使人於其所能爲而已也，亦當分職任事，以明其職責而不使相踰越或相干涉也。《管子》曰：「明主之治也，明於分職，而督其成事。勝其任者處官，不勝其任者廢免，故羣臣竭能盡力以治其事。……百官分職致治，以安國家。」（〈明法解〉第六十七）

分職治事，用人所長，皆求其爲國興功立事也，然此猶不足，必待賞罰之得其當而後可。「有罰者，主見其罪；有賞者，主知其功。見知不悖，賞罰不差。有不蔽之術，故無壅遏之患。」（〈明法解〉第六十七）欲見知不悖，知其功過，國君必須明察。明察之道，「目貴明，耳貴聰，心貴智。以天下之目視，則無不見也。以天下之耳聽，則無不聞也；以天下之心慮，則無不知也。輻湊竝進，則明不塞矣」（〈九守〉第五十五）。明察之外，尤須以法爲斷，據法而行其賞罰。「故治亂不以法斷，而決於重臣，生殺之柄不制於主，而在羣下，此寄生之主也。」（〈明法解〉第六十七）以法爲斷者，防姦邪之臣以私欺主也，唯明君能「兼聽獨斷，多其門戶，羣臣之道，下得明上，賤得言貴，故姦人不敢欺」（同上）。治國當任勢用術者，集眾人之才智爲君所用，而姦邪之人不得倖進，此治國爲政之要道也。

三、養老扶孤

養老扶孤者，管子之社會政策也。

《管子‧問》載立國問政之項目，頗似今日之社會調查而兼行政考核之用者。其所問者，有政治、社會、教育、經濟、軍事等方面，其中涉及社會者，足可顯示當時施政之社會政策，頗值一述。其言曰：問死事之孤，其未有田宅者有乎？問死事之寡，其饋餉何如？問獨夫、寡婦、孤寡、疾病者幾何人也？問國之棄人何族之子弟也？問鄉之良家其所牧養者幾何人矣？問邑之貧人，債而食者幾何家？人之所害於鄉里者何物也？所捕盜賊除人害者幾何矣？國君當布興六德，以足民之欲，民得其所欲，然後聽上，聽上然後政可善爲也。君所布興之六德，其中有二爲有關社會政策者，「養長老、慈幼孤、

恤鰥寡、問疾病、弔禍喪，此謂匡其急。衣凍寒、食飢渴、匡貧寠、振罷露、資乏絕，此謂振其窮」（〈五輔〉第十）。

國君布政，匡民之急，振民之窮，為興德之要事，凡此皆今日之社會工作也。今之幼兒保育、養老敬老、疾病保險、社會救濟等工作，皆已概括於《管子》書中，古人先我而行此社會政策，不可不謂為卓見。〈五輔〉、〈問〉，但舉其大要，〈入國〉則詳述其作法，其目凡九：

一曰：老老。「所謂老老者，凡國都皆有掌老。年七十已上，一子無征，三月有饋肉。八十已上，二子無征，月有饋肉。九十已上，盡家無征，日有酒肉。死，上共棺槨（金廷桂云：「死上共棺槨」五字當在下文「求所嗜」之下）。勸子弟精膳食，問所欲，求所嗜。此之謂老老。」（〈入國〉第五十四）國置掌老之官，以司其事。年凡七十以上皆有優渥之法，子可無預征役，使其得居家盡孝。政府於老者，有肉食之饋贈。死，政府送其喪，養老之事可謂盡矣。

二曰：慈幼。「所謂慈幼者，凡國都皆有掌幼。士民有子，子有幼弱不勝養為累者，有三幼者無婦征，四幼者盡家無征。五幼又予之葆，受二人之食，能事而後止。此之謂慈幼。」（〈入國〉第五十四）慈幼之事，亦設專官掌之。凡家貧不能養育其子女者，三子以上者可以無征，五子以上更予之葆育，政府給賜二人之食，直至長大就業為止。

三曰：恤孤。「所謂恤孤者，凡國都皆有掌孤。士人死（丁士涵云：「人」當作「民」），子孤幼，無父母所養，不能自生者，屬之其鄉黨知識故人。養一孤者，一子無征；養二孤者，三子無征；養三孤者，盡家無征。掌孤數行問之，必知其食飲飢寒身之臚胜而哀憐之，此之謂恤孤。」（〈入國〉第五十四）孤兒最可矜恤，故國有恤孤之官掌恤孤之事。凡父母死，貧而無以為生者，官屬之鄉黨知識故人，以養之。凡家有養孤者，子可無征，依所養之多少而有差。掌孤官並數存問之，以省視其生活情況，此舉尤可見政府之苦心。

四曰：養疾。「所謂養疾者，凡國都皆有掌養疾（王引之云：「養」字因上文而衍）。聾盲、喑啞、跛躄、偏枯、握遞，不耐自生者，上收而養之。疾，官而衣食之（戴望云：官，古「館」字），殊身而後止。此之謂養疾。」（〈入國〉第五十四）民有盲、聾、啞、跛、半身不遂等重疾，而不能自養其生者，政府設專官以司其養疾之事。政府設館收養之、治療之，至疾癒而後止，其照顧貧病者，可謂至矣。

五曰：合獨。「所謂合獨者，凡國都皆有掌媒。丈夫無妻曰鰥，婦人無夫曰寡，取鰥寡而合和之，予田宅而家室之，三年然後事之。此之謂合獨。」（〈入國〉第五十四）人皆當有家室之樂，無妻、無夫者，古皆視之爲無依靠之人，是以設官以掌合媒之事，政府撮合之，使有家室之樂，且予之田宅，令其安居，三年之後始供國之職役，此之謂合獨。

六曰：問病。「所謂問疾者（按：依下文，「疾」當作「病」），凡國都皆有掌病。士人有病者，掌病以上令問之。九十以上，日一問；八十以上，二日一問；七十以上，三日一問；眾庶，五日一問。疾甚者以告，上身問之。掌病行於國，中，以問病爲事。此之謂問病。」（〈入國〉第五十四）國家重視士人，士人有病，年七十以上者，皆由掌病之官以君命存問之，庶人則五日一問。病重者，君上親身問慰之，此亦敬老也。國設專官以問慰老者之病，眞難能而可貴也。

七曰：通窮。「所謂通窮者，凡國都皆有通窮（王引之云：「通」當作「掌」）。若有窮夫婦無居處、窮賓客絕糧食，居其鄉黨，以聞者有賞，不以聞者有罰。此之謂通窮。」（〈入國〉第五十四）窮夫婦、窮賓客，若衣食乏絕，其鄉黨之人，必當報告官府，報告者有賞，不報者有罰，此之謂通窮。至於救窮之法，則未詳言，想必有妥善之安排也。

八曰：振困。「所謂振困者，歲凶，庸人訾厲，多死喪。弛刑罰，赦有罪，散倉粟以食之。此之謂振困。」（〈入國〉第五十四）此言凶年五穀不登，人民貧病時之救濟措施也。一以赦其因飢病而可能有之犯罪，一以救其飢餓以根本解決之。此振民之困也。

九曰：接絕。「所謂接絕者，士民死上事、死戰事，使其知識故人受資於上而祠之。此之謂接絕也。」（〈入國〉第五十四）接絕者，政府命其相識之人，祠祀爲君國死事之士民也。

國設專官掌社會救濟工作，其條目又如是之詳悉而明確，是可見行愛民之仁政，非儒者一家之言，管子言之亦極詳切也，是亦可知《管子》之書非徒法家之言者也。政府行振濟之社會工作外，亦責令有錢之豪家與大夫，出而行振濟之工作，以共謀社會之安定與富足。〈輕重丁〉載其事曰：

> 桓公曰：「大夫多并其財而不出（戴望云：「并」與「屏」同），腐朽
> 五穀而不散。」管子對曰：「請以令召城陽大夫而請之（王念孫云：「請
> 之」當爲「謫之」）。」桓公曰：「何哉？」管子對曰：「城陽大夫，嬖

寵被絺紘，鵝鶩含餘秣，齊鍾鼓之聲，吹笙箎（姚永概云：「笙箎」下脫「之音」二字）。同姓不入，伯叔父母，遠近兄弟，皆寒而不得衣，飢而不得食。」（姚永概云：此下當有脫文，必有桓公召城陽大夫數以前罪。）「子欲盡忠於寡人能乎？故子毋復見寡人！」減其位，杜其門而不出。功臣之家，皆爭發其積藏，出其資財，以予其遠近兄弟，以為未足，又收國中之貧病孤獨老不能自食之萌，皆與得焉。

又載：

桓公曰：峥丘之戰，民多稱貸，負子息，以給上之急，度上之求，寡人欲復產業，此何以洽？……令左右州曰：表稱貸之家，皆堊白其門，而高其閭。……「寡人有峥丘之戰，吾聞子假貸吾貧萌，使有以給寡人之急，度寡人之求，使吾萌春有以傳耜，夏有以決芸而給上事，子之力也。是以式璧而聘子，以給鹽菜之用，故子中民之父母也。」貸稱之家皆折其券而削其書，發其積藏，出其財物，以賑貧病，分其故貲（郭沫若云：「貲」當是「舊」之誤），故國中大給。（同上）

今按，此孔子所謂導之以德，使之有恥且格之政也。

四、存亡繼絕

存亡繼絕者，管子之外交政策也。

主之所以為功者，富強也。故國富兵強，則諸侯服其政，鄰敵畏其威。雖不明實幣事諸侯，諸侯不敢犯也。（〈形勢解〉第六十四）

一國之外交，不能依恃以寶幣事人，必賴己之富強，此外交為內政之延長之說也。《管子》申其理曰：

凡國有三制：有制人者；有為人之所制者；有不能制人，人亦不能制者。何以知其然？德盛義尊，而不好加名於人；人眾兵強，而不以其國造難生患；天下有大事，而好以其國後；如此者，制人者也。德不盛、義不尊，而好加名于人；人不眾、兵不強，而好以其國造難生患；恃與國、幸名利；如此者，人之所制也。人進亦進，人退亦退，人勞亦勞，人佚亦佚，進退勞佚，與人相胥（牟庭曰：「胥」字古音當讀曰「從」，故胥有從意），如此者，不能制人，人亦不能制也。（〈樞言〉第十二）

德義不尊，人眾不強，徒恃外交上之與國者，將為人所制。而欲稱雄於春秋

諸侯列強之間，則必賴德盛義尊與人眾兵強也。人眾兵強為外交之後盾，然欲服天下之諸侯，得與國之心服，則更有賴德盛義尊。《管子》曰：

> 時者得天，義者得人，既時且義，故能得天與人。先王不以勇猛為邊竟，則邊竟安。邊竟安則鄰國親，鄰國親則舉當矣。……先王取天下，遠者以禮，近者以體。體禮者，所以取天下。（〈樞言〉第十二）。

又曰：

> 明主內行其法度，外行其理義，故鄰國親之，與國信之。有患則鄰國憂之，有難則鄰國救之。（〈形勢解〉第六十四）

以德義體禮與諸侯相交往，勝於勇猛之力為邊境之守，若欲用天下之權，成霸王之業，更當先布德於天下，所謂濟弱扶傾，存亡繼絕者是也。《管子》之言曰：

> 霸王之形，象天則地，化人易代，創制天下，等列諸侯，賓屬四海，時匡天下。大國小之，曲國正之，彊國弱之，重國輕之，亂國并之，暴王殘之，僇其罪，卑其列，維其民，然後王之。夫豐國之謂霸，兼正之國之謂王（孫蜀丞云：「之」，諸也）。……以大牽小，以彊使弱，以眾致寡，德利百姓，威振天下，令行諸侯而不拂，近無不服，遠無不聽。夫明王為天下正理也，按彊助弱，囷暴止貪，存亡定危，繼絕世，此天下之所載也（戴望云：「載」與「戴」古通用），諸侯之所與也，百姓之所利也，是故天下王之。（〈霸言〉第二十三）

《管子》書載管仲教桓公成其霸業者，正以此道。桓公問廣仁大義，以利天下之道，管仲對曰：「誅暴禁非，存亡繼絕，而赦無罪，則仁廣而義大矣。」（〈小問〉第五十一）其實際之措施，則略見於〈大小匡〉等篇，其存亡繼絕，尊王攘夷之功，則已見前述。〔註6〕其外交政策，則為內修政而勸民，「輕稅，弛關市之征，為賦祿之制」（〈大匡〉第十八），以取信於諸侯，「問病臣，願賞而無罰」（同上），以親附諸侯。復輕諸侯之幣而重其禮，以感召之。「諸侯之禮，令齊以豹皮往，小侯以鹿皮報；齊以馬往，小侯以犬報。」（同上）「天下諸侯以疲馬犬羊為幣，齊以良馬報；諸侯以縷帛布鹿皮四分以為幣（王引之云：「分」當為「介」，「介」即今「个」字也），齊以文錦虎豹皮報。」（〈小匡〉第二十）厚禮以報諸侯，此以禮致之，以利招之也，復結之以信，示之

〔註6〕參閱第一章管仲評傳第二節二、尊王攘夷。

以武，宜乎小國諸侯無有不服者也。

　　其外交政策之另一可述者為：反還諸侯之侵地。如：反魯侵地常潛；反衛侵地臺原姑、柒里；反燕侵地柴夫、吠狗；桓公南征北伐之能成大功者，即以此道得諸侯之心也。桓公有大行之官，專主外交，已見前述。其最足稱道者，在其外交政策之能不以兵車之武力為主，不以佔人土地為先，而在以禮義服人、以禮義與鄰國交，更以存亡國繼絕世為其最後目標也。管仲非但能言其理，復能行其事，此其難能而可貴者也。

第三節　君君與臣臣

一、國有明君

　　　為人君而不明君臣之義以正其臣，則臣不知於為臣之理以事其主矣。故曰：君不君則臣不臣。……人主務學術數，務行正理，則化變日進，至於大功。（〈形勢解〉第六十四）

為君上者失道，則臣下亦必不能正其為臣之道。君上之道，一曰：務學術數，用法術以治事；二曰：務行正理，用正道以治身。《管子・七臣七主》論六過之君，惠王失在寬縱，侵主失在無法，荒主失在縱欲，勞主失在不明分職，振主失在喜怒無度，亡主失在自治其事，綜此六君之過，即在不能治身以正道，不能治事以法術也。

（一）先言治身以正道

　　人皆有欲，君主尤甚。縱欲而不節，小則失身大則亡國。桓公問國君之信，管仲對曰：「民愛之，鄰國親之，天下信之，此國君之信。」（〈中匡〉第十九）而致此之道，則始於為身，而為身之術則「道血氣以求長年長心長德」（同上）。是以聖人「齊滋味而時動靜，御正六氣之變，禁止聲色之淫，邪行亡乎體，違言不存口，靜無定生，聖也。仁從中出，義從外作，仁故不以天下為利，義故不以天下為名。仁故不代王，義故七十而致政。是故聖人上德而下功，尊道而賤物，道德當身，故不以物惑。是故身在草茅之中，而無懾意；南面聽天下，而無驕色；如此，而後可以為天下王」（〈戒〉第二十六）。清心寡欲，道德當身，而不為外物所惑，乃能為天下之王。

　　「臺榭相望者，亡國之廡也；馳車充國者，追寇之馬也；羽劍珠飾者，

斬生之斧也；文采纂組者，爛功之窰也。明王知其然，故遠而不近也。」（〈七臣七主〉第五十二）「淫聲諂耳，淫觀諂目，耳目之所好諂心，心之所好傷民，民傷而身不危者，未之嘗聞。」（〈五輔〉第十）一切心口耳目之享受，皆足以喪身危國，蓋求之過甚，一己之身心俱疲之外，尤其傷民。所謂「地之生財有時，民之用力有倦，而人君之欲無窮，以有時與有倦養無窮之君，而度量不生於其間，則上下相疾也。是以臣有殺其君，子有殺其父者矣。故取於民有度，用之有止，國雖小必安；取於民無度，用之不止，國雖大必危」（〈權修〉第三）。唯有在上位者節制一己之享受，下民乃能安居樂業，是以《管子》曰：

> 夫明王不美宮室，非喜小也；不聽鐘鼓，非惡樂也；爲其傷於本事而妨於教也。故先愼於己而後彼，官亦愼內而後外，民亦務本而去末。……故聖人之制事也，能節宮室，適車輿以實藏，則國必富位必尊（丁士涵云：「尊」下脫「矣」字，當據下文補）。能適衣服，去玩好以奉本，而用必贍、身必安矣。能移無益之事、無補之費，通幣行禮，而黨必多交必親矣。……故立身於中，養有節（張佩綸云：當作「養之有節」）。宮室足以避燥濕，食飲足以和血氣，衣服足以適寒溫，禮儀足以別貴賤，游虞足以發歡欣，棺槨足以朽骨，衣衾足以朽肉，墳墓足以道記，不作無補之功，不爲無益之事。故意定而不營氣情，氣情不營，則耳目穀、衣食足。耳目穀、衣食足，則侵爭不生，怨怒無有，上下相親，兵刃不用矣。故適身行義，儉約恭敬，其唯無福，禍亦不來矣。驕傲侈泰，離度絕理，其唯無禍，福亦不至矣。（〈禁藏〉第五十三）

國君生活有度，欲望有節之外，言行舉止亦當合乎中正之道，否則臣民必難以心服而生輕視之心，如此則君位亦危。《管子》曰：

> 人主出言，順於理，合於民情，則民受其辭。民受其辭，則名聲章。……明主猶奚仲也，主辭動作，皆中術數，故眾理相當，上下相親。……言辭信、動作莊、衣冠正，則臣下肅。言辭慢、動作虧、衣冠惰，則臣下輕之。……人主者，溫良寬厚，則民愛之；整齊嚴莊，則民畏之。故民愛之則親，畏之則用。夫民親而爲用，主之所急也。……人主出言不逆於民心，不悖於理義，其所言足以安天下者也，人唯恐其不復言也。出言而離父子之親，疏君臣之道，害天下之眾，此言之不可復

者也。故明主不言也。……人主身行方正，使人有禮，遇人有理，行發於身，而爲天下法式者，人唯恐其不復行也。身行不正，使人暴虐，遇人不信，行發於身，而爲天下笑者，此不可復之行，故明主不行也。……言之不可復者，其言不信也。行之不可再者，其行賊暴也。故言而不信，則民不附。行而賊暴，則天下怨。民不附、天下怨，此滅亡之所從生也，故明主禁之。（〈形勢解〉第六十四）

國君出言必須順於理義，合於民情，言之有信，則民附而受其辭，民附而受其辭，則君之名聲彰而天下安，是故爲君上者出言不可不愼也。爲君者生活有則、言行得當，消極言之可以無失，此治身有道也，然猶不足以爲明君也。〈小匡〉載桓公自謂有大邪三事，一曰：好田，二曰：好酒，三曰：好色。管仲以爲惡則惡矣，然非其急者。管仲以爲：「人君唯優與不敏爲不可。優則亡眾，不敏不及事。」（〈小匡〉第二十）優與不敏者，國君治事不明也，國君治事不明，其失甚於治身無道也。

（二）次言治事以法術

是故爲人君者，因其業、乘其事，而稽之以度。有善者，賞之以列爵之尊、田地之厚，而民不慕也。有過者，罰之以廢亡之辱、僇死之刑，而民不疾也。殺生不違，而民莫遺其親者，此唯上有明法而下有常事也。……上之畜下不妄，則所出法制度者明也（郭沫若云：不應有「所」字）；下之事上不虛，則循義從令者審也。……主畫之，相守之；相畫之，官守之；官畫之，民役之。則又有符節印璽典法筴籍以相揆也，此明公道而滅姦僞之術也。（〈君臣上〉第三十）

君臣劃分職權，君出法令、定制度，臣則循義而從令，上下相守以法，君復以法爲賞罰，則公道立而姦僞滅矣。行法以治國，更可去君之私心與臣之私行，《管子》曰：

有道之君者，善明設法，而不以私防者也。而無道之君，既已設法，則舍法而行私者也。爲人上者，釋法而行私，則爲人臣者援私以爲公，公道不違，則是私道不違者也。行公道而託其私焉，寖久而不知，姦心得無積乎？姦心之積也，其大者有侵偪殺上之禍，其小者有比周內爭之亂，此其所以然者，由主德不立，而國無常法也。主德不立，則婦人能食其意；國無常法，則大臣敢侵其勢。（〈君臣上〉第三十）

欲臣吏守法，君上當先守其法，君無私心，則下無私行，下無私行，則無姦邪之心，下無姦邪之心，則君位安而國事理矣。

> 有道之君，上有五官，以牧其民，則眾不敢踰軌而行矣。下有五橫（張佩綸云：橫、衡古通用），以揆其官，則有司不敢離法而使矣。朝有定度衡儀，以尊主位，衣服絻絻，盡有法度，則君體法而立矣。君據法而出令，有司奉令而行事，百姓順上而成俗，著久而為常。犯俗離教者，眾共姦之。則為上者佚矣。（〈君臣上〉第三十）

定制度行法治，則上下各有其本分，而為君上者可以安逸而不勞，是以「無為」者，國君治國之術也。無為者，君不用一己之智能聰明，依法以用臣，令臣展布其智能聰明也。《管子》曰：

> 為人君者，修官上之道，而不言其中。……為人君者，下及官中之事，則有司不任。……是故有道之君，正其德以蒞民，而不言智能聰明。智能聰明者，下之職也；所以用智能聰明者，上之道也。上之人明其道，下之人守其職，上下之分不同任，而復合為一體。是故：知善，人君也；身善，人役也。君身善則不公矣。人君不公，常惠於賞而不忍於刑，是國無法也。治國無法，則民朋黨而下比，飾巧以成其私。……是以為人君者，坐萬物之原，而官諸生之職者也。選賢論材，而待之以法，舉而得其人，坐而收其福，不可勝收也。官不勝任，犇走而奉其敗事，不可勝救也。而國未嘗乏於勝任之士，上之明適不足以知之。是以明君審知勝任之臣者也。故曰：主道得，賢材遂，百姓治。治亂在主而已矣。故曰：主身者，正德之本也。官治者，耳目之制也。身立而民化，德正而官治。治官化民，其要在上。是故君子不求於民。是以上及下之事，謂之矯；下及上之事，謂之勝。為上而矯，悖也；為下而勝，逆也。國家有悖逆反迕之行，有土主民者失其紀也。（〈君臣上〉第三十）

國君行法治，明定上下之分際，即可不必用一己之智能而無為於上。君上選賢論材，而待之以法，可坐而收其福。君若自用其智能，則臣下不敢有所作為，而一切聽命於上，臣下不敢有所作為，則臣逸而君勞矣。此在上位而及下之事者，謂之矯，為上而矯，悖逆之術也。明君治國，必行法用術，行無為之政，唯無為之政為能平治其國而無所失。《管子》曰：

> 明主之舉事也，任聖人之慮（豬飼彥博云：「聖」當作「眾」；下同），

用眾人之力，而不自與焉，故事成而福生。亂主自智也，而不因聖
人之慮，矜奮自功，而不因眾人之力，專用己，而不聽正諫，故事
敗而禍生。……明主不用其智，而任聖人之智；不用其力，而任眾
人之力。故以聖人之智思慮者，無不知也；以眾人之力起事者，無
不成也。能自去而因天下之智力起，則身逸而福多。亂主獨用其智，
而不任聖人之智，獨用其力，而不任眾人之力，故其身勞而禍多。
故曰：獨任之國，勞而多禍。（〈形勢解〉第六十四）

二、朝有經臣

《管子》主張法治，然「法」不能無「人」以行之，此徒法不能以自行
也，是以必求良臣以行法。「天下者無常亂，無常治，不善人在則亂，善人在
則治，在於既善所以感之也。」（〈小稱〉第三十二）唯良臣行善法，方能大
治。是以求賢臣為輔，為極必要之事，《管子》曰：

明主與聖人謀，故其謀得；與之舉事，故其事成。……明主之治天
下也，必用聖人，而後天下治。……故治天下而不用聖人，則天下
乘亂而民不親也。（〈形勢解〉第六十四）

又曰：

凡人君所以尊安者，賢佐也。佐賢，則君尊國安民治。無佐，則君
卑國危民亂。故曰：備長存乎任賢。（〈版法解〉第六十六）

此所謂聖人者，即賢佐也。是故「先王慎貴在所先所後（王念孫云：「貴在」
二字涉下文而衍），人主不可以不慎貴，不可以不慎民，不可以不慎富。慎貴
在舉賢，慎民在置官，慎富在務地。故人主之卑尊輕重，在此三者，不可不
慎」（〈樞言〉第十二）。國君之卑尊輕重，視其所舉之賢與所置之官，蓋此等
賢佐，為與其共治天下之人也。反之，「聞賢而不舉，殆；聞善而不索，殆；
見能而不使，殆」（〈法法〉第十六）。明乎舉賢任能之重要，無怪乎「聖王卑
禮以下天下之賢而王之（許維遹云：「王」當作「壬」；「壬」即「任」字），
均分以釣天下之眾而臣之」矣（〈霸言〉第二十三）。

何謂賢佐？《管子》曰：

察身能而受官，不誣於上；謹於法令以治，不阿黨；竭能盡力而不
尚得，犯難離患而不辭死；受祿不過其功，服位不侈其能，不以毋
實虛受者，朝之經臣也。（〈重令〉第十五）

忠臣不誣能以干爵祿。(〈法法〉第十六)

為人臣者，比官中之事，而不言其外。……能上盡言於主，下致力於民，而足以修義從令者，忠臣也。……專意一心，守職而不勞，下之事也。(〈君臣上〉第三十)

能據法而不阿，上以匡主之過，下以振民之病者，忠臣之所行也。(〈君臣下〉第三十一)

凡所謂忠臣者，務明法術，日夜佐主，明於度數之理，以治天下者也。(〈明法解〉第六十七)

法臣法斷名決，無誹譽。故君法則主位安，臣法則貨賂止而民無姦。嗚呼美哉，名斷言澤(郭沫若云：「美哉」當為「微哉」之誤，「澤」乃「嬗」字之誤)。(〈七臣七主〉第五十二)

賢佐者，國之經臣、忠臣、法臣也。其為人也，不誣能、不欺上、不阿黨、不尚得、不辭死、不妄言身外之事；其治事也，上匡主過，下振民病、犯難離患、務明法術、修義而從令。國不貴此經臣，「則便僻得進，毋功虛取，姦邪得行，毋能上通。……便辟得進，毋功虛取，姦邪得行，毋能上通，則大臣不和」(〈重令〉第十五)。

　　所謂姦邪之臣者，「變故易常，而巧官以諂上(王引之云：「官」當為「言」)，……受君高爵重祿，治大官。倍其官，遺其事，穆君之色，從其欲，阿而勝之」(〈君臣下〉第三十一)。此諂諛取容之臣也。「臣度之先王者，舜之有天下也，禹為司空，契為司徒，皋陶為李(趙守正云：「李」通「理」)，后稷為田。此四士者，天下之賢人也，猶尚精一德，以事其君。今誣能之人，服事任官，皆兼四賢之能。自此觀之，功名之不立，亦易知也。故列尊祿重，無以不受也；勢利官大，無以不從也(姚永概云：兩「無以」之「以」當衍)。以此事君，此所謂誣能篡利之臣者也。」(〈法法〉第十六)姦邪之臣誣能篡利之外，猶將比周為黨，忘主外交以求其譽，是即「姦臣之敗其主也，積漸積微，使主迷惑而不自知也。上則相為候望於主，下則買譽於民。譽其黨而使主尊之，毀不譽者而使主廢之。……是故邪之所務事者，使法無明、主無悟，而己得所欲也」(〈明法解〉第六十七)。《管子‧四稱》載管仲論古之有道之臣與無道之臣，〈七臣七主〉載飾臣、侵臣、諂臣、愚臣、姦臣、亂臣之所為，皆在提醒國君當用賢人而去姦邪也。

　　臣有忠奸之分，民有賢不肖之別，如何辨別而用之，斯爲國君之大事，是以「察能授官，班祿賜予，使民之機也」（〈權修〉第三）。夫「爵人不論能，祿人不論功，則士無爲行制死節，而羣臣必通外請謁，取權道，行事便僻，以貴爲榮華以相稱也，謂之逆」（〈重令〉第十五）。爵祿臣民，當以功爲準，是即依法以用人也，此所謂「法者，將用民能者也。將用民能者，則授官不可不審也。授官不審，則民閒其治。民閒其治，則理不上通。理不上通則下怨其上。下怨其上，則令不行矣」（〈權修〉第三）。明主之用人也，當「盡知其短長，知其所不能益，若任之以事（俞樾云：「若」字當訓「乃」）」（〈君臣上〉第三十）。知臣之能力，復觀其勤惰，因「解惰簡慢，以之事主則不忠，以之事父母則不孝，以之起事則不成」也（〈形勢解〉第六十四）。而知其短長、賢不肖之法，在「審其所好惡，則其長短可知也；觀其交游，則其賢不肖可察也。二者不失，則民能可得而官也」（〈權修〉第三）。

　　明君察臣之能以授官，非徒觀其短長勤惰即可也，《管子·立政》有三本、四固之說，乃考察臣下之大法也，其言曰：

> 君之所審者三：一曰：德不當其位，二曰：功不當其祿，三曰：能不當其官。此三本者，治亂之原也。故國有德義未明於朝者，則不可加于尊位；功力未見于國者，則不可授以重祿；臨事不信於民者，則不可使任大官。敬德厚而位卑者謂之過，德薄而位尊者謂之失。寧過於君子，而毋失於小人。過於君子，其爲怨淺；失於小人，其爲禍深。是故國有德義未明於朝而處尊位者，則良臣不進；有功力未見於國而有重祿者，則勞臣不勸；有臨事不信於民而任大官者，則材臣不用，三本者審，則下不敢求；三本者不審，則邪臣上通，而便辟制威。如此，則明塞於上，而治壅於下，正道捐弃，而邪事日長。三本者審，則便辟無威於國，道塗無行禽（俞樾云：「禽」與「囚」同），疏遠無蔽獄，孤寡無隱治。故曰：刑省治寡，朝不合眾。

> 右三本

> 君之所慎者四：一曰：大德不至仁，不可以授國柄；二曰：見賢不能讓，不可與尊位；三曰罰避親貴，不可使主兵；四曰：不好本事，不務地利，而輕賦斂，不可與都邑。此四務者（張佩綸云：「務」當作「固」，聲之誤也），安危之本也。故曰：卿相不得眾，國之危也。大臣不和同，國之危也。兵主不足畏，國之危也。民不懷其產，國

之危也。故大德至仁，則操國得眾。見賢能讓，則大臣和同。罰不避親貴，則威行於鄰敵。好本事、務地利、重賦斂，則民懷其產。

右四固

觀此三本四固之論，其首重者在臣之德，德不可不當其位，大德不至仁，不可授以國柄，見賢不能讓，不可與尊位，此用臣之第一原則也。此則爲後世法家所絕口不言者也。品德爲先，才能居次，功之大小，能之高低，行事之是否依法而公正，乃用臣之第二原則也。此亦《管子》之不同於後世法家者也。

上述基本條件之外，明主用人，尚應試之以實際之官職，觀其行事而知其善惡，此實際之試用與考核也。《管子》曰：

言者責之以其實，譽人者試之以其官。言而無實者誅，吏而亂官者誅。是故虛言不敢進，不肖者不敢受官。亂主則不然，聽言而不督其實，故羣臣以虛譽進其黨；任官而不責其功，故愚污之吏在庭。如此，則羣臣相推以美名，相假以功伐，務多其佼（安井衡云：佼，古本作「交」），而不爲主用。……明主之擇賢人也（豬飼彥博云：「賢」字衍），言勇者試之以軍，言智者試之以官。試於軍而有功者則舉之，試於官而事治者則用之，故以戰功之事定勇怯（孫星衍云：《羣書治要》引「功」作「攻」），以官職之治定愚智，故勇怯愚智之見也，如白黑之分。亂主則不然，聽言而不試，故妄言者得用；任人而不官（王念孫云：「不官」當依治要作「不課」），故不肖者不困。故明主以法案其言而求其實，以官任其身而課其功，專任法不自舉焉。

（〈明法解〉第六十七）

國君以實際之工作交付臣下爲之，再觀其成敗，以知其優劣，既可得人之短長，又可得公平之考核與賞罰，誠一舉兩得也。

結　語

管仲蒞政，起用賢佐，分任各職，其中東郭牙立爲大諫之官，專司進諫補闕，以其敢犯君顏色，不避死亡，不撓富貴也。考管仲當時，另命東郭牙主司民意之反應，有類今之民意機構，其不同者，人人皆可表達其意見，不必有代表之選舉也。其言曰：

齊桓公問管子曰：「吾念有而勿失，得而勿忘，爲之有道乎？」對曰：「勿創勿作，時至而隨，毋以私好惡害公正，察民所惡，以自爲戒。

黃帝立明臺之議者（孫星衍云：《初學記》、《藝文類聚》引「明臺」
作「明堂」），上觀於賢也。堯有衢室之問者，下聽於人也。舜有告
善之旌，而主不蔽也。禹立諫鼓於朝，而備訊唉（郭法若云：「唉」
乃衍文，蓋「也」字之誤也）湯有總街之庭，以觀人誹也。武王有
靈之復（張佩綸云：「復」當從《初學記》作「候」），而賢者進也。
此古聖帝明王所以有而勿失，得而勿忘者也。」桓公曰：「吾欲效而
為之，其名云何？」對曰：「名曰：嘖室之議。」曰（張佩綸云：「曰」
上有脫文，當作「公曰其事云何」）：「法簡而易行，刑審而不犯，事
約而易從，求寡而易足，人有非上之所過，謂之正士，內於嘖室之
議。有司執事者咸以厥事奉職而不忘，為此嘖室之事也。請以東郭
牙為之，此人能以正事爭於君前者也。」桓公曰：「善。」（〈桓公問〉
第五十六）

管仲為政；能設大諫之官以諫君過，已甚難能而可貴，其設嘖室以納民諫，
則尤為不平凡之事，此吾人當特為表出者也。管子能知民意之可取與當取，
實具大智慧與大氣量。其言曰：

先王之在天下也，民比之神明之德，先王善牧之於民者也。夫民別
而聽之則愚，合而聽之則聖。雖有湯武之德，復合於市人之言。是
以明君順人心、安情性、而發於眾心之所聚。是以令出而不稽，刑
設而不用。先王善與民為一體，與民為一體，則是以國守國，以民
守民也，然則民不便為非矣。（〈君臣上〉第三十）

管仲設嘖室以聽民言，子產藉鄉校以知民意，可見法家先驅諸賢，與後世之
商韓輩其高下所在矣。

《管子》書中知民合而聽之則聖，明君當合於市人之言，然其目的在求
順人心、安情性，政令能發於眾心之所聚，以期令出而不稽，刑設而不用，
使民不便為非也。其言順民、利民、愛民者，亦國君之治術而已也，所謂「知
予之為取者，政之寶也」之說（〈牧民〉第一），非真視民為邦本，貴民而輕
社稷與君者也，此其與儒家貌似而實不同者也。孟子曰：「以力假仁者霸。」
（〈公孫丑上〉）又曰：「堯舜性之也，湯武身之也，五霸假之也。久假而不歸，
惡知其非有也。」（〈盡心上〉）五霸始而以力假仁，久而演之為真，此誠管仲
定評。

《管子》政治思想別有一值得吾人注意者，即「君德」問題。管仲教桓

公「法天合德」（〈版法解〉第六十六），「合德長久，合德而兼覆之，則萬物受命。象地無親，無親安固，無親而兼載之，則諸生皆殖。參於日月無私，葆光無私，而兼照之，則美惡不隱」（同上）。〈形勢解〉曰：

> 莅民如父母，則民親愛之，道之純厚，遇之有實，雖不言曰吾親民，而民親矣。莅民如仇讎，則民疏之，道之不厚，遇之無實，詐僞竝起，雖言曰吾親民，民不親也。……明主之使遠者來而近者親也，爲之在心。所謂夜行者，心行也。能心行德，則天下莫能與之爭矣。……天之裁大，故能兼覆萬物，地之裁大，故能兼載萬物。人主之裁大，故容物多而眾人得比焉。……貴富尊顯，民歸樂之，人主莫不欲也。故欲民之懷樂己者，必服道德而厭也，而民懷樂之。……天生四時，地生萬財，以養萬物，而無取焉。明主配天地者也，教民以時，勸之以耕織，以厚民養，而不伐其功，不私其利。……行天道，出公理，則遠者自親。廢天道，行私爲，則子母相怨。……明主上不逆天，下不壙地，故天予之時，地生之財，……故曰：其功順天者天助之，其功逆天者天違之。

君德者，上體天心，下順民意，身服道德而不厭，心行道德而不爭者也。甚者非但不能爭功伐利，更將有善歸之於民，有過歸之於己，其言曰：

> 故明王有過，則反之於身；有善，則歸之於民。有過而反之身，則身懼；有善而歸之民，則民喜。往喜民，來懼身，此明王之所以治民也。（〈小稱〉第三十二）

此「萬方有罪，罪在朕躬」之說也。《管子》重君德之論，與後世法家獨以行法用術重勢爲君之權與能者，不可同日而語矣。

第五章　管子之法律思想

　　《韓非子‧五蠹》稱:「今境內之民皆言治,藏商管之法者家有之。」是先秦時《管子》之書已以「法」見稱於世,迨《隋書‧經籍志》部列《管子》於法家,後人遂多以法家視《管子》矣。今觀《管子》書其言政治、論經濟,亦多與後之法家思想相近。是其書之法治思想必有可觀者焉。《管子》曰:「法制度量,王者典器也。」(〈侈靡〉第三十五)又曰:「凡國無法,則眾不知所為;無度,則事無機。有法不正,有度不直,則治辟,治辟則國亂。」(〈版法解〉第六十六)此言王者治國,不能無法制度量也,無法制度量則民不知何者當為,何者不當為,而無所措其手足矣。有度而不直,有量而不公,則失其所以為度量之意也。法制既與度量同其功能,則法之不正,亦失其所以為法制矣。此理自古已知之,且能行之。《管子》曰:「昔者堯之治天下也,猶埴之在埏也,唯陶之所以為;猶金之在爐,恣冶之所以鑄。其民引之而來,推之而往,使之而成,禁之而止。故堯之治也,善明法禁之令而已矣。黃帝之治天下也,其民不引而來,不推而往,不使而成,不禁而止,故黃帝之治也,置法而不變,使民安其法者也。」(〈任法〉第四十五)時移世異,治國之道,不論使民安其法,抑善明法禁,其不能無法也則一。管子善於言法,明於賞罰之用,故其言法律與法治,頗有可取資者焉。

第一節　法之概念

一、何所謂法

　　《管子》之所謂法,就其性質言,乃指不易之程式儀表也。《管子》曰:

> 如四時之不貳，如星辰之不變，如宵如晝，如陰如陽，如日月之明，
> 日法，……當故不改日法。（〈正〉第四十三）

此章言法之「不易」，如四時、星辰、宵晝、陰陽、日月之運行有常，當故而
不改也。《管子》曰：

> 尺寸也，繩墨也，規矩也，衡石也，斗斛也，角量也，謂之法。……
> 不明於法，而欲治民一眾，猶左書而右息之。……和民一眾，不知
> 法不可。（〈七法〉第六）

法之不易亦當如規矩、繩墨等物，具明確而不能移易之性質。再者，規矩、繩
墨，斗斛等物，乃具客觀性、公正性之器具，而為人人所共知、所服膺者。此
等物件既視之為法，由此可見法當具有客觀性與公正性，一如規矩、繩墨也。

> 法度者，萬民之儀表也。（〈形勢解〉第六十四）

> 法者，天下之程式也，萬事之儀表也。（〈明法解〉第六十七）

> 法者，天下之儀也。所以決疑而明是非也，百姓所縣命也。（〈禁藏〉
> 第五十三）

此言法為天下之程式，為天下之儀，而為萬民之所依循，萬事之所從行者也。
是則天下萬民之所作所為，天下萬事之當行當止，一皆以法為取決之程式與
儀表。故《管子》以為：法者，所以決疑而明是非者也，而又為百姓之所懸
命者也。此則就法之功能與作用而言者也。

次言法之作用。

管子之所謂法，就其作用言，乃指一民使下者也。《管子》曰：

> 夫法者，上之所以一民使下也。（〈任法〉第四十五）

> 法度者，主之所以制天下而禁姦邪也，所以牧領海內而奉宗廟也。
> （〈明法解〉第六十七）

法為不易之程式儀表，乃臣民言行之所本，是以「法者，天下之至道也，聖
君之實用也」（〈任法〉第四十五）。法代表正直之至道，已如前述。法乃聖君
實用以治民之具也，此即所謂一民使下，禁姦邪、牧海內者也。《管子》復申
論之曰：

> 凡牧民者，欲民之可御也。欲民之可御，則法不可不審。法者，將立
> 朝廷者也。將立朝廷者，則爵服不可不貴也。爵服加于不義，則民賤
> 其爵服。民賤其爵服，則人主不尊。人主不尊，則令不行矣。法者，

將用民力者也。將用民力者，則祿賞不可不重也。祿賞加于無功，則民輕其祿賞。民輕其祿賞，則上無以勸民。上無以勸民，則令不行矣。法者，將用民能者也。將用民能者，則授官不可不審也。授官不審，則民閒其治。民閒其治，則理不上通。理不上通，則下怨其上。下怨其上，則令不行矣。法者，將用民之死命者也。用民之死命者，則刑罰不可不審。刑罰不審，則有辟就。有辟就，則殺不辜而赦有罪。殺不辜而赦有罪，則國不免於賊臣矣。故夫爵服賤、祿賞輕、民閒其治、賊臣首難，此謂敗國之教也。（〈權修〉第三）

此言法爲立朝廷之爵服制度者也；法爲用祿賞以用民力者也；法爲以授官而盡民能者也；法爲審刑罰以用民之死命者也。是故法者，乃國君定制度，用賞罰，以一民使下者也。

前此所述者，爲廣義之法，可謂爲一切政治制度之總稱。繼之更詳爲區別，而分名之曰：法、律、令。其言曰：

夫法者，所以興功懼暴也；律者，所以定分止爭也；令者，所以令人知事也。法律政令者，吏民規矩繩墨也。夫矩不正，不可以求方；繩不中，不可以求直。法令者，君臣之所共立也。（〈七臣七主〉第五十二）

此文所指之「法」，則爲狹義之法，與律、令居平行之地位，分別有其不同之功能。今人梅仲協曾申論之曰：「至於狹義的法律，則分爲三種，一曰法。係指一切抽象而普遍的法律規範而言。所謂『興功』，乃係統治者施政之積極任務，包括管、教、養、三項要政。所謂『懼暴』，即統治者施政消極任務，警察制度的建立，與『衛』的設施，皆係懼暴之根本對策。將抽象而普遍的法律規範，制定爲法典，使人人確知其權益之所在，各安本分，毋相爭奪，這種成文法亦即所謂實證法，便稱之爲律，如後世所謂九章律、唐律、明律、清律皆是。具體而個別的依法所作成的行政行爲，課人民以作爲或不作爲之義務者，管子別稱之曰令，所謂令人知事者也。依現代法學上的見地以言，這種分類，最爲合理。」（《中國政治思想與制度史論集》，〈管子的法律思想與法治主義〉）戴東雄亦以爲：管子所稱之「律」，有如現私法上之所有權及其他權利之概念。管子所稱之「令」，有如現代各種行政命令或委任命令。〔註1〕三者匯合爲一，而爲廣義之法，所謂「吏民規矩繩墨」是也，「君臣之所共立」是也。

〔註 1〕戴東雄說見氏著《管氏的法律思想》第六章。

《管子》曰：「法度者，萬民之儀表也。禮義者，尊卑之儀表也。」（〈形勢解篇〉第六十四）是禮義與法度同具儀表之性質，且有儀表之作用也。《管子》又謂：「法出于禮，禮出于治；治、禮道也。」（〈樞言〉第十二）「治」，何如璋謂：乃「名」字，以形近而誤。又曰：「名者，事物分別之名，道之出於實也，《論語》『名不正則言不順，言不順則事不成』，義同。」（《管子集校》引）郭沫若則以爲：「『治』與『辭』通，辭者，『名』之成條貫者也，與《論語》『言』字同義。」（同上）今按，此二說實相一致，均以「治」爲「名」。禮出於名者，言禮之生由於正名實之需要也，然而法又出之於禮，是法亦出於正名者也。故就狹義而言，法出於禮，爲正名之用者也。「禮」可謂爲習慣法，「法」則爲成文法，法出於禮，或即自習慣法中抽出重要者，使之成爲成文法，二者相輔爲用。然就廣義言之，「所謂仁、義、禮、樂者，皆出於法，此先聖之所以一民者也」（〈任法〉第四十五）。此所謂法，則兼包仁、義、禮、樂，而禮之正名實、爲儀表，不過法之大用之一而已。是以法有正名之用，然絕不限於正名而已也，甚且包括道德原則，其意義極廣。

觀上所述，可知《管子》雖亦言「禮」，然於禮之用，則以爲絕不能與法相比。再者，《管子》曰：「惠者，多赦者也，先易而後難，久而不勝其禍。法者，先難而後易，久而不勝其福。故惠者，民之仇讎也；法者，民之父母也。」（〈法法〉第十六）此又就惠政與法治之長久功效而論其優劣者也。此《管子》可謂爲法家而不可稱之爲儒家者也。

二、立法之原則

> 有生法，有守法，有法於法。夫生法者君也，守法者臣也，法於法者民也。君臣上下貴賤皆從法，此謂爲大治。（〈任法〉第四十五）

君王主政之時代，生法立法之人，自然爲國君。然君亦不能妄以己意爲法，否則民不能守、不能行，亦終歸於徒然也。國君立法所當遵行之原則爲何？茲分數點說明之。

（一）順民之好惡以立法

> 人主之所以令則行、禁則止者，必令於民之所好，而禁於民之所惡也。民之情莫不欲生而惡死，莫不欲利而惡害。故上令於生利人，則令行；禁於殺害人，則禁止。令之所以行者，必民樂其政也，而

令乃行。……法立而民樂之，令出而民衛之，法令之合於民心，如符節之相得也。……民利之則來，害之則去。民之從利也，如水之走下，於四方無擇也。故欲來民者，先起其利，雖不召，而民自至。設其所惡，雖召之而民不來也。（〈形勢解〉第六十四）

又曰：

明主之治也，縣爵祿以勸其民，民有利於上，故主有以使之；主刑罰以威其下，下有畏於上，故主有以牧之。故無爵祿則主無以勸民，無刑罰則主無以威眾。故人臣之行理奉命者，非以愛主也，且以就利而避害也；百官之奉法無姦者，非以愛主也，欲以愛爵祿而避罰也。……明主之道，立民所欲，以求其功，故為爵祿以勸之；立民所惡，以禁其邪，故為刑罰以畏之。（〈明法解〉第六十七）

夫立法者，欲民之從主之禁令也。君有君之欲，民有民之欲，上下之心，未必同也。今若欲民皆能從上之所欲，以奉法守令，則必求其樂於為之。欲民樂為之，則必順其好惡以立法。民之所好者，生也、利也；民之所惡者，死也、害也。「民予則喜，奪則怒，民情皆然。」（〈國蓄〉第七十三）明主知之，以為立法之原則，是以立民所欲以求其功，設民所惡以禁其邪。民皆趨利以避害，是必從主之法順上之令而樂為之。民樂於守君之法，行君之令，則國可治矣。是以《管子》曰：

下令於流水之原者，令順民心也。（〈牧民〉第一）

又曰：

居民於其所樂，事之於其所利，賞之於其所善，罰之於其所惡。（〈禁藏〉第五十三）

又曰：

故賞不足勸，則士民不為用；刑罰不足畏，則暴人輕犯禁；民者服於威殺然後從，見利然後用，被治然後正，得所安然後靜者也。（〈正世〉第四十七）

（二）依自然之道以立法

根天地之氣，寒暑之和，水土之性，人民鳥獸草木之生物，雖不甚多（許維遹云：「不」字衍），皆均有焉（許維遹云：「均有」當作「有均」；均，引申為法則），而未嘗變也，謂之則。……不明於則，而欲出號令，猶立朝夕於運均之上，檐竿而欲定其末。……故曰：錯

儀畫制，不知則不可。(〈七法〉第六)

錯儀畫制，不知「則」不可；不知「則」不能出號令。是「則」乃立法出令之準也。「則」者何？存在於天地、寒暑、水土、人民、鳥獸、草木之上，而不變之道也。此道爲何？天地間不變之自然法則也，此人君立法之本也。故曰：「事督乎法，法出乎權，權出乎道。道也者，動不見其形，施不見其德，萬物皆以得，而莫知其極。故曰：可以安而不可說也。」(〈心術上〉第三十六)

> 版法者 (王念孫云：「版」字涉上「版法解」而衍)，法天地之位，
> 象四時之行，以治天下。四時之行，有寒有暑 (陶鴻慶云：「有寒有
> 暑」上，當有「有生有殺」四字，文義始完)。聖人法之，故有文有
> 武。天地之位，有前有後，有左有右。聖人法之，以建經紀。春生
> 於左，秋殺於右，夏長於前，冬藏於後。生長之事，文也；收藏之
> 事，武也。是故文事在左，武事在右，聖人法之，以行法令，以治
> 事理。(〈版法解〉第六十六)

天地之位、四時之行，乃法所當法象之以治天下者。四時之運行，有生殺寒暑之象，春夏屬生，秋冬屬殺。生者爲賞，殺者爲罰；賞罰者，法也。法之當有賞罰，猶四時之生殺也。天地之位，有前後左右，春夏爲前、爲左，主文事；秋冬爲後、爲右，主武事。文事者，生長之事也，生長之事者，賞也；武事者，收藏之事也，收藏之事者，罰也。賞罰者，行法令、治事理者也。天地四時，已含生殺賞罰之事，此自然之法則也。聖人法天地自然之法則，以建經紀、以行法令、以治事理，立法以治國理民。

> 天覆萬物，制寒暑，行日月，次星辰，天之常也，治之以理，終而
> 復始。主牧萬民，治天下，苙百官，主之常也，治之以法，終而復
> 始。和子孫，屬親戚，父母之常也，治之以義，終而復始。敦敬忠
> 信，臣下之常也，以事其主，終而復始。愛親善養，思敬奉數，子
> 婦之常也，以事其親，終而復始。故天不失其常，則寒暑得其時，
> 日月星辰得其序。主不失其常，則羣臣得其義，百官守其事。父母
> 不失其常，則子孫和順，親戚相驩。臣下不失其常，則事無過失，
> 而官職政治。子婦不失其常，則長幼理而親疏和。故用常者治，失
> 常者亂，天未嘗變其所以治也。(〈形勢解〉第六十四)

此言天道有常，人道、治道亦當法天而有常，有常乃能治國、治家、治事、治身。天道治之以理，終而復始；君主之治道，則當治之以法，終而復始。

一以「理」，一以「法」，雖有不同，然當終而復始，有所「常」也則一。此治道之當取法於天道者也。

（三）求簡易劃一以立法

> 君有三欲於民，三欲不節，則上位危。三欲者何也？一曰：求；二曰：禁；三曰：令。求必欲得，禁必欲止，令必欲行。求多者，其得寡；禁多者，其止寡；令多者，其行寡。求而不得，則威日損；禁而不止，則刑罰侮；令而不行，則下凌上。故未有能多求而多得者也；未有能多禁而多止者也；未有能多令而多行者也。（〈法法〉第十六）

立法之目的，無非求民之守法，禁民之為姦，念民之從上欲。今若君之法所求者過多，則民將因君之無饜而難供其欲；君之法所禁者過多，則將因法令之滋章，而莫知所從；君之法所令者過多，民亦將因其再三苛擾而難以從令。求而不得，禁而不止，令而不行，則法令亂之於先，上位危之於後。是以《管子》曰：「未有能多求而多得者也，未有能多禁而多止者也，未有能多令而多行者也。」（同上）吾人以此可知，立法當貴簡易也。法若繁多，反將擾民而民難從矣。〈形勢解〉曰：

> 明主度量人力之所能為而後使焉。故令於人之所能為則令行，使於人之所能為則事成。亂主不量人力，令於人之所不能為，故其令廢；使於人之所不能為，故其事敗。……故曰：毋強不能。

「法不一，則有國者不祥。」（〈任法〉第四十五）「君壹置其儀，則百官守其法。上明陳其制，則下皆會其度矣。君之置其儀也不一，則下之倍法而立私理者必多矣。」（〈法禁〉第十四）儀者，法也。法者，臣民之儀表規矩也。儀表壞則民從何而治？規矩亂則事從何而理？為君上者，即生法者，生法之權既操之我手，則可今日生一法，明日又生一法。設若今日之法異於昨日之法，則民將從新法乎？從舊法乎？設若朝而令之，夕而改之，則民將聞令即行乎？抑坐而待乎？此即儀表壞、規矩亂也。究其弊，則法之不能「一」也。一也者，簡易也、固定也。簡易則易知，固定則易行。易知易行，立法者所當遵守之原則也。故曰：「數出重令，而不克其罪（豬飼彥博云：「克」當作「充」（充）；當也），則姦不為止。」（〈七臣七主〉第五十二）「以有刑至無刑者，其法易民全；以無刑至有刑者，其刑煩而姦多。」（〈禁藏〉第五十三）

立法之求簡易而劃一，亦在使民「易知」也，民唯知法於先，乃克守法、

行法於後。立法之目的，在求臣民之知法、守法、行法也。若立法而民不能知，則失其立法之目的矣。先秦之世，教育未普及，民智未大開，《韓非子·顯學》稱民智如嬰兒，良有以也。是以《管子》曰：

> 智者知之，愚者不知，不可以教民。巧者能之，拙者不能，不可以教民。非一令而服之也，不可以為大善。非夫人能之也，不可以為大功。(〈乘馬〉第五)

立法求其簡易劃一，在使愚智皆知，巧拙皆能，君上一令而民皆服法也。

三、法之特質

《管子》書中論法之特質，可得而言者有五，曰：公開性、平等性、強制性、穩定性與時宜性。茲分述之如次：

(一) 公開性

> 正月之朔，百吏在朝，君乃出令布憲于國。五鄉之師，五屬大夫，皆受憲于太史。……五鄉之師出朝，遂于鄉官，致于鄉屬，及于游宗，皆受憲。憲既布，乃反致令焉，然後敢就舍。憲未布、令未致，不敢就舍。就舍，謂之留令，罪死不赦。五屬大夫，皆以行車朝，出朝不敢就舍，遂行，至都之日，遂於廟，致屬吏，皆受憲。憲既布，乃發使者致令，以布憲之日，蚤晏之時。憲既布，使者以發，然後敢就舍。憲未布，使者未發，不敢就舍。就舍，謂之留令，罪死不赦。……凡將舉事，令必先出，曰事將為，其賞罰之數，必先明之。立事者謹守令以行賞罰，計事致令，復賞罰之所加。有不合於令之所謂者，雖有功利，則謂之專制，罪死不赦。首事既布，然後可以舉事。(〈立政〉第四)

每年正月，國君出令布憲於國，凡五鄉之師、五屬大夫，皆受憲而歸。歸則立即布憲於其所轄之吏民，否則視為留令，罪死不赦。舉事時，必先出令，公開其賞罰之數，令吏民知之，俾能有所遵循。而事後之考核成敗，亦以此為準據焉。

> 令未布而民或為之，而賞從之，則是上妄予也。上妄予，則功臣怨。功臣怨，而愚民操事於妄作。愚民操事於妄作，則大亂之本也。令未布而罰及之，則是上妄誅也。上妄誅，則民輕生。民輕生，則暴

> 人興、曹黨起，而亂賊作矣。令已布而賞不從，則是使民不勸勉、
> 不行制、不死節。民不勸勉、不行制、不死節，則戰不勝而守不固。
> 戰不勝而守不固，則國不安矣。令已布而罰不及，則是教民不聽。
> 民不聽，則彊者立。彊者立，則主位危矣。故曰：憲律制度必法道，
> 號令必著明，賞罰必信密，此正民之經也。(〈法法〉第十六)

此言號令必當著明也。賞罰之是否得當，端視號令之著明與否。令未布而行
賞罰，是妄予與妄誅，令已布則當依法行賞罰。是可知賞罰之成敗關乎國君
之安危，欲賞罰不敗，則必視法令之是否公布於臣民也。是以法令之可以公
開，與夫必須公開，爲《管子》論法之第一項特質也。

（二）平等性

> 凡令之行也，必待近者之勝也，而令乃行。故禁不勝於親貴，罰不行
> 於便辟，法禁不誅於嚴重，而害於疏遠，慶賞不施於卑賤二三（戴望
> 云：宋本無「二三」兩字；陶鴻慶云：此句下當有脫句，蓋言不施於
> 卑賤而行於貴富也），而求令之必行，不可得也。(〈重令篇〉第十五)
> 君臣上下貴賤皆從法，此謂爲大治（戴望云：「爲」字衍）。……法
> 不平，令不全，是亦奪柄失位之道也。……治世則不然，不知親疏、
> 遠近、貴賤、美惡，以度量斷之。其殺戮，人者不怨也（郭沫若云：
> 「者」字乃衍文）；其賞罰，人者不德也（按：此「者」字亦當衍）。
> 以法制行之，如天地之無私也。(〈任法〉第四十五)

法爲天下之儀表，決嫌疑而明是非，乃百姓之所懸命。若立法而不公，行法
而不平，則民將無所告愬而生怨心，民生怨則上位危矣，是以立法必當求其
公，行法必當務其平。不論親疏、遠近、貴賤，一皆以法行其賞罰，以求其
大公大平。且夫法之立也，本乎天地自然之大道。天地自然之道，曰：無私，
曰：平等，是法必具平等性乃可也。

法之平等，除天下臣民不分親疏遠近貴賤，一視同仁外，一國之君亦當
率先守法，以爲天下儀表。《管子》曰：

> 法而不行，則修令者不審也而不行，則賞罰輕也。重而不行，則賞
> 罰不信也。信而不行，則不以身先之也。故曰：禁勝於身，則令行
> 於民矣。……是故明君知民之必以上爲心也，故置法以自治，立儀
> 以自正也。故上不行，則民不從彼。民不服法死制，則國必亂矣。

是以有道之君，行法修制，先民服也。……明君不爲親戚危其社稷，社稷戚於親。不爲君欲變其令，令尊於君。不爲重寶分其威，威貴於寶。不爲愛民虧其法，法愛於民。（〈法法〉第十六）

君當率先行法，禁令勝於身，置法以自治，立儀以自正，先民以服法，如此民乃從令，國乃大治。是法之平等性亦上及於君也，此今所謂：法律之前，人人平等也。

（三）強制性

故形勢不得爲非，則姦邪之人愨愿；禁罰威嚴，則簡慢之人整齊；憲令著明，則蠻夷之人不敢犯；賞慶信必，則有功者勸。（〈八觀〉第十三）

明王知其然，故見必然之政，立必勝之罰。故民知所必就，而知所必去。推則往，召則來，如墜重於高，如漬水於地。故法不煩而吏不勞，民無犯禁，故有百姓無怨於上上亦（何如璋云：「上亦」二字乃「矣」之譌。）。（〈七臣七主〉第五十二）

欲姦邪之人不爲非、簡慢之人不敢亂、蠻夷之人不敢犯，必當有一令人不得爲非之強制性力量，爲之防堵，此強制力量之表現，即禁罰威嚴、憲令著明、賞慶信必也。此三者綜合言之，即「法」也。爲君上者知強制性之重要，故當行「必然」之政，立「必勝」之罰，使民知何者當「必就」、何者當「必去」。必然之政者，法治也；必勝之罰者，法也。是以「虧令者死，益令者死，不行令者死，留令者死，不從令者死。五者死而無赦，惟今是視」（〈重令〉第十五）。此即法之強制性、必然性也。《管子》又曰：「憲既布，有不行憲者，謂之不從令，罪死不赦。考慮而有不合于太府之籍者，侈曰專制，不足曰虧令；罪死不赦。」（〈立政〉第四）

明主之治國也，案其當宜，行其正理。故其當賞者，羣臣不得辭也；其當罰者，羣臣不敢避也。（〈明法解〉第六十七）

法制不議，則民不相私；刑殺毋赦，則民不偷於爲善；爵祿毋假，則下不亂其上。三者藏於官則爲法，施於國則成俗，其餘不彊而治矣。（〈法禁〉第十四）

且夫令出雖自上，而論可與不可者在下，是威下繫於民也。威下繫於民，而求上之毋危，不可得也。（〈重令〉第十五）

法制有其強制性與必然性，既立法矣，則臣民不能議論其是非；既行賞矣，則臣民不能辭不能爭；既用罰矣，則臣民不敢避不能逃，法必具有如此之強制性，乃能爲天下之儀表，爲臣民所奉行而不渝。是以「明君在上位，民毋敢立私議自貴者。國毋怪嚴（許維遹云：「嚴」讀爲「譀」，誕也），毋雜俗，毋異禮，士毋私議。倨傲易令，錯儀畫制作議者（孫蜀丞云：「作議」二字有衍誤），盡誅。……彼下有立其私議自貴、分爭而退者，則令自此不行矣。故曰：私議立則主道卑矣」（〈法法〉第十六）。是則強制性乃教民不得妄議法令，以致法令之威嚴盡失也。

（四）穩定性

法既立，既不可輕言更易，以示慎重且使民知之。如朝令而夕改，則民將無所措手足，且輕忽法令矣。

> 故黃帝之治也，置法而不變，使民安其法者也。……失君則不然，法立而還廢之（許維遹云：「還」讀爲「旋」，即也），令出而後反之（王念孫云：「後」當作「復」），枉法而從私，毀令而不全。（〈任法〉第四十五）

> 號令已出又易之，禮義已行又止之，度量已制又遷之，刑罰已錯又移之。如是，則慶賞雖重，民不勸也；殺戮雖繁，民不畏也。故曰：上無固植，下有疑心；國無常經，民力必竭，數也。（〈法法〉第十六）

立法在求民知之，然後奉守之，故法當公開，此理前已言之，然爲達此令民知令民守之目的，別有一事當配合行之，則所謂法之穩定性固定性是也。故《管子》曰：置法而不變，使民安其法者也，法若穩定而不變，民乃能安於其法，久而習焉。生法者爲君，君亦可變易其法，然朝而令之，夕而改之，民又將何去何從？是故法令不能輕立，必有原則可循。既立之矣，則亦不能輕言變更，多變則失信於民矣。所謂上無固植，下有疑心；國無常經，民力必竭者是也。

（五）時宜性

法之立必當切合時宜，不可與現實之政治、社會、民生脫節。此與立法之朝令夕改者不同。

> 國更立法以典民，則祥。……故曰：法者，不可恆也，存亡治亂之所從出。（〈任法〉第四十五）

> 故古之所謂明君者，非一君也。其設賞有薄有厚，其立禁有輕有重，

迹行不必同。非故相反也，皆隨時而變，因俗而動。夫民躁而行僻，則賞不可以不厚，禁不可以不重。故聖人設厚賞，非侈也；立重禁，非戾也。賞薄則民不利，禁輕則邪人不畏。設人之所不利，欲以使，則民不盡力。立人之所不畏，欲以禁，則邪人不止。……夫五帝三王所以成功立名，顯於後世者，以爲天下致利除害也。事行不必同，所務一也。……故事莫急於當務，治莫貴於得齊（王引之云：爾雅：齊，中也）。制民急則民迫，民迫則窘，窘則民失其所葆。緩則縱，縱則淫，淫則行私，行私則離公，離公則難用。故治之所以不立者，齊不得也。……聖人者，明於治亂之道，習於人事之終始者也。其治人民也，期於利民而止。故其位齊也，不慕古、不留今，與時變，與俗化。（〈正世〉第四十七）

法爲求其令民知、令民守，當具穩定性，然若時移世異，猶墨守成法而不變，則亦將不足以治天下。法爲治亂之具，國之治亂視社會之變遷、人心之轉移而定，是以治事之法亦當隨時而變，因俗而動。五帝三王設賞罰有薄厚輕重之別者，即在因事而立法也。既不必慕古，亦不必留今，爲求治民，則當與時而變，因俗而化，以求能致利除害。此法之當有時宜性之故也，既不膠柱而鼓瑟，亦不必泥於古也。

第二節　法之施行

一、公正無私

政者，正也。正也者，所以正定萬物之命也。是故聖人精德立中以生正，明正以治國。故正者，所以止過而逮不及也。過與不及也，皆非正也。非正，則傷國一也。……仁而不法，傷正。……法之侵也，生於不正。（〈法法〉第十六）

善法已立，若行之不正，用之不公，亦是枉然。徒法不能以自行，行法之人必當公正執法，乃能服民。否則，姦人玩法，反將害民，此則決非立法之初衷也。是以《管子》曰：

凡法事者（李哲明云：「事」字疑涉上下文而衍），操持不可以不正。操持不正，則聽治不公。聽治不公，則治不盡理，事不盡應。治不

　　盡理，則疏遠微賤者無所告愬。事不盡應，則功利不盡舉。功利不盡舉，則國貧。疏遠微賤者無所告愬，則下饒（豬飼彥博云：「饒」當作「鐃」，同「譊」，恚呼也）。故曰：凡將立事，正彼天植。天植者，心也。天植正，則不私近親，不孽疏遠。不私近親，不孽疏遠，則無遺利、無隱治。無遺利、無隱治，則事無不舉，物無遺者。欲見天心，明以風雨。（〈版法解〉第六十六）

立法即所以立公道去私意也，若行法不公、操持不正，則強者恃法以陵弱，眾者恃法以暴寡，親者恃法以行私，如此，則貧賤疏遠者，非但無公法以保障之，反將因有法而受其害。庶民受害而無所告愬，則不服上令，民不服上令，則國無由得治、無由得富。是以管子教之曰：正彼天植，唯其心正，乃能行法之時，不私近親，不欺疏遠，一秉至公而為。

　　故明主之所恆者二，一曰：明法而固守之；二曰：禁民私而收使之（李哲明云：「收」當是「牧」之誤）；此二者，主之所恆也。夫法者，上之所以一民使下也。私者，下之所以侵法亂主也。故聖君置儀設法而固守之。……凡為主而不得用其法，不適其意（戴望云：宋本、朱本「不」下有「能」字），顧臣而行，離法而聽貴臣，此所謂貴而威之也。富人用金玉事主而來焉（王念孫云：「來」當為「求」），主離法而聽之，此所謂富而祿之也。賤人以服約卑敬悲色告愬其主，主因離法而聽之，所謂賤而事之也。近者以偪近親愛有求其主，主因離法而聽之，此謂近而親之也。美者以巧言令色請其主，主因離法而聽之，此所謂美而淫之也。治世則不然，不知親疏、遠近、貴賤、美惡，以度量斷之。其殺戮人者不怨也，其賞賜人者不德也，以法制行之，如天地之無私也。是以官無私論，士無私議，民無私說，皆虛其匈以聽於上。上以公正論，以法制斷，故任天下而不重也。今亂君則不然，有私視也，故有不見也；有私聽也，故有不聞也；有私慮也，故有不知也。夫私者，壅蔽失位之道也。上舍公法而聽私說，故羣臣百姓皆設私立方，以教於國，羣黨比周，以立其私，請謁任舉，以亂公法，人用其心，以幸於上。上無度量以禁之，是以私說日益，而公法日損，國之不治，從此產矣。（〈任法〉第四十五）

倉頡之作書也，自環者謂之私，背私謂之公。是公私之相背，自古已然。法者，天下之規矩繩墨也，不易之程式儀表也，其所代表者，至公也。人有自

私之心，亦自古而然，是以天下之臣民均將用盡心機以求遂其私心。而其所用之方法，則必爲包圍國君，求主離法而聽其私。有鑒於此，故明主當明法而固守之，禁民私而牧使之，且須持之以恆，以防下之侵法行私。

臣下往往爲其私欲而害公法，人君亦往往因其好惡之心而枉法用私，此亦施行法治之時所當避免者。《管子》曰：

> 故主有三術，夫愛人不私賞也，惡人不私罰也，置儀設法以度量斷者，上主也。愛人而私賞之，惡人而私罰之，倍大臣，離左右，專以其心斷者，中主也。臣有所愛而爲私賞之，有所惡而爲私罰之，倍其公法，損其正心，專聽其大臣者，危主也。故爲人主者，不重愛人，不重惡人。重愛曰失德，重惡曰失威，威德皆失，則主危也。……故有爲枉法，有爲毀令，此聖君之所以自禁也。（〈任法〉第四十五）

主之爲上、爲中、爲危，端視其是否能明法而固守之，能否不以私心愛惡賞罰臣民。重愛曰失德，重惡曰失威，德威失則主位危。德威失者，以用己之愛惡爲賞罰也，己之愛惡者，私也，故欲主安國強，必須去己之私心，以行公法。

人之性格，有剛柔緩急之異，而其性格每每影響人之行事。爲人主者，處制人之勢，有一國之厚，操重賞嚴誅之柄，其性格之剛柔，必然影響法之施行。設有不當，其後果必極嚴重。《管子》書中一再言之曰：

> 猛毅之君，不免於外難。懦弱之君，不免於內亂。猛毅之君者輕誅，輕誅之流，道正者不安，道正者不安，則材能之臣去亡矣。彼智者知吾情僞，爲敵謀我，則外難自是至矣。故曰：猛毅之君，不免於外難。懦弱之君者重誅，重誅之過，行邪者不革。行邪者久而不革，則羣臣比周。羣臣比周，則蔽美揚惡。蔽美揚惡，則內亂自是起。故曰：懦弱之君，不免於內亂。明君不爲親戚危其社稷，社稷戚於親。不爲君欲變其令，令尊於君。不爲重寶分其威，威貴於寶。不爲愛民虧其法，法愛於民。（〈法法〉第十六）

又曰：

> 凡人主者，猛毅則伐，懦弱則殺。猛毅者何也？輕誅殺人之謂猛毅。懦弱者何也？重誅殺人之謂懦弱。此皆有失彼此。凡輕誅者殺不辜，而重誅者失有辜。故上殺不辜，則道正者不安。上失有辜，則行邪者不變。道正者不安，則才能之人去亡。行邪者不變，則羣臣朋黨。

才能之人去亡，則宜有外難。羣臣朋黨，則宜有內亂。故曰：猛毅
者伐，懦弱者殺也。（〈參患〉第二十八）

此言人主之性格，若屬猛毅者，必輕行誅罰；若屬懦弱者，則失之寬大。行
法而失之過嚴與失之過寬，均非正道。行法而不得其正，自然難免內外交困，
有殺伐之禍。是故欲施行法治，為人主者，必當克制一己之情欲性情，力求
依法斷事、依法賞罰。故〈版法解〉曰：

乘夏方長，審治刑賞，必明經紀。陳義設法，斷事以理。虛氣平心，
乃去怒喜。若倍法弃令，而行怒喜，禍亂乃生，上位乃殆。故曰：
喜無以賞，怒無以殺。喜以賞、怒以殺，怨乃起、令乃廢。驟令而
不行，民心乃外。外之有徒，禍乃始牙。眾之所忿，寡不能圖。

人主之性格，若無猛毅或懦弱之病，固為大幸，然為人主者，不免有外
在之引誘力量攻之、侵之，亦足使施法之時失其公正。管子稱亂國有六攻，
明君能勝六攻則國治，反之則國亂。六攻者何？《管子》曰：

親也、貴也、貨也、色也、巧佞也、玩好也。……六攻之敗何也？
曰：雖不聽而可以得存，雖犯禁而可以得免，雖無功而可以得富。
夫國有不聽而可以得存者，則號令不足以使下。有犯禁而可以得免
者，則斧鉞不足以畏眾。有無功而可以得富者，則祿賞不足以勸民。
號令不足以使下，斧鉞不足以畏眾，祿賞不足以勸民，則人君無以
自守也。然則明君奈何？明君不為六者變更號令，不為六者疑錯斧
鉞，不為六者益損祿賞。（〈版法解〉第六十六）

親、貴、貨、色、巧佞、玩好六者，能攻君之心，變君之行，則法必敗。法
敗者，號令不足以使下，斧鉞不足以畏眾，祿賞不足以勸民。號令賞罰失其
功效，則法敗，法敗則國弱君卑。是以管子教導明君不為六者變號令、錯斧
鉞、壞祿賞；居心、用法必當公正無私，植固而不動乃可。管子論明君治國
行法，當去私用公，乃能得民之死命，其言曰：

致所貴，非寶也；致所親，非戚也；致所愛，非民也；致所重，非
爵祿也。故不為重寶虧其命，故曰：令貴於寶。不為愛親危其社稷
（丁士涵云：當作「不為親戚危其社稷」），故曰：社稷戚於親（陳
奐云：「戚」疑當作「愛」）。不為愛人枉其法，故曰：法愛於人。不
為重爵祿分其威，故曰：威重於爵祿。不通此四者，則反於無有。
居身論道行理（丁士涵云：「居」乃「君」之誤），則羣臣服教，百

吏嚴斷，莫敢開私焉。論功計勞，未嘗失法律也。便辟、左右、大
族、尊貴、大臣，不得增其功焉。疏遠、卑賤、隱不知之人，不忘
其勞，故有罪者不怨上，愛賞者無貪心（豬飼彥博云：「愛」當作
「受」），則列陳之士，皆輕其死而安難，以要上事，本兵之極也（許
維遹云：「本」當作「爲」）。（〈七法〉第六）

人主自身能論道行理，羣臣自然服教奉法，上下均無私心，則行事必公。
欲行事公、賞罰正，必當審驗法式，明核事實以行賞罰。登用人才，若以毀
譽、黨與進退羣臣而行其賞罰，則必失其公正。行事而失其公正，即法敗也。
《管子》復申論之曰：

國之所以亂者，廢事情而任非譽也。故明主之聽也，言者責之以其
實，譽人者試之以其官。言而無實者誅，吏而亂官者誅，是故虛言
不敢進，不肖者不敢受官。亂主則不然，聽言而不督其實，故羣臣
以虛譽進其黨；任官而不責其功，故愚污之吏在庭。如此，則羣臣
相推以美名，相假以功伐，務多其佼（按：「佼」當是「交」字，下
同。），而不爲主用。故明法曰：「主釋法以譽進能，則臣離上而下
比周矣。以黨舉官，則民務佼而不求用矣。」……

亂主不察臣之功勞，譽眾者，則賞之；不審其罪過，毀眾者，則罰
之。如此者（丁士涵云：「者」字衍），則邪臣無功而得賞，忠正無
罪而有罰。故功多而無賞，則臣不務盡力；行正而有罰，則賢聖無
從竭能。行貨財而得爵祿，則污辱之人在官，奇託之人不肖而位尊，
則民倍公法而趨有勢。如此，則慤愿之人失其職，而廉潔之吏失其
治。故明法曰：「官之失其治也，是主以譽爲賞，而以毀爲罰也。」……
明主之治也，審是非、察事情，以度量案之，合於法則行，不合於
法則止，功充其言則賞，不充其言則誅。故言智能者，必有見功而
後舉之；言惡敗者，必有見過而後廢之。如此，則士上通而莫之能
妨（豬飼彥博：「士」上脫「賢」字），不肖者困廢而莫之能舉。故
明法曰：「能不可蔽，而敗不可飾也。」（〈明法解〉第六十七）

「風，漂物者也，風之所漂，不避貴賤美惡。雨，濡物者也，雨之所墮，不
避小大強弱。風雨至公而無私，所行無常鄉，人雖遇漂濡，而莫之怨也。」（〈形
勢解〉第六十四）唯其用法公正無私，乃能法不敗而民心亦服，猶遇風雨而
不怨也。

二、信賞必罰

　　法治之施行，必待立公正之心，乃能用公正之法，以行公正之政，是以去私心爲第一要務。欲法治之政能貫徹而有效，則又待於賞罰之信必。唯其信賞必罰，乃克建立法律之權威，亦唯信賞必罰，方能昭大信於民。民服法而不疑，此法治之目標也。《管子》曰：

> 先王重榮辱，榮辱在爲天下無私愛也、無私憎也。爲善者有福，爲
> 不善者有禍。禍福在爲，故先王重爲。明賞不費，明刑不暴。賞罰
> 明，則德之至者也。（〈樞言〉第十二）

又曰：

> 故國多私勇者，其兵弱；吏多私智者，其法亂；民多私利者，其國
> 貧。故德莫若博厚，使民死之；賞莫若必成，使民信之。（〈禁藏〉
> 第五十三）

凡此皆言去私心，行公正之外，猶需「賞罰明」也。賞罰必成，民乃信之。民知行私之必罰也，則不敢廢公而行私矣；民知奉公之必賞也，則眾必趨公利而去私心矣。

　　法爲一眾治民之具，有強制之特性，所謂強制之特性，建立於民「信」之基礎。民若不「信」政府之法令，則何足以一眾治民哉！又何足以強制百姓皆服君上之法令哉！法令之不能信用於百姓之前，其弊在「言是而不能立，言非而不能廢，有功而不能賞，有罪而不能誅，若是而能治民者，未之有也」（〈七法篇〉第六）。法者，百姓之規矩儀表也，何者當行，何者當正，皆明文以示之於民，期於民之必守以致功焉。今若言之而不能行之，則爲具文而已矣。具文者，何能教民守之？奉法有功而不能賞，犯禁有罪而不能誅，則顯示於民者，形式主義也。講論形式而不行務實之政，民又何得而信之？因此，《管子》論興滅之國有云：

> 置法出令，臨眾用民，計其威嚴、寬惠，行於其民與不行於其民，可
> 知也（張佩綸云：「可知也」上脫五字，按解當作「而興滅之國」）。
> 法虛立而害疏遠，令一布而不聽者存，賤爵祿而毋功者富，然則眾必
> 輕令，而上位危。故曰……賞罰不信，五年而破。（〈八觀〉第十三）

威嚴者罰也，寬惠者賞也，計其賞罰之行於其民與不行於其民，已可知其國之興滅矣。法虛立、令不聽、賞無功者，國雖置法出令，而不能信賞必罰也。置法出令而不能信必，求百姓之重令服法，不可得也。

> 凡大國之君尊，小國之君卑。大國之君所以尊者，何也？曰：爲之
> 用者眾也。小國之君所以卑者，何也？曰：爲之用者寡也。……使
> 民眾爲己用奈何？曰：法立令行，則民之用者眾矣。法不立、令不
> 行，則民之用者寡矣。故法之所立，令之所行者多，而所廢者寡，
> 則民不誹議。民不誹議，則聽從矣。法之所立，令之所行，與其所
> 廢者鈞，則國毋常經。國毋常經，則民妄行矣。法之所立，令之所
> 行者寡，而所廢者多，則民不聽。民不聽，則暴人起而姦邪作矣。(〈法
> 法〉第十六)

立法者，爲尊主安國也。主之尊，在於民之從令，國之安，在於民之服法。
欲民之從令服法，必當法立令行，法立令行之道，捨信賞必罰無由也。立法
而不能以信必之道行之，則雖立而旋廢，即不廢亦將窒礙難行，民之妄行將
因法之不能信必而生矣，姦邪暴人將因法之立而又廢而起矣，此危亡之道也。
　　人主明乎行法當信其賞而必其罰矣，則當講求其行使賞罰權柄時之方
法。《管子》曰：

> 用賞者貴誠，用刑者貴必。刑賞信必於耳目之所見，則其所不見莫不
> 闇化矣。誠暢乎天地，通於神明，見姦僞也。(〈九守〉第五十五)

又曰：

> 日月之明無私，故莫不得光。聖人法之，以燭萬民。故能審察，則
> 無遺善、無隱姦。無遺善、無隱姦，則刑賞信必。刑賞信必，則善
> 勸而姦止。(〈版法解〉第六十六)

明君行賞罰當以事實之功過爲準，所謂必於耳目之所見也，唯其明審是非功
過，乃能無遺善、無隱姦。善者不遺在遠，姦者不失左右，則能賞罰得其當。
如此，疏遠者戮力，親近者安分，此刑賞信必之必當先求其功過得當也。「刑
賞不當，斷斬雖多，其暴不禁。」(〈禁藏〉第五十三) 是以「赦過遺善，則
民不勵。有過不赦，有善不遺，勵民之道，於此乎用之矣。故曰：明君者，
事斷者也」(〈法法〉第十六)。

　　立法之用意，一則在導民向善，再則在禁民爲惡。導民向善之道甚多，
以賞誘之，不過其一而已。然禁民爲姦，則必以法刑爲主矣。是以賞罰二者
之中，尤當致力於必罰之道。《管子》曰：

> 民毋重罪，過不大也。民毋大過，上毋赦也。上赦小過，則民多重
> 罪，積之所生也。故曰：赦出則民不敬 (戴望云：「敬」與「儆」同)，

> 惠行則過日益。惠赦加於民，而圄圉雖實，殺戮雖繁，姦不勝矣。
> 故曰：邪莫如蚤禁之。……凡赦者，小利而大害者也，故久而不勝
> 其過。毋赦者，小害而大利者也，故久而不勝其福。故赦者，犇馬
> 之委轡；毋赦者，痤雎之礦石也（孫星衍云：「雎」當作「疽」；王
> 念孫云：《羣書治要》及《太平御覽・刑法部》十八，引此竝作「砭
> 石」，是也）。（〈法法〉第十六）

法在禁民爲姦，禁姦之道，當禁之於微細，以人所易犯者小過也。民犯小過
而君不必其罰，則易積而爲大過。民犯大過方重誅之，非愛民之道，且大姦
難禁也，管子教人勿輕言赦者，此也。民有小過亦必其罰者，即在防其大過
也，是忍小害而求大利也。若輕赦小過，不能必罰，是養癰遺患也。

> 於下無誅者，必誅者也。有誅者，不必誅也。以有刑至無刑者，其
> 法易而民全。以無刑而至有刑者，其刑繁而姦多。夫先易者後難，
> 先難而後易。明王知其然，故必誅而不赦，必賞而不遷者，非喜予
> 而樂其殺也（王念孫云：「其」字涉上文「知其然」而衍），所以爲
> 人致利除害也。（〈禁藏〉第五十三）

爲致利除害，當必誅而不赦、必賞而不遷。賞罰之間，罰尤爲要，故當必其
誅罰。若能必其誅罰，則民知爲非之不可避禍也，必不輕言爲非矣。民不輕
易爲非，則爲守法之民。人人皆畏誅罰，人人皆願守法。人人守法，則誅罰
何所施用？此以有刑而達無刑之道也。反之，不能必其誅，則民易爲非，民
易爲非則法敗政亂矣。是以信賞必罰者，施行法治之要務也。

第三節　法之功能

一、治平之術

「夫法者，上之所以一民使下也。」（〈任法〉第四十五）前已言之。是
法之功能，在建立制度，設置標準以齊一臣民之言行者也，其目的在求治平
國家，以圖富強，是以法爲求治平國家所必不可少者。「規矩者，方圜之正也。
雖有巧目利手，不如拙規矩之正方圜也。故巧者能生規矩，不能廢規矩而正
方圜。雖聖人能生法，不能廢法而治國。故雖有明智高行，倍法而治，是廢
規矩而正方圜也。」（〈法法〉第十六）欲治平國家，必當立法以使眾，一以

禁民之爲姦，二以禁吏之行私，使強者不能暴弱，眾者不能侵寡，以臻於治平之境。《管子》曰：

> 凡人主莫不欲其民之用也，使民用者，必法立而令行也。故治國使眾莫如法，禁淫止暴莫如刑。故貧者非不欲奪富者財也，然而不敢者，法不使也。強者非不能暴弱也，然而不敢者，畏法誅也。故百官之事，案之以法，則姦不生。暴慢之人，誅之以刑，則禍不起。羣臣竝進，筴之以數，則私無所立。（〈明法解〉第六十七）

此言治平之術只在運用法刑也，所謂「治國使眾莫如法，禁淫止暴莫如刑」（同上）是也。法刑爲一民使下之具，猶之乎規矩、尺寸爲工匠必備之具也，「以規矩爲方圜則成，以尺寸量長短則得，以法數治民則安」（〈形勢解〉第六十四）。國君用法術行賞罰，乃自然而必然之事，《管子》曰：

> 春者，陽氣始上，故萬物生。夏者，陽氣畢上，故萬物長。秋者，陰氣始下，故萬物收。冬者，陰氣畢下，故萬物藏。故春夏生長，秋冬收藏，四時之節也。賞賜刑罰，主之節也。四時未嘗不生殺也，主未嘗不賞罰也。（同上）

國君以賞賜刑罰，作爲治民之節，以約束臣民之言行，使有秩序，猶如天地之有四季，司生長與收藏之節，使萬物井然也。

賞賜者，勸民爲善，爲君所用者也；刑罰者，禁民爲姦而懲不用君命者也。二者交互爲用，則民莫不從上之令，行主之法矣。是以賞賜者，使民利之；刑罰者，使民畏之。民莫不就利而避害，故賞罰可用；賞罰可用，則民莫不使。民莫不使者，治平之所期也。故《管子》曰：

> 明主之治也，縣爵祿以勸其民，民有利於上，故主有以使之。立刑罰以威其下，下有畏於上，故主有以牧之。故無爵祿則主無以勸民，奉刑罰則主無以威眾。故人臣之行奉命者，非以愛主也，且以就利而避害也。百官之奉法無姦者，非以愛主也，欲以愛爵祿而避罰也。（〈明法解〉第六十七）

臣民爲就利而遠害，爲愛爵祿而避刑罰，必行理奉命，奉法而無姦，此賞罰之大用也。故曰：「夫法之制民也，猶陶之於埴，冶之於金也。故審利害之所在，民之去就，如火之於燥溼，水之於高下。」（〈禁藏〉第五十三）民之去就，既如水火之從燥就下，則君必知之用之乃可。能知之用之則治，不能知之用之則亂。是以國君必固握治國之三器以治民，三器者，號令也、斧鉞也、

祿賞也。《管子》曰：

> 治國有三器，亂國有六攻。明君能勝六攻而立三器，則國治。不肖
> 之君不能勝六攻而立三器，故國不治。三器者何也？曰：號令也、
> 斧鉞也、祿賞也。……三器之用何也？曰：非號令無以使下、非斧
> 鉞無以畏眾、非祿賞無以勸民。（〈版法解〉第六十六）

君用三器治民，以求治平之果，故當慎明賞罰以示臣民，所謂「明必死之路，
開必得之門。…明必死之路者，嚴刑罰也；開必得之門者，信慶賞也。……
嚴刑罰，則民遠邪；信慶賞，則民輕難」（〈牧民〉第一）。

必死之路與必得之門，既已明示於臣民矣，為人君者則應慎行此賞罰之
柄，以求其功，故曰：

> 明主操術任臣下，使羣臣效其智能、進其長技。故智者效其計，能
> 者進其功。以前言督後事所效，當則賞之，不當則誅之。張官任吏
> 治民，案法試課成功，守法而法之，身無煩勞而分職。（〈明法解〉
> 第六十七）

用賞罰，可以使臣民盡其智力以為上用，君無需自為，而臣民已代為之而功
歸於君矣。君逸而臣勞，為政之上者也。反之，則君勞臣逸之外，更將一事
無成。是以〈任法〉又曰：

> 聖君任法而不任智，任數而不任說，任公而不任私，任大道而不任
> 小物，然後身佚而天下治。失君則不然，舍法而任智，故民舍事而
> 好譽；舍數而任說，故民舍實而好言；舍公而好私（張佩綸云：「好
> 私」當作「任私」），故民離法而妄行；舍大道而任小物，故上勞煩，
> 百姓迷惑，而國家不治。聖君則不然，守道要，處佚樂，馳騁弋獵，
> 鐘鼓竽瑟，宮中之樂，無禁圉也。不思不慮，不憂不圖，利身體，
> 便形軀，養壽命，垂拱而天下治。是故人主有能用其道者，不事心、
> 不勞意、不動力，而土地自辟，囷倉自實，蓄積自多，甲兵自彊。
> 羣臣無詐偽，百官無姦邪，奇術技藝之人，莫敢高言孟行，以過其
> 情，以遇其主矣（俞樾云：「遇」讀為「愚」）。

為人君者，當任法、任術、任公與任大道，而捨棄智、言、私心與小事，唯
其用法術，乃為得治平之術，得治平之術者，垂拱而天下治。所謂「動靜順
然後和也。不失其時然後富，不失其法然後治。故國不虛富，民不虛治。不
治而昌，不亂而亡者，自古至今，未嘗有也」（〈禁藏〉第五十三）。是可知法

治之政可使君逸樂而國富強，其功能正在於可達治平之境也。

二、絕姦之道

「明主者（王念孫云：「明主」當爲「明法」），上之所以一民使下也；私術者，下之所以侵上亂主也。故法廢而私行，則人主孤特而獨立，人臣羣黨而成朋。如此，則主弱而臣強，此之謂亂國。」（〈明法解〉第六十七）又曰：「人主之治國也，莫不有法令，賞罰具。故其法令明，而賞罰之所立者當，則主尊顯而姦不生。其法令逆，而賞罰之所立者不當，則羣臣立私而壅塞之、朋黨而劫殺之。」（同上）法者，公也，立法者，立公正之道也；行法者，立公道去私術也。羣臣朋黨成私即易爲姦，是以立法行法之功能，在去私心，除朋黨、止姦邪也。《管子》曰：

> 夫國有四亡：令求不出（郭沫若云：「令求不出」與「下情求不上通」兩「求」字，均假爲「觫」，彎曲之意），謂之滅；出而道留，謂之擁；下情求不上通，謂之塞；下情上而道止，謂之侵。故夫滅、侵、塞、擁之所生，從法之不立也。（〈明法〉第四十六）

又曰：

> 今天下則不然，皆有善法而不能守也。然故諲杅習士、聞識博學之士（孫詒讓云：「諲杅」當爲「堪材」，形之誤也；堪材謂材力強勝能任事者。「聞」亦當爲「閒」），能以其智亂法惑上；眾彊富貴私勇者，能以其威犯法侵陵；鄰國諸侯，能以其權置子立相；大臣能以其私附百姓，翦公財以祿私士。凡如是而求法之行、國之治，不可得也。（〈任法〉第四十五）

此言國法不立，則有滅、侵、塞、壅之事，上令不能下達，下情不能上通。羣臣之能以智亂法惑上，以威犯法侵陵、以權置子立相，以私附百姓祿私士者，皆以有善法而不能守也。是可知，法之功能，即在絕臣下姦私之行，以防其侵主危國也。是以國無法，則當速立之；國有法，則當善守之。否則，姦慝之臣民必眾；姦慝之臣民眾，則國危矣。故曰：

> 百匿傷上威（王念孫云：「匿」與「慝」同），姦吏傷官法，姦民傷俗教，賊盜傷國眾。威傷，則重在下；法傷，則貨上流；傷教，則從令者不輯；眾傷，則百姓不安其居。重在下，則令不行；貨上流，則官徒毀（郭沫若云：「徒」疑「德」之誤）；從令者不輯，則百事

無功；百姓不安其居，則輕民處而重民散。輕民處、重民散，則地
不辟；地不辟，則六畜不育；六畜不育，則國貧而用不足；國貧而
用不足，則兵弱而士不屬；兵弱而士不屬，則戰不勝而守不固；戰
不勝而守不固，則國不安矣。（〈七法〉第六）

此其所言者，國無法則眾姦生而國不安之現象也。

絕姦之道，必待立法行法也。「君壹置則儀，則百官守其法。上明陳其制，
則下皆會其度矣。君之置其儀也不一，則下之倍法而立私理者必多矣。是以
人用其私，廢上之制，而道其所聞，故下與官列法（俞樾云：「列」讀爲「裂」；
裂亦分也），而上與君分威，國家之危，必自此始矣。昔者聖王之治其民也不
然，廢上之法制者，必負以恥，財厚博惠，以私親於民者，正經而自正矣。……
聖王既歿，受之者衰，君人而不能知立君之道，以爲國本，則大臣之贅下而
射人心者必多矣。君不能審立其法，以爲下制，則百姓之立私理而徑於利者
必眾矣。……故有國之君，苟不能同人心、一國威、齊士義，通上之治，以
爲下法，則雖有廣地眾民，猶不能以爲安也。」（〈法禁〉第十四）君既置儀
立法，明陳其制，則必當令民守之，是以必禁其爲私與爲非。聖王所禁者何？
《管子》曰：

亂國之道，易國之常，賜賞恣於己者，聖王之禁也（按：此句原在
前，顯係錯簡，今移於此）。擅國權以深索於民者，聖王之禁也。其
身毋任於上者，聖王之禁也。進則受祿於君，退則藏祿於室，毋事
治職，但力事屬，私王官、私君事，去非其人，而人私行者（張佩
綸云：「人」字涉上衍），聖王之禁也。修行則不以親爲本，治事則
不以官爲主，舉毋能，進毋功者，聖王之禁也。交人則以爲己賜，
舉人則以爲己勞，仕人則與分其祿者，聖王之禁也。交於利通，而
獲於貧窮，輕取於其民，而重致於其君，削上以附下，枉法以求於
民者，聖王之禁也。用不稱其人，家富於其列，其祿甚寡而資財甚
多者，聖王之禁也。拂世以爲行，非上以爲名，常反上之法制以成
羣於國者，聖王之禁也。飾於貧窮，而發於勤勞（孫星衍云：「發」
讀爲「廢」），權於貧賤（張佩綸云：「權」當作「權」；合也），身無
職事，家無常姓，列上下之間，議言爲民者，聖王之禁也。壹士以
爲亡資（郭沫若云：「壹士」猶言養士；王念孫云：「亡」當爲「己」，
下句同），修田以爲亡本，則生之養私不死（郭沫若云：「則生」乃

「賊臣」之誤,「之」猶是也;許維遹云:「不」為「必」之誤),然後失矯以深(許維遹云:「失」古「佚」字,「矯」與「驕」通,「以」與「已」同),與上為市者,聖王之禁也。審飾小節以示民,時言大事以動上,遠交以踰羣,假爵以臨朝者,聖王之禁也。卑身雜處,隱行辟倚,側入迎遠,遁上而遁民者,聖王之禁也。詭俗異禮,大言法行(許維遹云:古文「法」與「廢」通,爾雅釋詁「廢,大也」),難其所為,而高自錯者,聖王之禁也。守委閒居,博分以致眾,勤身遂行,說人以貨財,濟人以買譽,其身甚靜,而使人求者,聖王之禁也。行辟而堅,言詭而辯,術非而博,順惡而澤者,聖王之禁也。以朋黨為友,以蔽惡為仁,以數變為智,以重斂為忠,以遂忿為勇者,聖王之禁也。固國之本(安井衡云:「固」讀為「錮」;塞也),其身務往於上(陶鴻慶云:「往」當為「迂」,乃「誑」之假字),深附於諸侯者,聖王之禁也。(〈法禁〉第十四)

明主之治國也,立法行法以禁民為姦,閉其門、塞其塗、弇其迹,使民無由接於淫非之地,則自然導正向善矣。《管子》曰:「故形勢不得為非,則姦邪之人慤愿;禁罰威嚴,則簡慢之人整齊;憲令著明,則蠻夷之人不敢犯;賞慶信必,則有功者勸。……是故明君在上位,刑省罰寡,非可刑而不刑,非可罪而不罪也。明君者閇其門、塞其塗、弇其迹,使民毋由接於淫非之地。是以民之道正行善也若性然,故罪罰寡而民以治矣。」(〈八觀〉第十三)

「有法度之制者,不可巧以詐偽;有權衡之稱者,不可欺以輕重;有尋丈之數者,不可差以長短。」(〈明法〉第四十六)法度猶之乎權衡與尺寸,不因人而有異,不因時而有別,不因地而有差。「權不能為之多少其數,而衡不能為之輕重其量也。……尺寸之度,雖富貴眾強,不為益長;雖貧賤卑辱,不為損短;公平而無所偏。」(〈明法解〉第六十七)明主用法於上,自然官不敢枉法,吏不得為私,官吏不敢枉法為私,民焉敢妄行以事其上,焉敢行貨財以事官吏?是以《管子》曰:

明主者,有法度之制,故羣臣皆出於方正之治,而不敢為姦。百姓知主之從事於法也,故吏之所使者有法,則民從之,無法,則止。民以法與吏相距,下以法與上從事。故詐偽之人不得欺其主,嫉妬之人不得用其賊心,讒諛之人不得施其巧,千里之外,不敢擅為非。(〈明法解〉第六十七)

三、興功立事

　　法之消極功能在絕姦去私，其積極功能則在公正之道以興功立事。爲君上者，皆欲民之出死力以殉國事，此唯能以法用民者能之，是以行法治之道，其功能在興功立事也。〈法法〉曰：

　　　　夫至用民者（張佩綸云：「至用民」當作「善用民」），殺之、危之、勞之、苦之、飢之、渴之，用民者將致之此極也，而民毋可與慮害忌者，明王在上，道法行於國，民皆捨所好而行所惡。故善用民者，軒冕不下儗，而斧鉞不上因。如是，則賢者勸而暴人止。賢者勸而暴人止，則功名立其後矣。蹈白刃、受矢石、入水火，以聽上令，上令盡行，禁盡止，引而使之，民不敢轉其力，推而戰之，民不敢愛其死。不敢轉其力，然後有功；不敢愛其死，然後無敵。進無敵，退有功，是以三軍之眾，皆得保其首領，父母妻子，完安於內，故民未嘗可與慮始，而可與樂成功。

民之捨所好而行所惡，且不敢轉其力、不敢愛其死者，以明王在上，道法行於國也。道法行於國者，軒冕不下儗，斧鉞不上因也。軒冕不下儗者，祿賞不因其在下而另有所行也；斧鉞不上因者，刑罰不因其在上而另有所省也。唯有賞罰公正而無私，始可以用民。

　　欲賞罰之公正而無私，必依法以行之，法者，天下之大公也，不因人而異其度。爲人君者，若釋法而不守，以私意行賞罰，則不至於公矣。賞罰不公，又何足以興功立事？是以《管子》曰：

　　　　今主釋法以譽進能，則臣離上而下比周矣；以黨舉官，則民務交而不求用矣。是故官之失其治也，是主以譽爲賞，以毀爲罰也，然則喜賞惡罰之人，離公道而行私術矣。比周以相爲匿，是忘主外交以進其譽，故交眾者譽多，外內朋黨，雖有大姦，其蔽主多矣。是以忠臣死於非罪，而邪臣起於非功，所死者非罪，所起者非功也，然則爲人臣者重私而輕公矣。（〈明法〉第四十六）

又曰：

　　　　亂主之行爵祿也，不以法令案功勞；其行罰也，不以法令案罪過；而聽重臣之所言。故臣有所欲賞，主爲賞之；臣欲有所罰，主爲罰之。廢其公法，專聽重臣。如此，故羣臣皆務其黨。（〈明法解〉第六十七）

人君若以己之好惡、喜怒而行賞罰；若聽重人之請、眾人之毀譽而行賞罰；
皆不能立大公於天下，不能立大公於天下，則失其立法之意矣。失立法之意，
又何能收興功立事之效哉！

> 明主者，一度量，立表儀，而堅守之，故令下而民從。……故明主
> 之治也，當於法者賞之，違於法者誅之。故以法誅罪，則民就死而
> 不怨；以法量功，則民受賞而無德；此以法舉措之功也。（〈明法解〉
> 第六十七）

又曰：

> 是故先王之治國也，使法擇人，不自舉也；使法量功，不自度也。
> 故能匿而不可蔽（王念孫云：「能」下本無「匿」字），敗而不可飾
> 也，舉者不能進，而誹者不能退也。然則君臣之間明別（戴望云：
> 後解不重「明別」二字），明別則易治也，主雖不身下為，而守法為
> 之可也。（〈明法〉第四十六）

欲興功立事，必先得人，得人之道，在使法釋之，而不以私意舉。以法擇人
之道在「言勇者試之以軍，言智者試之以官。試於軍而有功者則舉之，試於
官而事治者則用之。故以戰功之事定勇怯，以官職之治定愚智。故勇怯愚智
之見也，如白黑之分」（〈明法解〉第六十七）。此所謂以法擇人者，試之以實
際之事務，課之以實際之功效也，其間不含一絲之私心私意焉，如此，所得
之人決非倖進之徒，此興功立事之有賴於法者也。既得人矣，則必繼之以功
過之考核。何所謂功？「凡所謂功者，安主上、立萬民者也。夫破軍殺將，
戰勝攻取，使主無危亡之憂，而百姓無死虜之患，此軍士之所以為功者也。
奉主法，治竟內，使強不陵弱，眾不暴寡，萬民驩盡其力而奉養其主，此吏
之所以為功也。匡主之過，救主之失，明理義以道其主，主無邪僻之行，蔽
欺之患，此臣之所以為功也。」（同上）臣民既有功於國矣，為人君者，則當
依法以賞罰之，如此乃能勸人為功，而禁人為姦。人人盡力為功，則國必治，
是以欲得興功立事之功效，必待依法以賞罰也。

結　語

> 問曰：古之時與今之時同乎？曰：其人同乎？不同乎？曰：不同。
> 可與（張佩綸云：「可」，「何」之省；「何與」，問辭）？政其誅（張
> 佩綸云：「誅」當為「殊」）。借堯之時（趙守正云：借，同「譽」），

混吾之美在下（孫詒讓云：「混吾」疑即「昆吾」，「美」謂美金也），
其道非獨出，人也。山不童而用贍，澤不獘而養足，耕以自養，以
其餘應良（郭沫若云：「良」蓋「長」之誤；長者，上也），天子故
平（郭沫若云：「天子」當爲「天下」之誤），牛馬之牧不相及，人
民之俗不相知，不出百里而來足（王念孫云：「來」當爲「求」），故
卿而不理，靜也。其獄一踦腓一踦屨而當死（王引之云：「腓」讀爲
扉，乃草屨之名）。今周公斷指滿稽（郭沫若云：「稽」當假爲「階」），
斷首滿稽，斷足滿稽，而死民不服（張文虎云：當作「而民死不服」），
非人性也，敝也。地重人載（趙守正云：「載」通「戴」，意指加多），
毀敝而養不足，事末作而民興之，是以下名而上實也。（〈侈靡〉第
三十五）

此言古之時，自然資源豐足，故刑罰省薄，即死罪亦只以一足著草屨以罰之。
後之世，刑罰重而多者，土地貴重，人口增多，自然資源不足之故也，故民
事工商末作而不務農矣。此論刑罰之多且重，乃因社會環境變遷之故，其論
點與後之韓非於〈五蠹〉所言者相同。彼等以此作爲用嚴刑重罰之理論基礎，
是以《管子》曰：

今人主輕刑政，寬百姓、薄賦斂、緩使令，然民淫躁行私，而不從
制，飾智任詐，負力而爭，則是過在下。過在下，人君不廉而變，
則暴人不勝，邪亂不止。暴人不勝，邪亂不止，則君人者勢傷，而
威日衰矣。故爲人君者，莫貴於勝。所謂勝者，法立令行之謂勝。
法立令行，故羣臣奉法守職，百官有常，法不繁匿，萬民敦愨，反本
而儉力。故賞必足以使，威必足以勝，然後下從。……夫民貪行躁
而誅罰輕，罪過不發，則是長淫亂而便邪僻也。有愛人之心，而實
合於傷民，此二者不可不察也。夫盜賊不勝，則良民危，法禁不立，
則姦邪繁。（〈正世〉第四十七）

《韓非子》曰：

故聖人議多少、論薄厚，爲之政。故罰薄不爲慈，誅嚴不爲戾，稱
俗而行也。（〈五蠹〉第四十九）

本篇所述《管子》之論法治，與後世法家之主張相同，諸書具在，茲不一一
贅述。其所不同者，《管子》雖言法，然不廢禮與教育，此則後代法家之書所
不曾言者。法雖不可廢，但王道政治、正統思想，必以教爲先，以禮義爲重，

行法以濟其窮耳。蓋人不可以無恥，導之以政，齊之以刑，民雖免而無恥，傷其自尊也。導之以德，齊之以禮，則養其自尊，導之向上，不觸法網，囹圄自空，刑措不用。此則商韓輩所不及知者。《管子》論法治細密周詳，已如上述，但於法治之前，刑罰之上，獨重禮義廉恥，認為立國之四維。並主以倉廩實、衣食足為禮義榮辱之基，使養生喪死無憾，然後乃能驅於禮義而無阻。與聖門富而後教之義若合符節。又《管子》重視道德教育與家族人倫關係，此豈蔽於法而不知恩者所能企及！

　　《管子》書中雖言法治之必要，然亦屢言省刑之要，此點極應重視，蓋此亦後世法家之書所絕不肯言者。其言曰：

> 故省刑之要，在禁文巧。……文巧不禁則民乃淫，不璋兩原則刑乃繁（梅士享云：「璋」當為「障」）。……故刑罰不足以畏其意，殺戮不足以服其心。故刑罰繁而意不恐，則令不行矣。殺戮眾而心不服，則上位危矣。（〈牧民〉第一）

又曰：

> 薄徵斂、輕征賦、弛刑罰、赦罪戾、宥小過，此謂寬其政。（〈五輔〉第十）

又曰：

> 羿，古之善射者也。調和其弓矢而堅守之，其操弓也，審其高下，有必中之道，故能多發而多中。明主猶羿也，平和其法，審其廢置而堅守之。有必治之道，故能多舉而多當。道者，羿之所以必中也，主之所以必治也。（〈形勢解〉第六十四）

桓公欲「勝民」，管仲以為勝民甚易，然非治國之正道。管仲曰：

> 君欲勝民，則使有司疏獄，而謁有罪者償，數省而嚴誅，若此則民勝矣（許維遹云：「民勝」誤倒）。雖然，勝民之為道，非天下之大道也。使民畏公，而不見親，禍亟及於身，雖能不久，則人持莫之弑也（尹桐陽云：「弑」同「試」；用也），危哉！君之國岌乎！（〈小問〉第五十一）

是以管仲諫桓公欲舉霸王大事，須先從其「本事」，其一即「緩其刑政」（〈霸形〉第二十二）。〈戒〉亦載管仲諫桓公之言曰：「人患死，而上寬刑焉，則人不患死矣。……於是管仲與桓公盟誓為令曰：老弱勿刑，參宥而後弊（陳奐云：弊，治也）。」此類弛刑罰、宥小過，不以刑罰勝民，寬刑以務本之論，

決非後世法家所能望其項背者也。然吾人亦可由此知《管子》書之不出一人
之手也，蓋以其意與全書旨趣不諧也。

第六章　管子之經濟思想

　　管仲任政相齊，以區區之齊僻處海隅，遂因地利興魚鹽，通貨積財，貴輕重之術，愼權衡之道，以富強齊國。齊之霸業，固由存亡繼絕之德、尊王攘夷之功而成，然其國力之富足，實爲成功之基本條件。其書中論及經濟問題者極多，尤以〈輕重〉十六篇爲最重要。故　國父推崇管子爲中國最早之經濟家（見〈社會主義之派別及批評〉）。然自晉傅玄以來，即謂〈輕重〉鄙俗不堪，葉適評其猥瑣爲市人不肯爲之術，最爲謬妄。今觀其所言，確有於理未安，不足徵信之處，如〈輕重丁篇〉所載石璧謀、菁茅謀、決瓊洛之水通之杭莊之間等事，只見其小智，而非治國之大計。然觀其全書所論富國養民之道，以及重農輕稅之言，終不可輕忽視之。其〈輕重〉各篇雖文陋不似出於管仲之手，但其事則多奇技巧思，富於經濟作戰技術，非等閒之輩所能及。不能完全視爲虛構，一筆抹煞。

> 凡有地牧民者，務在四時，守在倉廩。國多財，則遠者來；地辟舉，則民留處。倉廩實則知禮節，衣食足則知榮辱。……積於不涸之倉者，務五穀也；藏於不竭之府者，養桑麻育六畜也。……務五穀則食足；養桑麻育六畜則民富。（〈牧民〉第一）

> 何謂民之經產？畜長樹藝，務時殖穀，力農墾草，禁止末事者，民之經產也。……民不務經產，則倉廩空虛，財用不足。……倉廩空虛，財用不足，則國毋以固守。（〈重令〉第十五）

此言必先足民食然後國用足者，應視爲其經濟思想之大本。質言之，即以重農爲本。至其因地制宜，興鹽鐵之利，用輕重之道，以謀國家之富足者，後世經濟家亦多遵用之。

第一節　養民與富民

一、富民生

　　倉廩實、衣食足者，富民之生也。唯其能富足民生，然後百姓可用。與之為取者，治國之要道也。《管子》曰：

> 凡治國之道，必先富民。民富則易治也。民貧則難治也。奚以知其然也？民富則安鄉重家，安鄉重家，則敬上畏罪。敬上畏罪，則易治也。民貧則危鄉輕家，危鄉輕家，則敢陵上犯禁。陵上犯禁，則難治也。故治國常富，而亂國常貧。是以善為國者，必先富民，然後治之。昔者七十九代之君，法制不一，號令不同，然俱王天下者何也？必國富而粟多也。夫富國多粟，生於農，故先王貴之。（〈治國〉第四十八）

民富則易治，民貧則難治，故欲求國之安，必先富民。民富則易治，以衣食無憂，生活富足，則心無二意，安其居而樂其業，不見利而思遷也。安鄉、重家、樂業者，必敬上畏罪，以求安居。民心求安，民生富足，國焉得不治。反之，則衣食不足，無以定其心，不能安其居。輕躁求利，必膽大而妄為。膽大而妄為輕犯法禁，民皆不安其居、不樂其生而又輕犯法禁，則社會何得而安？國家何得而治？此孟子無恆產則放僻邪侈無所不為之說也。管子識深慮遠，故堅決主張必先富民，使倉廩實衣食足，然後申之以禮義，教之以榮辱焉。

　　富民之道，在興六德以足民之欲、富民之生。六德者，厚其生、輸之以財、遺之以利、寬其政、匡其急與振其窮也。《管子》曰：

> 辟田疇、利壇宅（王念孫云：「利」當為「制」，「壇」讀為「廛」）、修樹藝、勸士民、勉稼穡、修牆屋，此謂厚其生。發伏利、輸墆積、修道途、便關市。慎將宿，此謂輸之以財。導水潦、利陂溝、決潘渚、潰泥滯、通鬱閉、慎津梁，此謂遺之以利。薄徵斂、輕征賦、弛刑罰、赦罪戾、宥小過，此謂寬其政。養長老、慈幼孤、恤鰥寡、問疾病、弔禍喪，此謂匡其急。衣凍寒、食飢渴、匡貧窶、振罷露、資乏絕，此謂振其窮。凡此六者，德之興也，六者既布，則民之所欲，無不得矣。夫民必得其所欲，然後聽上，聽上，然後政可善為也。故曰德不可不興也。（〈五輔〉第十）

關田樹藝以厚其生，發利輸積以富其財，導水決渚以利交通，薄賦弛刑以寬

其政，養老問病以匡其急，賑貧資絕以濟其窮。平時有養民之道，困時有救民之法，宜乎民安其居樂其業，不致顛沛流離也。平時之養生猶其易者，困窮時之救急，斯難能而可貴。苟識不及此，即不得爲善政。觀其答桓公問如何致天下之民之語可證。其言曰：

> 請使州有一掌，里有積五窌。民無以與正籍者，予之長假；死而不葬者，予之長度（于省吾云：度、宅古字通；宅，葬地也）。飢者得食，寒者得衣，死者得葬，不資者得振，則天下之歸我者若流水。
> 此之謂致天下之民。（〈輕重甲〉第八十）

每州委派一主管官吏，每里有五窌存糧，專責救民之急。無地與無力納稅者，政府與之長期貸款；無地安葬者，政府與之葬地。能行此德政，宜乎天下之民歸之如流水也。〔註1〕

富民之生，必重視民之經產。「民不務經產，則倉廩空虛，財用不足。」（〈重令〉第十五）「民不懷其產，國之危也。」（〈立政〉第四）重民之產者，藏富於民之意也。《管子》之言曰：

> 王者藏於民，霸者藏於大夫（張佩綸云：此句疑有奪文），殘國亡家藏於篋。桓公曰：「何謂藏於民？」請散（豬飼彥博云：此句上脫「管子對曰」四字）：棧臺之錢散諸城陽（郭沫若云：「錢」當爲「織」字之譌），鹿臺之布散諸濟陰。君下令於百姓曰：民富君無與貧，民貧君無與富。故賦無錢布，府無藏財，貲藏於民。（〈山至數〉第七十六）

「民富君無與貧，民貧君無與富」之論，正《論語‧顏淵》所稱「百姓足，君孰與不足？百姓不足，君孰與足」同一精神與意義也。

二、論侈儉

齊國以富強聞於天下，然《管子》書中屢以節儉爲教，其教君也，曰：「明主有六務四禁：六務者何也？一曰：節用；二曰：賢佐；三曰：法度；四曰：必誅；五曰：天時；六曰：地宜。」（〈七臣七主〉第五十二）一則曰明主之六務以節用爲首，再則曰：「國侈則用費，用費則民貧，民貧而姦智生，姦智生則邪巧作。故姦邪之所生，生於匱不足，匱不足之所生，生於侈，侈之所

〔註 1〕參閱第四章管子之政治思想第二節三、養老扶孤。

生，生於無度。故曰：審度量、節衣服，儉財用，禁侈泰，爲國之急也。」（〈八觀〉第十三）侈則無度，無度則亂法，是以欲臣民之言行有所節制，必求其用度能儉約。爲君者當率先儉約，已見前述，〔註2〕臣民之用度亦當有限制，即以衣服而言，如曰：

> 度爵而制度，量祿而用財。飲食有量，衣服有制，宮室有度，六畜人徒有數，舟車陳器有禁。修生則有軒冕服位穀祿田宅之分（王念孫云：「生」上不當有「修」字），死則有棺槨絞衾壙壟之度。雖有賢身貴體，毋其爵，不敢服其服；雖有富家多資，毋其祿，不敢用其財。天子服文有章，而夫人不敢以燕以饗廟，將軍大夫以朝，官吏以命，士止于帶緣。散民不敢服雜采，百工商賈不得服長鬈貂，刑餘戮民不敢服絻（戴望云：「絻」，本作「絲」，其說更長），不敢畜連乘車（安井衡云：「連」古「輦」字）。（〈立政〉第四）

臣民之一切用度，皆當依其身份地位而有一定之限度，不得因有錢而逾越，凡此皆尚儉約之論。

> 使萬室之都，必有萬鍾之藏，藏繦千萬。使千室之都，必有千鍾之藏，藏繦百萬。（〈國蓄〉第七十三）

> 凡牧民者，以其所積者食之，不可不審也。其積多者其食多，其積寡者其食寡，無積者不食。或有積而不食者，則民離上；有積多而食寡者，則民不力；有積寡而食多者，則民多詐；有積而徒食者，則民偷幸。（〈權修〉第三）

爲政之道，亦貴儲積、倡儉約，萬室之都、千室之都均當有所蓄藏。蓄積多可多食，蓄積少則少食，無積者不得食。蓄積寡而食之者多，則民多詐心矣；無蓄積而徒事消費，則民偷幸矣。然一力倡儉而失於吝嗇，亦所不可。蓋國有蓄積而民不得食，則民離上矣，蓄積多而民食寡，則民不盡力以爲上矣。是可知國不可無蓄積。

蓄積既備而不善調節，亦難收效。是以《管子》曰：

> 知侈儉，則百用節矣。故儉則傷事，侈則傷貨。儉則金賤，金賤則事不成，故傷事；侈則金貴，金貴則貨賤，故傷貨。貨盡而後知不足，是不知量也；事已而後知貨之有餘，是不知節也。不知量、不

知節，不可，謂之有道（郭沫若云：當以「不可」斷句，「謂」當爲
「爲」，與上一例）。（〈乘馬〉第五）

按此即其調節侈儉之論。蓋過儉與過侈均不得其正。必適時而調劑之乃可，
勿使之有不足或有餘之情形出現，此即所謂不知量、不知節皆有所不可者也。

桓公曰：「秦奢教我曰：帷蓋不修，衣服不眾，則女事不泰。俎豆之
禮不致牲（豬飼彥博云：「不」當爲「必」），諸侯太牢，大夫少牢，
不若此，則六畜不育。非高其臺榭，美其宮室，則羣材不散。此言
何如？」管子對曰：「……非有積蓄，不可以用人；非有積財，無以
勸下。秦奢之數（郭沫若云：「數」當是「教」之誤），不可用於危
隘之國。」（〈事語〉第七十一）

秦奢之言，以今日觀之，鼓勵消費以刺激生產之術也。然其弊，則恐往而不
返，將流於奢侈。故管仲以爲不可行於危隘之國，蓋懼敵國之藉以侵陵也。
然吾人觀管仲之相齊，聖人譏其奢侈而不知禮，〔註3〕桓公亦豪奢而無度者，
是彼二人之所爲，與《管子》書倡儉約之言，實大相逕庭。《管子》書有〈侈
靡〉一篇，其所言又與儉約之論有出入，頗堪玩味。

問曰：興時化若何（陶鴻慶云：「興」蓋「與」字之誤）？莫善於侈
靡。賤有實敬無用（陳奐云：「敬」乃「苟」字誤。「苟」與「亟」
同。下文「敬珠玉」亦當作「苟」。按：亟，急也），則人可刑也（何
如璋云：「刑」通「型」。按：人可型，人可就範也）。故賤粟米而如
敬珠玉，好禮樂而如賤事業（王引之云：兩「而」字後人所加），本
之始也。珠者陰之陽也，故勝火，玉者陰之陰也（王念孫云：「陰之
陰」當作「陽之陰」），故勝水，其化如神。故天子藏珠玉，諸侯藏
金石，大夫畜狗馬，百姓藏布帛。不然，則強者能守之，智者能牧
之（王念孫云：「牧」當爲「收」），賤所貴而貴所賤。不然，鰥寡獨
老不與得焉，均之始也。……

飲食者也，侈樂者也，民之所願也。足其所欲，贍其所願，則能用之
耳。今使衣皮而冠角，食野草，飲野水，孰能用之？傷心者不可以致
功，故嘗至味而，罷至樂而（姚永概云：兩「而」字讀如《論語》「偏
其反而」及「已而已而」之「而」），雕卵然後淪之，雕橑然後爨之。

─────────────

〔註3〕參閱第一章管仲評傳結語。

丹沙之穴不塞，則商賈不處。富者靡之，貧者爲之，此百姓之怠生（張文虎云：「怠」疑當作「治」），百振而食，非獨自爲也，爲之畜化（豬飼彥博云：「化」當作「貨」）。……長喪以毀其時（何如璋云：「毀」字疑乃「毀」之誤），重送葬以起身財（丁士涵云：「身」疑「其」字誤），一親往，一親來，所以合親也，此謂眾約。問用之若何？巨瘞培（劉師培云：「培」，土室也），所以使貧民也。美壟墓，所以文明也（劉師培云：「明」當作「萌」；郭沫若云：「文萌」上當脫一「使」字）。巨棺槨，所以起木工也。多衣衾，所以起女工也。猶不盡，故有次浮也（章炳麟云：「浮」借爲「苞」；「次苞」，苞有次也），有差樊（章炳麟云：「樊」借爲「藩」；「差藩」，藩有差也），有瘞藏，作此相食，然後民相利，守戰之備合矣。……能摩故道新（戴望云：「摩」、「靡」古字通），道定國家（郭沫若云：「道」字乃「奠」字之誤），然後化時乎？國貧而鄙富，苴美於朝市國（張佩綸云：「苴」涉「美」而衍，「國」字複），國富而鄙資，莫盡如市（張佩綸云：文當作「盡如莫市」）市也者，勸也。勸者，所以起本善（豬飼彥博云：「善」當作「事」），而末事起（張德鈞云：「而」讀爲「如」），不侈（巫寶三云：疑「不侈」當讀作「丕侈」。丕，大也），本事不得立。……故上侈而下靡，而君臣相（郭沫若云：「相」字下疑脫一「得」字），上下相親，則君臣之財不私藏（郭沫若云：「君」當是「羣」字之誤），然則，貪動枳而得食矣（張佩綸云：「貪」當作「貧」。「枳」當作「胑」，即肢字）。徙邑移市，亦爲數一。（〈侈靡〉第三十五）

〈侈靡〉所言者，乃基於「與時化」之觀念，以爲必要時可以侈靡也。何爲必要之時？「若歲凶旱水泆，民失本，則修宮室臺榭，以前無狗後無彘者爲庸。故修宮室臺榭，非麗其樂也（尹桐陽云：「麗」同「觀」；觀也），以平國筴也。」（〈乘馬數篇〉第六十九）因天災以致百姓不能事其本事時，政府當創造就業機會，大興土木，以工代賑，令貧民得所生，故修宮室臺榭，非以侈靡享受爲目的，乃以此爲手段也。政府創造就業機會之外，亦令豪富之家可以侈靡，〈侈靡〉所言厚葬之事，其主要目的，即在令貧民得所生也。木工、女工，皆因豪富家之厚葬而得就業機會。此舉實亦有其他目的焉，一：滿足富人飲食侈靡之欲望，使其能爲國用，所謂爲政不難，不得罪於巨室者是也。此使用臣民之一種手段也。二：削奪富人之財富，使散之於民，以免少數人

專制財利也。若富人節約，則富者愈富矣。且富者藏財而不出，則貧者將無以為生矣。〔註4〕自整體經濟觀之，言侈靡為必要之事者，有楊聯陞，其所舉之實例，見氏著〈侈靡論〉一文，載氏著《國史探微》一書。

別有三事當為說明者：一：侈靡之觀念除行於前述之特殊時機與特殊對象外，侈靡亦當知所節制。須依計畫以行之，所謂「不知節、不知量」，必有所失者也。此可謂為適當之消費與合身分之消費。否則，太侈將傷及本事。二：國君不得侈靡。〔註5〕蓋國君侈靡，必將竭盡民力、加征民賦、剝奪農時，此則傷民而害於本事矣。《管子》曰：「今至於其亡筴乘馬之君，春秋冬夏，不知時終始，作功起眾，立宮室臺榭，民失其本事。君不知其失諸春筴，又失諸春夏之筴數也，民無糧賣子數矣。」（〈乘馬數〉第六十九）三：倡侈靡絕非勵工商而忘本事。《管子》以為：國（都市）貧而鄙（鄉村）富，將美如朝市之生氣蓬勃；國富而鄙貧，則將如暮市之死氣沉沉；以本事為主之鄙重於以工商為主之國，於此可知矣。是以市場之工商活動，在勸起促進，而所勸起促進者，本事也，是工商之性質在輔助農業之生產與銷售也。此與《管子》重農之主張並不違背。〔註6〕

三、均貧富

今君躬犁墾田，耕發草土，得其穀矣。民人之食，有人若干步畝之數（王念孫云：「有人」當作「人有」），然而有餓餒於衢閭者何也？穀有所藏也。今君鑄錢立幣，民通移，人有百十之數。然而民有賣子者何也？財有所并也。故為人君不能散積聚、調高下、分并財，君雖彊本趣耕，發草立幣而無止，民猶若不足也。（〈輕重甲〉第八十）

凡將為國，不通於輕重，不可為籠以守民，不能調通民利，不可以語制為大治。是故萬乘之國，有萬金之賈；千乘之國，有千金之寶；然者何也？國多失利，則臣不盡其忠、士不盡其死矣。歲有凶穰，故穀有貴賤，令有緩急，故物有輕重。然而人君不能治，故使蓄賈

〔註4〕參閱第四章管子之政治思想第二節三，命城陽大夫敗財以濟族人事。另參本篇下節均貧富。

〔註5〕同註2。

〔註6〕巫寶三著〈侈靡篇的經濟思想和寫作時代〉一文，於此有詳論，文刊中國社會科學院《經濟研究所集刊》第一集。

游市，乘民之不給，百倍其本。分地若一，彊者能守；分財若一，
智者能收。智者有什倍人之功，愚者有不賡本之事，然而人君不能
調，故民有相倍之生也。夫民富則不可以祿使也，貧則不可以罰威
也，法令之不行，萬民之不治，貧富之不齊也。且君引銖量用，耕
田發草，上得其數矣。民人所食，人有若干步畝之數矣，計本量委
則足矣，然而民有飢餓不食者何也？穀有所藏也。人君鑄錢立幣，
民庶之通施也，人有若干百千之數矣，然而人事不及，用不足者何
也？利有所并藏也。然則人君非能散積聚，鈞羨不足，分并財利，
而調民事也，則君雖彊本趣耕，而自爲鑄幣而無已，乃今使民下相
役耳，惡能以爲治乎？（〈國蓄〉第七十三）

君民皆知力耕以事生產，政府發行貨幣以利流通，仍有餓餒之民與賣子之事
者，穀有所藏、財有所并也。何以致此？在上位之國君未能散積聚、調高下，
以輕重之術調節資財也。而在下位之商賈則藉此機會，百倍其本謀其厚利，
以致智者有什倍之功，愚民有不償本之事，此貧富不均之現象也。富者不可
以祿使，貧者不可以罰威，國有貧富不均之現象，則國難治矣。

經濟政策，注重生產固爲必要，然分配問題不能妥善解決，亦將動搖國
本。是以不患寡而患不均，均則無貧者矣。「分地若一，彊者能守；分財若一，
智者能收。」（〈國蓄〉第七十三）彊者何人？大夫也；智者何人？商賈也。
是以欲均貧富必先奪大夫與商賈之利乃可。《管子》曰：

今國穀重什倍而萬物輕，大夫謂賈之（馬元材云：「之」是「人」字
之訛）：「子爲吾運穀而斂財，穀之重一也，今九爲餘。」穀重而萬
物輕，若此，則國財九在大夫矣。國歲反一，財物之九者，皆倍重
而出兵。財物在下，幣之九在大夫。然則幣、穀羨在大夫也。……
大夫不得以富侈，以重藏輕。……大夫聚壤而封，積實而驕上，請
奪之以會。（〈山至數〉第七十六）

此言大夫與商賈合謀資財也。幣與穀之輕重貴賤，皆操之大夫，宜乎國財十
分之九落入大夫之手。大夫積實而驕奢，民則無以爲生矣。管仲見此現象不
利於國，故請桓公奪之以會，其法曰：

粟之三分在上。謂民萌皆受上粟，度君藏焉，五穀相靡而重去什三
爲（郭沫若云：「爲」字當爲「焉」字之誤），餘以國幣穀准反行，
大夫無什於重（郭沫若云：「計」誤爲「什」），君以幣賦祿，什在上。

君出穀什而去七，君斂三，上賦七散振不資者，仁義也。五穀相靡
而輕，數也，以鄉完重而籍國（張佩綸云：「完」當作「筦」），數也，
出實財、散仁義、萬物輕，數也。乘時進退。故曰：王者乘時，聖
人乘易。（同上）

奪之以會者，以全國之總體力量奪去大夫之利權也。政府依時機吞吐糧食，
令百姓皆受粟於政府而不須仰賴於大夫。君主以錢幣收購大夫手上之糧食，
使其不抬高糧價，所謂「大夫無計於重」是也。君主「以幣賦祿」，即以錢幣
作大夫之俸祿，而不使其有糧食，如此糧食可全操在政府手中。如此君主可
以有十分之七之穀予百姓，或行仁義之政散振之於無資者。此《管子》所謂
「富能奪，貧能予，乃可以爲天下」（〈揆度〉第七十八）也。

管子曰：「萬乘之國，必有萬金之賈。千乘之國，必有千金之賈。百
乘之國，必有百金之賈。非君之所賴也，君之所與（郭沫若云：「與」
當讀爲「舉」，敵對之意）。故爲人君而不審其號令，則中一國而二
君二王也。」桓公曰：「何謂一國而二君二王？」管子對曰：「今君
之籍取以正，萬物之賈輕去其分，皆入於商賈。此中一國而二君二
王也。故賈人乘其弊以守民之時，貧者失其財，是重貧也，農夫失
其五穀，是重竭也。」（〈輕重甲〉第八十）

商賈爲君之敵，其剝削百姓也，如國君之征稅於民，能使貧者失財，農夫失
五穀。故君不壓制商賈，則如國有二君二王也。《管子》又曰：

桓公曰：「寡人多務，令衡衛吾國之富商蓄賈稱貸家，以利吾貧萌，
農夫不失其本事，反此有道乎？」……西方之渺者，…其稱貸之家，
多者千鍾，少者六七百鍾。其出之鍾也一鍾（孫毓棠云：此當作「其
出之中鍾一鍾也」），其受息之萌九百餘家。……南方之萌者，……
其稱貸之家，多者千萬，少者六七百萬。其出之中伯伍也（孫毓棠
云：「伯伍」當作「伯伍十」），其受息之萌八百餘家。……東方之
萌，……其稱貸之家丁、惠、高、國，多者五千鍾，少者三十鍾（戴
望云：「十」，當依宋本作「千」）。其出之中鍾五釜也，其受息之萌
八九百家。……北方之萌者，……其稱貸之家，多者千萬，少者六
七百萬。其出之中伯二十也，受息之氓，九百餘家。凡稱貸之家，
出泉參千萬，出粟參數千萬鍾（戴望云：朱本無「數」字，是），受
子息民參萬家。……管子曰：「不棄我君之有萌（吳志忠云：「棄」

乃「意」字誤)。中一國而五君之正也。然欲國之無貧，兵之無弱，
安可得哉？」（〈輕重丁〉第八十三）

「中鍾一鍾」者，百分之百之倍息也；「伯五十」者，百分之五十之利息也；
「中鍾五釜」者，亦百分之五十之半息也；「伯二十」者，百分之二十之利息
也。齊國四方之民，經統計有三萬家借貸於富商，高利貸之貸款總額爲三千
萬錢與三千萬鍾糧食，商人盤削之害可見一斑矣，宜乎管仲感嘆百姓負擔之
重，有如一國之中有五位國君征稅於民。

　　欲均貧富，唯有政府保護百姓，使大夫、商賈不得與百姓爭利，其事爲：

> 桓公憂北郭民之貧，召管子而問曰：「北郭者，盡屢縷之甿也。以唐
> 園爲本利，爲此有道乎？」管子對曰：「請以令禁百鍾之家不得事鞴
> （丁士涵云：鞴即屬，履也），千鍾之家不得爲唐園。去市三百步者
> 不得樹葵菜。若此，則空閒有以相給資，則北郭之甿，有所讎其手
> 搔之功，唐園之利故有十倍之利。（〈輕重甲〉第八十）

爲保護北郭貧民之以織鞋、種菜爲生，百鍾、千鍾之富家不得從事織鞋、種
菜之業，以保護百姓。至於前述稱貸之民，管仲則教桓公發號施令以政府力
量協助解決其困境，管仲曰：

> 請以令賀獻者皆以鏤枝蘭鼓，則必坐長什倍其本矣。君之棧臺之職
> （許維遹云：「職」乃「職」字之譌；下同），亦坐長什倍。請以令
> 召稱貸之家，君因酻之酒。太牢行觴，桓公舉衣而問曰：「寡人多務，
> 令衡籍吾國，聞子之假貸吾貧萌，使有以終其上（王壽同云：「終」
> 當爲「給」）。令寡人有鏤枝蘭鼓（聞一多云：「令」當爲「今」），其
> 賈中純萬泉也，願以爲吾貧萌決其子息之數，使無券契之責。」稱
> 貸之家皆齊首而稽顙曰：「君之憂萌至於此，請再拜以獻堂下。」桓
> 公曰：「不可。子使吾萌春有以倳耜，夏有以決芸，寡人之德子無所
> 寵，若此而不受，寡人不得於心。」故稱貸之家曰皆再拜受（豬飼
> 彥博云：「故」字、「曰」字衍）。所出棧臺之職，未能參千純也，而
> 決四方子息之數，使無券契之責。（〈輕重丁〉第八十三）

管仲教桓公以庫藏之物，作抵償百姓債務之用，桓公躬親其事，使富商無可
奈何，此軟硬兼施之策也。即此可見其君其臣爲均貧富所下之苦心焉。

　　高利盤剝，往往有之。齊有崢兵之戰，貧民多稱貸負子息以濟上之急。
管仲教桓公以表稱貸之家，璽白其家而高其閭。並式璧而聘之，以給鹽菜之

用。稱貸之家曰何以得此也？公曰：崢丘之戰，子假貸貧民使有以濟國之急，子之功也。稱貸之家愧而折其券削其書，並發其藏，出其財，以賑貧困。分其故貨，而國中大給，貧民之困得蘇。〔註7〕今按，此孔子所謂君子成人之美，以及導之以德，齊之以禮，有恥且格之說也。孔子有此言，管氏有此事，宜乎有「如其仁如其仁」之譽也！

第二節　重農務本

一、振興農業

農為國本，理應重視，是以齊設專官以主之。〔註8〕農為經濟之母，百姓衣食所賴，國家命脈之所繫，存乎爭戰之世，農業生產不足，即無以應戰爭之所耗費，是以農業生產又為國家生存之先決條件。其〈治國〉有曰：

> 不生粟之國亡，粟生而死者霸，粟生而不死者王。粟也者，民之所歸也。粟也者，財之所歸也。粟也者，地之所歸也。粟多則天下之物盡至矣。故舜一徙成邑，二徙成都，參徙成國。舜非嚴刑罰、重禁令，而民歸之矣。去者必害，從者必利也。先王者，善為民除害興利，故天下之民歸之。所謂興利者，利農事也。所謂除害者，禁害農事也。農事勝則入粟多，入粟多則國富，國富則安鄉重家，安鄉重家則雖變俗易習，敺眾移民，至於殺之，而民不惡也。此務粟之功也。上不利農則粟少，粟少則人貧，人貧則輕家，輕家則易去，易去則上令不能必行，上令不能必行，則禁不能必止，禁不能必正，則戰不必勝、守不必固矣。夫令不必行，禁不必止，戰不必勝，守不必固，命之曰寄生之君。此由不利農少粟之害也。粟者，王之本事也，人主之大務，有人之塗，治國之道也。

國之霸王存亡，視貧富；貧富視糧食生產之豐歉。糧食者，民之所歸、財之所歸與地之所歸也，糧食豐足則天下之人來歸、天下之財聚積。為政必當為民興利除害，所興者，利農之事，所除者，害農之事。能興利除害，則粟多，粟多則人歸之，人歸之者，強國之本也。

〔註7〕同註4。
〔註8〕參閱第四章管子之政治思想第一節三、治國之規制。

上農挾五，中農挾四，下農挾三；上女衣五，中女衣四，下女衣三。農有常業，女有常事。一農不耕，民有爲之飢者；一女不織，民有爲之寒者。飢寒凍餓（按：「塞」當爲「寒」），必起於糞土。故先王謹於其始。事再其本，民無糧者賣其子（郭沫若云：「無」下當有重文，即是「民無無糧者賣其子」）；三其本，若爲食；四其本，則鄉里給；五其本，則遠近通；然後死得葬矣。事不能再其本，而上之求焉無止，然則姦涂不可獨遵，貨財不安於拘，隨之以法，則中內撕民也。輕重不調，無糧之民不可責理，鬻子不可得使，君失其民，父失其子，亡國之數也。管子曰：「神農之數曰（郭沫若云：「神農之數」當爲「神農之教」）：一穀不登，減一穀，穀之法什倍（郭沫若云：「法」殆假爲「發」，謂「散發」也）；二穀不登，減二穀，穀之法再什倍。夷疏滿之，無食者予之陳，無糧者貸之新，故無什倍之賈，無倍稱之民。」（〈揆度〉第七十八）

上農之所穫，可以養五口，下農則養三口；上女之所織，可以衣五人，下女則衣三人；若有一農不耕、一女不織，民將有飢寒者。是以農必當有常業，女必當有常事，是耕織之爲施政養民之本始也。農事得兩倍之利，則民無賣子者矣；得三倍之利，則足於食；得四倍之利，則鄉里富；得五倍之利，則遠近通、死者安。若農事不能有兩倍之利，而君上又復求之無已，則父將失其子，君將失其民。是故管仲以爲欲振興農事，君必予無食之民陳糧，令其得食；而無種子以耕農者，則君貸之新穀，令其得耕。傷於農事之水害、旱害、風霧雹霜之害、病害、蟲害（見〈度地〉第五十七），亦當爲民除之，以利農事。

　　農耕之事，亦有涉及專業知識與經驗者，彼輩可輔佐國君教民力耕，收事半功倍之效，使無前述之病、蟲等患害。此等人政府當重用之、鼓勵之，乃能落實振興農業以惠民之政。管仲曰：

民之能明於農事者，置之黃金一斤，直食八石；民之能蕃育六畜者，置之黃金一斤，直食八石；民之能樹蓻者，置之黃金一斤，直食八石；民之能樹瓜瓠、葷菜、百果、使蕃衰者（趙用賢云：衰、育同），置之黃金一斤，直食八石；民之能已民疾病者，置之黃金一斤，直食八石；民之知時，曰歲且阨，曰某穀不登，曰某穀豐者，置之黃金一斤，直食八石；民之通於蠶桑，使蠶不疾病者，皆置之黃金一斤（丁士涵云：「皆」字衍），直食八石。謹聽其言而藏之官。使師

旅之事無所與，此國筴之者也（王念孫云：「國筴」之下，當有「大」
字）。（〈山權數〉第七十五）

凡能有助於振興農事之各類人才，除賞之以黃金一斤，糧食八石之外，政府
當尊之重之，謹聽其言而藏之官府，且使此類人才不與征戰之事。

　　商賈之用力也，不過於耕農；商賈之獲利也，則必過於耕農；不事力而
衣食富於人，人孰不爲之？設若人皆爲商賈，則農耕之事何由振興？是以欲
振興農業，亦必不能不賤商。《管子》曰：

地之守在城，城之守在兵，兵之守在人，人之守在粟。……故上不
好本事，則末產不禁。末產不禁，則民緩於時事而輕地利。輕地利，
而求田野之辟、倉廩之實，不可得也。（〈權修〉第三）

在上位者，當好本事而禁末產，以期百姓之盡力於耕農。是以桓公問管仲：「殺
正商賈之利，而益農夫之事，爲此有道乎？」管仲對曰：

粟重而萬物輕，粟輕而萬物重，兩者不衡立。故殺正商賈之利，而
益農夫之事，則請重粟之價金三百。若是，則田野大辟，而農夫勸
其事矣。（〈輕重乙〉第八十一）

此提高糧食價格之法也。上節均貧富所述者，亦屬抑商賈之利之法，可參看。

二、天時地利

　　「不務天時，則財不生；不務地利，則倉廩不盈。」（〈牧民〉第一）不
務天時，是使五穀之生也不得其時；不得其時，則不能蕃茂壯碩。不務地利，
是使五穀之生也不得其地；不得其地，則不能生育成長。是故欲重農務本，
則必順天時、因地利乃可。

　　管仲定士農工商四民之居者，欲其累積經驗，父以教子，兄以教弟，使
能事半功倍也，其言農事曰：

今夫農（丁士涵云：「今」當作「令」），群萃而州處，審其四時，……
及寒，擊稾除田，以待時乃耕。深耕、均種、疾櫌，先雨芸耨，以
待時雨。時雨既至，挾其槍、刈、耨、鎛，以旦暮從事於田墅。（〈小
匡〉第二十）

農者必待天時而後作，是以君上者，不得奪民農耕之時，令之旁務。《管子》
曰：

日至六十而陽凍釋，七十日而陰凍釋。陰凍釋而秫稷（劉績云：「秫」

同「蓻」），百日不秇稷，故春事二十五日之内耳也（張佩綸云：「也」
字疑衍）。今君主扶臺，五衢之眾皆作，君過春而不止，民失其二十
五日，則五衢之内阻弃之地也。起一人之繇，百畝不舉；起十人之
繇，千畝不舉；起百人之繇，萬畝不舉；起千人之繇，十萬畝不舉。
春已失二十五日，而尚有起夏作，是春失其地，夏失其苗，秋起繇
而無止。此之謂穀、地數亡。穀失於時，君之衡藉而無止，民食什
伍之穀，則君已藉九矣。有衡求幣焉，此盜暴之所以起、刑罰之所
以眾也。隨之以暴，謂之内戰。（〈臣乘馬〉第六十八）

日至即冬至，冬至後六十天，向陽之地解凍，後七十日，向陰之地亦已解凍，
超過冬至後一百天，則不適於下種矣，是以眞正春耕之日，不過二十五日。
國君征民夫起樓臺，過此春耕之二十五日而不止，地皆棄地矣。若經夏秋仍
不止，則穀與地皆亡矣。農時已過，民無以生產，而上之征斂不止，則國必
貧而内亂起矣。由是觀之，政府決不可誤民之農時。非但不能誤農時，政府
更當「守諸四務」，助民掌握農時以力耕，其言曰：

桓公曰：「何謂四務？」管子對曰：「泰春，民之且所用者，君已廩
之矣。泰夏，民之且所用者，君已廩之矣。泰秋，民之且所用者，
君已廩之矣。泰冬，民之且所用者，君已廩之矣。泰春功布日（郭
沫若云：「功」當爲「公」，聲之誤。「日」當爲「曰」）：春縑衣（張
佩綸云：「縑」當爲「兼」。按：兼衣即夾衣）、夏單衣、捍、寵、纍、
箕、勝、簏、屑、糘（王引之云：「捍」蓋「桿」字之誤，臿也；「寵」
當依古本、劉本、朱本作「籠」。王念孫云：「勝」當爲「縢」，囊也。
張佩綸云：「屑」當作「筲」，竹器也。洪頤煊云：「糘」，即「稷」
字之譌），若干日之功，用人若干，無貲之家，皆假之械器，勝、簏、
屑、糘、公衣，功已而歸公衣折券（豬飼彥博云：「衣」字衍）。故
力出於民，而用出於上。春十日，不害耕事。夏十日，不害芸事（戴
望云：宋本「芸」作「耘」）。秋十日，不害斂實。冬二十日，不害
除田。此之謂時作。（〈山國軌〉第七十四）

政府協助百姓務農，於各不同階段，事先已備妥各類農耕用品，借貸予貧苦
之百姓。而征用民力，亦求其不害耕耘收穫之固定農事。此皆依天時而治事
也。《管子》又曰：

使萬室之都必有萬鍾之藏，藏繦千萬；使千室之都必有千鍾之藏，

藏繈百萬。春以奉耕，夏以奉芸。耒耜械器，鍾饢糧食（洪頤煊云：
「鍾饢」當作「種饢」），畢取贍於君。故大賈蓄家不得豪奪吾民矣。
然則何？君養其本謹也。春賦以斂繒帛，夏貸以收秋實。是故民無
廢事，而國無失利也。（〈國蓄〉第七十三）

通都大邑藏錢儲糧，以便春以奉耕之需，夏以奉耘之求。農用之器械、種子，
亦由政府供給，百姓則以繒帛或秋實償還，如此可以不失天時，亦不受困於
商賈矣。

地者政之本也，是故地可以正政也。地不平均和調，則政不可正也。
政不正，則事不可理也。……然則可以正政者地也，故不可不正也。
正地者，其實必正。長亦正，短亦正，小亦正，大亦正，長短大小
盡正。正不正則官不理（王念孫云：「正不正」當作「地不正」），官
不理則事不治，事不治則貨不多。（〈乘馬〉第五）

天時陰陽之變化，只能順之應之，而莫能變之。其振興農事而可操之於人者，
土地也，是以土地政策爲政治之要務。土地分配不恰當、利用不合理，則施政
不得其正軌。施政不得正軌，則農事生產不得發展。土地之規劃，務求長短大
小皆得其正者，正經界也。「三歲修封，五歲修界，十歲更制，經正也。」（同
上）地不正則官不理、事不治、貨不多，是爲政必重農，重農必務正其經界。
孟子亦云：「夫仁政，必自經界始。經界不正，井地不鈞，穀祿不平。是故暴君
汙吏，必慢其經界。經界既正，分田制祿，可坐而定也。」（〈孟子・滕文公上〉）

土地之肥瘠、地勢之高下，均有不同，而此不同直接影響農作物之生產，
是以勘察土壤之性質，爲不可少之工作。《管子》書有〈地員〉一篇，專論土
壤之顏色、地質、高度、地下水與礦產，乃現存最科學之土壤學，闡明植物
生長與地形、土壤、水文之相互關係與植物之垂直分布狀態。雖其所論非齊
國之地。〔註9〕然亦可見古代因爲重農，已注意及此。古人思慮之周詳，觀察
之細微，令人佩服。地質影響生產，是以善爲政者，必須依不同土質估算其
適宜種植之作物與其合理之生產量，並據以課征賦稅，如此乃能得民之力與
得民之心。其言曰：

郡縣上臾之壤守之若干（古本、劉本、朱本「臾」作「腴」），閒壤
守之若干，下壤守之若干，故相壤定籍，而民不移。振貧補不足，

〔註9〕夏緯英以爲〈地員篇〉所述者爲華北大平原，王達則以爲係關中平原之狀況。
見〈管子地員篇的地區性探討〉，刊《農史研究集刊》第二冊。

下樂上。故以上壤之滿，補下壤之眾（俞樾云：「眾」疑當作「虛」），
章四時（郭沫若云：「章」下當奪「諸」字；馬元材云：「章」讀爲
「障」，障而守之也），守諸開闔，民之不移也，如廢方於地。（〈乘
馬數〉第六十九）

相壤而定籍，以上壤之滿，補下壤之虛，振貧補不足，民必歸心，如置方形
之物於地，必穩當而可靠也。然一國之土地，未必盡如理想，均適宜五穀桑
麻之生長，是以藏穀以備不時之需爲不可輕忽大事。《管子》曰：

有山處之國，有氾下多水之國、有山地分之國、有水泆之國、有漏壤
之國，此國之五勢，人君之所憂也。山處之國，常藏穀三分之一（古
本、劉本、朱本「藏」下有「國」字）。氾下多水之國，常操國穀三
分之一。山地分之國，常操國穀十分之三。水泉之所傷（張佩綸云：
此五字乃注文誤入正文），水泆之國，常操十分之二（丁士涵云云：「常
操」下當脫「國穀」二字）。漏壤之國謹，下諸侯之五穀，與工雕文
梓器，以下天下之五穀，此准時五穀之數也。（〈山至數〉第七十六）

三、調節糧食

重農，則必重糧食，良以「五穀食米，民之司命也；黃金刀幣，民之通
施也。故善者執其通施，以御其司命，故民力可得而盡也」（〈國蓄〉第七十
三）。爲掌握五穀食米，御民之司命，以盡民力，政府必當有適當之存糧以備
災歉。《管子》曰：

湯七年旱，禹五年水，民之無糧賣子者。湯以莊山之金鑄幣，而贖
民之無糧賣子者；禹以歷山之金鑄幣，而贖民之無糧賣子者。故天
權失，人地之權皆失也。故王者歲守十分之參，三年與少半成歲，
三十一年而藏十一年與少半（俞樾云：「三十一年」當作「三十七
年」）。藏參之一，不足以傷民，而農夫敬事力作。故天毀埊（古本
「埊」作「地」），凶旱水泆，民無入於溝壑乞請者也。此守時以待
天權之道也。……大豐則藏分，阨亦藏分。……隘則易益也。一可
以爲十，十可以爲百。以阨守豐，阨之准數一上十，豐之筴數十去
九，則吾九爲餘。於數筴豐，則三權皆在君，此之謂國權。（〈山權
數〉第七十五）

禹湯鑄幣以救民之困，而管仲則建議桓公用存糧之法。每年存糧十分之三，

三年即可有相當一年收成之存糧。每年藏三分之一，不足以傷民，而可有防災歉之功。此一存糧政策，豐年固當行之，饑年亦當用之，唯存量之多寡，視需要而有不同也。豐年低價存入之糧，可在饑年中以高價賣出，而饑年售糧所獲之高價，再用以收購豐年之糧食，此即管仲調節糧食多寡與控制糧價高低之法也。

儲存糧食供荒歉救災之用外，尚可藉此掌握百姓之口腹，令其為上所用，此所謂「彼穀十藏於上，三游於下，謀士盡其慮，智士盡其知，勇士輕其死」（〈山至數〉第七十六）是也。民能盡其材力以事上，則國可爭勝於天下矣，其言曰：

> 歲藏一，十年而十也。歲藏二，五年而十也。穀十而守五，綈素滿之。五在上，故視歲而藏，縣時積歲，國有十年之蓄。富勝貧，勇勝怯，智勝愚，微勝不微，有義勝無義，練士勝敺眾，凡十勝者盡有之。故發如風雨，動如雷霆，獨出獨入，莫之能禁止，不待權輿。
> （〈事語〉第七十一）

存糧之數量，一則視國家之需要而定，再則視歲之豐歉而定，累積時日，國自富足。國家富足，則進可以攻，退可以守矣。

諸侯國皆欲己之富足也，是以存儲自身之糧食之外，亦可能蒐購外國之糧食。防堵本國過多之糧食外流，其法為鼓勵百姓儲糧，其事曰：

> 桓公曰：「糴賤，寡人恐五穀之歸於諸侯，寡人欲為百姓萬民藏之，為此有道乎？」管子曰：「今者夷吾過市，有新成囷京者二家，君請式璧而聘之。」桓公曰：「諾。」行令半歲，萬民聞之，舍其作業，而為囷京以藏菽粟五穀者過半。（〈輕重丁〉第八十三）

民間自行存糧，亦將影響市場，使富者日富，貧者日貧，是又非國家與百姓之福。為此，管仲又有調查民間存糧數目，以便由政府掌握控制之方法，其法曰：

> 請以令發師置屯籍農：十鍾之家不行，百鍾之家不行，千鍾之家不行。行者不能百之一、千之十，而囷窌之數，皆具於上矣。君案囷窌之數令之曰：「國貧而用不足，請以平價取之子，皆案囷窌而不能把損焉。」君直幣之輕重以決其數，使無券契之責，則積藏囷窌之粟皆歸於君矣。（〈輕重乙〉第八十一）

國君下令將派軍屯田務農，凡家有存糧者可以勿行，如此，則何人之家有存

糧，存糧之數有若干，君皆知之矣。次之，國君有平價收購之優先權，令其不得妄以高價售出。再次，國君以手中握有之貨幣，規定一合理之糧價，如此，民間之存糧皆歸於公矣。

至於政府收購糧食之方法，則如下：

> 然後調立環乘之幣：田軌之有餘於其人食者，謹置公幣焉，大家眾，小家寡。山田、閒田曰（聞一多云：「曰」即「田」之誤而衍），終歲其食不足於其人若干，則置公幣焉，以滿其准。重歲，豐年五穀登，謂高田之萌曰：「吾所寄幣於子者若干，鄉穀之櫎若干，請為子什減三。」穀為上，幣為下。高田撫閒田山不被（郭沫若云：「山」下奪一「田」字），穀十倍。山田以君寄幣，振其不贍，未淫失也。高田以時撫於主上，坐長加十也。女貢織帛，苟合于國奉者，皆置而券之，以鄉櫎市准，曰：「上無幣，有穀，以穀准幣，環穀而應筴。」國奉決穀，反准賦軌幣，穀廩重有加十。謂大家委貲家曰：「上且修游（戴望云：元本「修」作「循」），人出若干幣」謂鄰縣曰：「有實者皆勿左右，不贍，則且為人馬假其食民（聞一多云：「民」上脫「於」字）。」鄰縣四面皆櫎（郭沫若云：「櫎」字當為「據」字之誤，言遵照上命也），穀坐長而十倍。上下令曰：「貲家假幣，皆以穀准幣，直幣而庚之。」穀為下，幣為上。百都百縣軌據，穀坐長十倍。環穀而應假幣，國幣之九在上，一在下。幣重而萬物輕，斂萬物應之以幣，幣在下，萬物皆在上，萬物重十倍。府官以市櫎出萬物，隆而止（俞樾云：「隆」當作「降」）。國軌布於未形，據其已成，乘令而進退，無求於民，謂之國軌。（〈山國軌〉第七十四）

又曰：

> 國之廣狹，壤之肥墝有數，終歲食餘有數，彼守國者守穀而已矣。曰：某縣之壤廣若干，某縣之壤狹若干，則必積委幣，於是縣、州、里受公錢。泰秋，國穀去參之一，君下令謂郡縣，屬大夫里邑皆籍粟入若干，穀重一也，以藏於上者。國穀參分，則二分在上矣。泰春，國穀倍重，數也。泰夏，賦穀以市櫎，民皆受上穀以治田土。泰秋，田穀之存予者若干（陶鴻慶云：「田」當為「曰」）？今上斂穀以幣，民曰：無幣，以穀。則民之三有歸於上矣。重之相因，時之化舉，無不為國筴。（〈山至數〉第七十六）

管子之主要方法爲國家準備「公幣」，存放於縣、州、里，作收購調劑之用。其中之一法爲：預付收購糧食之價款於產量多之高田之民，屆時以十分之三之時價收購，命其呈繳糧食。如此，國有存糧，而產量少之山田之家亦得獲此存糧之救濟。

　　簡而言之，視糧食如貨幣，與眞正之貨幣交相爲用，使國有存糧，君有餘利，而民亦得食，富商、大夫則不能牟大利。政府之糧食政策一爲控制數量，二爲控制價格，而此目的之達成，全以政府之行政權爲之。糧食關係國脈民命，故亦注重國際間糧價之波動，務求其穀米不外流。其所用之方法爲：「彼諸侯之穀十，便吾國穀二十，則諸侯穀歸吾國矣。……故善爲天下者，謹守重流，而天下不吾洩矣。」（〈山至數〉第七十六）此言堅持糧食之價格高於他國，以使糧食不致外流。而糧價更隨國際價格而浮動，「天下高則高，天下下則下」（〈地數〉第七十七），如此乃能確保糧食不爲外國所奪以致動搖國本。

第三節　國營事業

一、禁末作、官山海

　　《管子》書雖昌言農爲本務，然齊地僻處海濱，可耕之地不多，故於力農之外，亦不廢棄工商。《管子》曾論齊之耕地面積問題於桓公之前曰：

> 管子問於桓公：「敢問齊方于幾何里（郭沫若云：「方于」當讀爲「方輿」）？」桓公曰：「方五百里。」管子曰：「陰、雍、長城之地，其於齊國三分之一，非穀之所生也。澤龍夏（洪頤煊云：此「澤」字本「海莊」二字譌并作一字），其於齊國四分之一也（丁士涵云：「也」字上亦當有「非穀之所生」五字）。朝夕外之所墆齊地者（豬飼彥博云：「朝夕」，潮汐也；「外」字衍），五分之一，非穀之所生也。」
> （〈輕重丁〉第八十三）

齊地三分之一爲陰暗、雍水與長城之地；海莊、龍夏等禽獸所居之地則有四分之一；海邊有潮汐之地又五分之一；此等地帶均不適五穀之生長，是齊之可耕之地極少，無怪乎管仲重視農業之產銷與儲藏也。客觀言之，齊欲富強，徒恃農業之力爲不可能，勢非興辦工商以爲輔助不可。

　　工商之利，固有令國家富強之功，然亦可能造福私家而已；工商之利，

固可帶動農業之生產，然亦可能造成浪費風氣。是以如何得工商之利而去其弊，爲施政者之要務。管仲之策爲禁末作以避免奢侈浪費，興辦國營事業以富強國家。

茲先述其禁末作之事。

> 故上不好本事，則末產不禁。末產不禁，則民緩於時事而輕地利。輕地利，而求田野之辟，倉廩之實，不可得也。（〈權修〉第三）

又曰：

> 凡爲國之急者，必先禁末作文巧。末作文巧禁，則民無所游食。民無所游食，則必農。民事農，則田墾。田墾，則粟多。粟多，則國富。國富者兵彊，兵彊者戰勝，戰勝者地廣。是以先王知眾民彊兵，廣地富國之必生於粟也，故禁末作，止奇巧，而利農事。今爲末作奇巧者，一日作而五日食，農夫終歲之作，不足以自食也，然則民舍本事而事末作，舍本事而事末作，則田荒而國貧矣。……故先王使農、士、商、工四民交能易作，終歲之利，無道相過也，是以民作一而得均。民作一，則田墾；姦巧不生（吳志忠云：當作「得均則姦巧不生」）。田墾則粟多，粟多則國富；姦巧不生則民治。富而治，此王之道也。（〈治國〉第四十八）

末作奇巧，一日之工可得五日之食，獲利甚厚。農則忙碌終歲，僅得溫飽。民皆趨利避害，是必皆棄農而務工商末作矣。民皆棄農，則民飢國弱，無以圖存於天下。是以爲重農耕，必當禁末作奇巧，以免民皆棄農他務；爲均貧富，亦必禁末作奇巧，以使百姓之收入得其均。唯其民皆歸農，且貧富得均，乃能使國富而兵強，地廣而人眾，進而王於天下。

> 菽粟不足，末生不禁，民必有飢餓之色，而工以雕文刻鏤相稺也，謂之逆。布帛不足，衣服毋度，民必有凍寒之傷，而女以美衣錦繡纂組相稺也（王念孫云：「纂」當爲「纂」字之誤也），謂之逆。（〈重令〉第十五）

> 工事競於刻鏤，女事繁於文章，國之貧也。……工事無刻鏤，女事無文章，國之富也。（〈立政〉第四）

> 今工以巧矣（豬飼彥博云：「以」、「已」同，下同），而民不足於備用者，其悅在玩好。農以勞矣，而天下飢者，其悅在珍怪。方丈陳於前（丁士涵云：此五字衍文）女以巧矣，而天下寒者，其悅在文

繡。是故博帶梨、大袂列、文繡染、刻鏤削、雕琢采（王引之云：「采」
當爲「平」）。關幾而不征，市廛而不稅。古之良工，不勞其知巧以
爲玩好，是故無用之物，守法者不失（王念孫云：「失」當爲「先」）。
（〈五輔〉第十）

凡此皆言末作奇巧，足以助長奢侈浮華之風。工以雕文刻鏤相驕，女以綿繡
纂組相驕，皆將導致國家貧窮。唯有割裂博帶、大袂，去除文繡，削平刻鏤、
雕琢，去此等無用之物，乃能令民反本，不因競於奢侈浮華而亡身破家。

次論官山海。

桓公曰：「何謂別羣軌、相壤宜？」管子對曰：「有茊蒲之壤；有竹
箭、檀柘之壤；有氾下漸澤之壤；有水潦魚鼈之壤。今四壤之數，
君皆善官而守之，則籍於財物，不籍於人。敵十畝之壤（宋翔鳳云：
「十畝」宋本作「十鼓」。按：鼓，量器名），君不以軌守，則民且
守之。民有過移長力（王念孫云：「過」當爲「通」。郭沫若云：「長
力」疑爲「長刀」之誤；長刀，齊之法幣形），不以本爲得，此君失
也。」（〈山國軌〉第七十四）

不同之土地有不同之生產，茊蒲之壤取其鹿豕，竹箭檀柘之壤取材木，氾澤
之壤取其鹽鹵，水潦之壤取其魚鼈。自然資源當由政府掌之，則可不稅斂百
姓而用度自足，若操於百姓之手，則利益將歸少數人，當非國家之福。山林
之地，生產木材，更爲國家與人民共同之需，政府亦當控制之，其言曰：

故爲人君而不能謹守其山林菹澤草萊，不可以立爲天下王。桓公曰：
「此若言何謂也？」管子對曰：「山林菹澤草萊者，薪蒸之所出，犧
牲之所起也。故使民求之，使民藉之，因以給之。」（〈輕重甲〉第
八十）

又曰：

宮室械器，非山無所仰。然後君立三等之租於山曰：「握以下者爲柴
楂（按：「椏」當爲「握」，隻手所圍者），把以上者爲室奉，三圍以
上爲棺槨之奉。柴楂之租若干，室奉之租若干，棺槨之租若干。」
（〈山國軌〉第七十四）

此爲依木材尺寸大之不同，而定不同租稅之方法。國君當謹守山林、川澤、
草萊之資源，以期木材、牲畜之民生物品，能供應百姓之需要。

桓公問於管子曰：「請問天財所出，地利所在。」管子對曰：「山上

有赭者，其下有鐵。上有鉛者，其下有銀。一曰：上有鉛者，其下有鈺銀（宋翔鳳云：「一曰」以下十一字，皆校者語，誤入正文）。上有丹沙者，其下有鈺金。上有慈石者，其下有銅金。此山之見榮者也。苟山之見榮者，謹封而爲禁，有動封山者，罪死而不赦，有犯令者，左足入左足斷，右足入右足斷，然則其與犯之遠矣。此天財地利之所在也。」（〈地數〉第七十七）

天地自然之財富在土地，不同之礦產有不同之價值，一旦「見榮」，即露出礦苗，則當立即封禁，私自入山挖掘者有重罰，此即保護礦物資源之法也。山海之所出，一則關係民生日用，一則關係財政收入，是以不得任由人民取得，必須由政府管制經營乃可。其最重要而又大宗之山海財富曰鹽，曰鐵，因之鹽鐵除由政府控制外，並由政府經營之。

二、國營鹽鐵

國營鹽鐵，收入極豐，政府可取之以補他處之不足，所補者稅收也。桓公欲課征房屋稅、樹木稅、牲畜稅與人頭稅，管仲均以苛稅多將擾民爲由阻止之，而挹注不足之法，則爲官山海。其言曰：

桓公曰：「何謂官山海？」管子對曰：「海王之國，謹正鹽筴。」桓公曰：「何謂正鹽筴？」管子對曰：「十口之家，十人食鹽。百口之家，百人食鹽。終月，大男食鹽五升少半，大女食鹽三升少半，吾子食鹽二升少半，此其大曆也。鹽百升而釜，令鹽之重升加分彊（豬飼彥博云：「彊」當作「錙」，錢也；下同），釜五十也；升加一彊，釜百也；升加二彊，釜二百也。鍾二千，十鍾二萬，百鍾二十萬，千鍾二百萬。萬乘之國，人數開口千萬也，禺筴之（尹知章云：「禺」讀爲「偶」）。商日二百萬（于省吾云：「商」本應作「商」，「商」古「適」字），十日二千萬，一月六千萬。萬乘之國，正九百萬也（王引之云：「正」與「征」同。「九」當爲「人」）月人三十錢之籍，爲錢三千萬。今吾非籍之諸君吾子，而有二國之籍者六千萬。使君施令曰：吾將籍於諸君吾子，則必囂號，今夫給之鹽筴，則百倍歸於上（陶鴻慶云：「百」當爲「自」之誤），人無以避此者，數也。」（〈海王〉第七十二）

賴大海資源以立霸王事業之國家，當用寓稅於鹽之法。管仲統計全國男、女

及小口食鹽之數量，每升鹽加價半錢、一錢或二錢均可。若以加價二錢，每日食鹽千鍾計之，征鹽稅一月可得六千萬，征人口稅，一月不過三千萬，其數額之大由此可知。若征人口稅，即使計入老人與兒童，除將怨聲四起之外，仍不能相比。而鹽稅之開征，則無人能避免，以人人皆需食鹽也。鐵器之用亦然，故鐵之資源亦當掌握於國家之手，其言曰：

> 今鐵官之數曰：一女必有一鍼、一刀，若其事立。耕者必有一耒、
> 一耜、一銚，若其事立。行服連、軺、輂者，必有一斤、一鋸、一
> 錐、一鑿，若其事立。不爾而成事者，天下無有。令鍼之重加一也，
> 三十鍼一人之籍；刀之重加六，五六三十，五刀一人之籍也；耜鐵
> 之重加七（王引之云：「七」當爲「十」），三耜鐵一人之籍也。其餘
> 輕重皆准此而行，然則舉臂勝事，無不服籍者。（同上）

婦女必用刀、針；農人必有耒、耜與銚；工匠則必備斤、鋸、錐、鑿。凡此皆民生必需之鐵器也，無此等鐵製工具則事業無由完成。若令針之價加一錢，則三十針之價相當於一人之稅；刀之價加六，則五刀之所得相當於一人之稅；耜鐵之價加十，則三耜鐵之所得相當一人之稅，準此而行，則凡動手工作之民，皆無形中負擔此一捐稅而不自覺，此較之加收其他稅目與加重人頭稅，皆易爲人民接受而又無可逃漏。

　　鹽之課稅對象爲消費者，鐵之課稅對象爲生產者，然〈海王〉所述，僅爲稅收問題，無關乎國營之事，〈輕重甲〉則又曰：

> 管子對曰：「楚有汝漢之黃金，而齊有渠展之鹽，燕有遼東之煮，此
> 陰王之國也。且楚之有黃金，中齊有薔石也，苟有操之不工，用之
> 不善，天下倪而是耳。使夷吾得居楚之黃金（聞一多云：此當刪「夷」
> 字），吾能令農毋耕而食，女毋織而衣。今齊有渠展之鹽，請君伐菹
> 薪，煮沸火爲鹽（洪頤煊云：「沸火」當作「沸水」），正而積之。」
> 桓公曰：「諾。」十月始正，至於正月，成鹽三萬六千鍾。召管子而
> 問曰：「安用此鹽而可？」管子對曰：「孟春既至，農事且起，大夫
> 無得繕冢墓、理宮室、立臺榭、築牆垣；北海之眾，無得聚庸而煮
> 鹽；若此，則鹽必坐長而十倍。」桓公曰：「善。行事奈何？」管子
> 對曰：「請以令糶之梁、趙、宋、衛、濮陽、彼盡饋食之也，國無鹽
> 則腫，守圍之國，用鹽獨甚。」桓公曰：「諾。」乃以今使糶之，得
> 成金萬一千餘斤。桓公召管子而問曰：「安用金而可？」管子對曰：

「請以令使賀獻出正籍者必以金，金坐長而百倍，運金之重以衡，

萬物盡歸於君。故此所謂用若挹於河海，若輸之給馬，此陰王之業。」

齊有渠展之鹽，此齊之得地利者也，善用此地利，則農可以毋耕而食，女可
以毋織而衣。其法曰：國君於冬季十月至正月下令大量砍伐柴薪，命百姓煮
海水爲鹽，政府征購並儲藏之。春天則大夫不得大興土木，百姓不得煮鹽，
以免害農，如此，鹽價必上漲十倍。而梁、趙、宋、趙及濮陽地區，食鹽皆
賴輸入，齊售之各國，得大利，此取之不盡用之不竭之財富也。由此記載，
知齊國鹽業之生產、儲存、運銷，統由國家管制並經營，政府從中取得國內
與國外之大利。〈地數〉所載略同，不具述。

鐵之生產、運輸，則未見管子有國營之記載，其採用之方法爲：

桓公曰：「衡謂寡人曰：一農之事，必有一耜、一銚、一鎌、一鎒、
一椎、一銍，然後成爲農。一車必有一斤、一鋸、一釭、一鑽、一
鑿、一銶、一軻，然後成爲車。一女必有一刀、一錐、一箴、一銶，
然後成爲女。請以令斷山木、鼓山鐵，是可以毋籍而用足。」管子
對曰：「不可。今發徒隸而作之，則逃亡則不守。發民，則下疾怨上，
邊竟有兵，則懷宿怨而不戰。未見十鐵之利，而內敗矣。故善者不
如與民量其重，計其贏，民得其十，君得其三。有雜之以輕重，守
之以高下。若此，則民族作而爲上虜矣。」（〈輕重乙〉第八十一）

原本有人建議桓公以國君之命，斷山林之木以鍊鐵礦，製造民間日用之工具，
以便不稅民而足國用。管子則以爲：開採與冶鍊鐵礦，所需人力過大，若用
徒隸作工，恐其藉機逃亡；若徵民夫，恐百姓怨懟君上。故以爲不如與民合
營，估計其產量、計算其利潤，百姓得七，國君取三。至於產銷，則由政府
運用輕重之術，操縱其價格，如此，名爲公私合作，而實際之大利，則仍操
之國君之手也。

第四節　財政措施

一、租稅政策

「薄徵斂、輕征賦、弛刑罰、赦罪戾、宥小過，此謂寬其政。」（〈五輔〉
第十）薄徵斂、輕征賦爲寬政之首要工作。管子教桓公欲舉霸王大業，必當

務其本事，其一即齊國百姓「甚憂飢、而稅斂重」（〈霸形〉第二十二）。是以桓公「使稅者百一鍾，……關譏而不征，市書而不賦」（同上）。即位十九年，復「弛關市之征，五十而取一。賦祿以粟，案田而稅。二歲而稅一，上年什取三，中年什取二，下年什取一。歲飢不稅，歲飢弛而稅」（〈大匡〉第十八）。關、市之征最初為查稽而不征稅，市場亦書契而不課稅，後又改為開征五十分之一。田賦尤其減少，其開征情形為依粟米產量與田地肥瘠情況定不同之征收標準。一般而言，兩年收稅一次，征收比率，亦依產量之豐歉而定，荒年不征。至於土地之肥瘠，亦為征賦之重要考量，所謂「相地而衰征，則民不移」（《國語・齊語》）。相地而征之法，亦見於《管子・小匡》與〈乘馬數〉。其言曰：

> 一彷見水不大潦，五尺見水不大旱。十一彷見水輕征，十分去二三，二則去三四（王引之云：當為「一彷見水輕征，十分去一，二則去二，三則去三」），四則去四，五則去半。比之於山。五尺見水，十分去一，四則去三，三則去二，二則去一。三尺而見水，比之於澤（俞樾云：當作「五尺見水，十分去一，四則去二，三則去三，二則去四。一尺而見水，比之於澤」）。（〈乘馬〉第五）

下地一彷方能見水者易旱，輕征其賦十分之一，二彷者減十分之二，依次類推。下地五尺即見水者易潦，輕征其賦十分之一，四尺見水者減十分之二，亦依次類推。政府之能為民設想體貼入微，不一概而論，統一征賦，真可謂寬其政矣。《左傳》載魯宣公十五年「初稅畝」，其師管仲之法歟？

輕其稅賦之外，亦不另加名目，課征百姓，此所謂「租籍（李哲明云：「租籍」下當有「者」字），君之所宜得也。正籍者，君之所強求也。亡君廢其所宜得，而斂其所強求，故下怨上而令不行」（〈輕重乙〉第八十一）。正常之租稅乃國君應得者，若開征苛捐雜稅，則為強求於民，民必怨上。是以：

> 桓公問於管子曰：「吾欲藉於臺雉何如？」（姚永概云：「藉」當作「籍」；下同。王引之云：「雉」當為「榭」。）管子對曰：「此毀成也。」「吾欲藉於樹木？」管子對曰：「此伐生也。」「吾欲藉於六畜？」管子對曰：「此殺生也。」「吾欲藉於人何如？」管子對曰：「此隱情也。」（〈海王〉第七十一）

桓公欲加征房屋稅、樹木稅、牲畜稅與人口稅，管仲均反對之，以為如此將使民無居、無木、無畜與不再生子矣。此事亦見於〈國蓄〉與〈輕重甲〉。不

能妄加新稅之外，原有稅捐，亦不應使之有重複課稅之現象，其言曰：

> 征於關者，勿征於市。征於市者，勿征於關。虛車勿索，徒負勿入，以來遠人。（〈問〉第二十四）

> 凡農者月不足而歲有餘者也，而上徵暴急無時，則民倍貸以給上之徵矣。耕耨者有時，而澤不必足，則民倍貸以取庸矣。秋糴以五，春糶以束，是又倍貸也。故以上之徵而倍取於民者四（金廷桂云：此句當在「關市」節下）。關市之租，府庫之徵，粟什一（張佩綸云：當作「什一之粟」），廝輿之事，此四時亦當一倍貸矣。夫以一民養四主，故逃徙者刑，而上不能止者，粟少而民無積也。（〈治國〉第四十八）

凡此征稅於關者，即不再征之於市；已征於市者，即不再征之於關；勿使一物而重複課稅。農事之負擔尤重，上若征之不時，雨澤不足、商賈高利與夫關之租、府庫之征、十一之稅、徭役之事凡此可比四次之稅捐，農民之負擔不可謂不重矣。是以為政當順天時、務地利，均貧富、行糧政、輕關市，免雜稅與征賦有時，以舒民困。順天時務地利、均貧富抑商賈、行糧政、輕關市免雜稅，前皆已言之矣，此皆國君責求之於人者，易行；若夫征賦有時，則君當反求諸己，難為。是以《管子》一再告誡之曰：

> 今人君籍求於民，令曰：十日而具，則財物之賈什去一。令曰：八日而具，則財物之賈什去二，令曰：五日而具，則財物之賈什去半。期令而夕具，則財物之賈什去九。先王知其然，故不求於萬民而籍於號令也。（〈國蓄〉第七十三）

又曰：

> 且君朝令而求夕具，有者出其財，無有者賣其衣屨，農夫糶其五穀，三分賈而去，是君朝令一怒，布帛流越而之天下，君求焉而無止，民無以待之，走亡而棲山阜，持戈之士，顧不見親。家族失而不分（郭沫若云：「分」當作「合」），民走於中，而士遁於外，此不待戰而內敗。（〈輕重甲〉第八十）

> 租籍者（洪頤煊云：「租籍」當作「正籍」，「正」讀如「征」），所以彊求也；租稅者，所慮而請也。王霸之君，去其所以彊求，廢其所慮而請，故天下樂從也。（〈國蓄〉第七十三）

欲天下之民樂從於我，則當去其額外強求之稅捐之外，亦能廢止正常之租稅，

此無稅之理想也。桓公曾以無稅之想法諮詢於管仲，其言曰：

> 桓公問於管子曰：「吾欲守國財（許維適云：「欲」下脫「內」字），
> 而毋稅於天下，而外因天下可乎？」管子對曰：「可。夫水激而流渠
> （豬飼彥博云：「渠」當作「遽」；疾也），今疾而物重，先王理其號
> 令之徐疾，內守國財而外因天下矣。」桓公問於管子曰：「其行事奈
> 何？」管子對曰：「夫昔者武王有巨橋之粟，貴糴之數。」桓公曰：
> 「為之奈何？」管子對曰：「武王立重泉之戍，令曰：民自有百鼓之
> 粟者，不行。民舉所最粟，以避重泉之戍。而國穀二什倍，巨橋之
> 粟亦二什倍，武王以巨橋之粟二什倍而市繒帛軍（郭沫若云：巨橋
> 之粟當為「國粟」，「帛」當為「萬」；尹桐陽云：「軍」同「緷」，大
> 束也），五歲毋籍衣於民；以巨橋之粟二什倍而衡黃金百萬（郭沫若
> 云：「百萬」當為「萬斤」），終身無籍於民。准衡之數也。（〈地數〉
> 第七十七）

能內守國財外因天下，可以無需征稅於民而國用自足，周之武王已用其法，
即國家控制穀價之高低、操縱米糧之聚散，以其所得購買繒帛，可以五年不
征布料於民，更可以其所得儲存黃金，如此則終身不征於民。此以穀價之輕
重之所得，代替征稅之法，以求「無籍」於民者也。此法亦見〈乘馬〉。《管
子》又曰：

> 故人君御穀、物之佚相勝，而操事於其不平之間，故萬民無籍，而
> 國利歸於君也。……故天子籍於幣，諸侯籍於食。中歲之穀，糴石
> 十錢：大男食四石，月有四十之籍；大女食三石，月有三十之籍；
> 吾子食二石，月有二十之籍。歲凶穀貴，糴石二十錢：則大男有八
> 十之籍，大女有六十之籍，吾子有四十之籍。是人君非發號令收嗇
> 而戶籍也，彼人君守其本委謹，而男女諸君吾子無不服籍者也。（〈國
> 蓄〉第七十三）

國君操縱穀價，即使無籍於民，國利仍歸於君也。中歲每石穀價加十錢，凶
年每石穀價加二十錢，人人食米，則其所得已足用矣。凡此藉穀價升降以牟
利之法，雖無苛捐雜稅等直接稅之負擔，然民仍屬間接繳納糧食稅也，此稅
捐轉嫁之法也。

　　此法亦可用之於鹽鐵。「鹽鐵二十國之筴也，錫金二十國之筴也。五官之
數，不籍於民。」（〈揆度〉第七十八）鹽、鐵、錫、金控制得法，各相當二

十國之財政收入，因此可以無需再征稅於民矣。〔註10〕直接稅可以停征，然均轉嫁於間接稅之糧食，鹽鐵與山海、鬼神。《管子》曰：

> 請立幣於民，有田倍之內，毋有其外，外皆爲幣壤。被鞍之馬千乘，齊之戰車之具，具於此，無求於民，此去丘邑之籍也。國穀之朝夕在上，山林廩械器之高下在上，春秋冬夏之輕重在上……然後君立三等之租於山。（〈山國軌〉第七十四）

又曰：

> 鹽鐵撫軌，穀一廩十，君常操九。民衣食而縣，下安，無怨咎。去其田賦，以租其山：巨家重葬其親者，服重租；小家菲葬其親者，服小租。巨家美修其宮室者，服重租；小家爲室廬者，服小租。上立軌於國，民之貧富如加之以繩，謂之國軌。（同上）

又曰：

> 君請藉於鬼神。桓公忽然作色曰：「萬民、室屋、六畜、樹木，且不可得藉，鬼神乃可得而藉夫？」……管子對曰：「昔堯之五吏五官無所食（聞一多云：「五官」二字疑衍），君請立五屬之祭，祭堯之五吏：春獻蘭、秋斂落、原魚以爲脯（郭沫若云：「原魚」當是「鰷」字；詩傳云：大魚也），鯢以爲殽。若此，則澤魚之正，伯倍異日（李哲明云：「伯」即「百」字）。則無屋粟、邦布之籍（聞一多云：末句當移此，作「然則無屋粟邦布之籍而自足，何求於民也」）此之謂設之以祈祥，推之以禮義也。然則自足何求於民也？」（〈輕重甲〉第八十）

轉嫁兵邑之籍之方法爲：建立罰款制度，令民田倍（培）不得立於疆界以外，否則罰款，政府即以此項罰款之所得，以代丘邑之籍（軍賦）。另可去其田賦，加征山林樹木之租，或藉祭祀鬼神用之供品作澤魚之征，以增加減稅後之收入。

> 桓公問於管子曰：「不籍而贍國，爲之有道乎？」管子對曰：「軌守其時，有官天財，何求於民？」（〈山國軌〉第七十四）

綜觀管子之賦稅思想，取於民有時，輕關市之征之外，以減輕田賦，刪去雜稅爲原則，而挹注彌補之法則爲轉嫁於操縱穀價、鹽鐵國營與官有山林等政策，即改直接收稅於民之方法爲收稅於物品也。

〔註10〕參前節國營事業。

二、貨幣政策

　　按貨幣之始創在文化進展上爲高度智慧之表現，我國在史前時期已使用之，以濟物物交換之窮。最初亦最通行之貨幣爲貝殼，故在文字上有關經濟之字皆從貝。此爲初期之現象。一至西周時代又至窮則變階段。其言曰：

> 玉起於禺氏，金起於汝漢，珠起於赤野，東西南北，距周七千八百里，水絕壤斷，舟車不能通。先生爲其途之遠，其至之難，故託用於其重。以珠玉爲上幣，以黃金爲中幣，以刀布爲下幣。三幣握之則非有補於煖也，食之則非有補於飽也，先王以守財物，以御民事，而平天下也。（〈國蓄〉第七十三）

> 夫玉起於牛氏邊山（王念孫云：「牛氏」當作「禺氏」），金起於汝漢之右洿（聞一多云：「洿」當爲「衢」），珠起於赤野之末光，此皆距周七千八百里，其涂遠而至難，故先王各用於其重。珠玉爲上幣，黃金爲中幣，刀布爲下幣。令疾則黃金重，令徐則黃金輕。先王權度其號令之徐疾，高下其中幣，而制下上之用，則文武是也。（〈地數〉第七十七）

周代先生即以道遠難至之金、玉、珠等物，以其稀罕，故制爲貨幣，且分上中下三等，「人君鑄錢立幣，民庶之通施也」（〈國蓄〉第七十三）。貨幣爲民用以流通財物之物，政府則以之控制財物、掌握民用與治理天下。貨幣之幣值則通過政令之緩急以調節其高下。此管子所述之貨幣種類及其大用也。《管子》又曰：

> 黃金者，用之量也。辨於黃金之理，則知侈儉。知侈儉，則百用節矣。故儉則傷事，侈則傷貨。儉則金賤，金賤則事不成，故傷事；侈則金貴，金貴則貨賤，故傷貨。（〈乘馬〉第五）

黃金乃衡量一國財用之尺度，可以知一國之侈儉，知侈儉則可適度調節各項事務之用度支出。用度儉則存錢多，存錢多則金賤，金賤則不利生產事業之發展；用度侈則存錢少，存錢少則金貴，金貴則物資賤，物資賤則浪費多，故傷貨。貨幣之影響生產與物資，由此可見矣，是以諸侯最重視之財貨即爲貨幣，故《管子》曰：「請問諸侯之化僎（張文虎云：「化」亦讀爲「貨」。「僎」與「幣」古通；下同）。僎也者，家也（劉師培云：「家」或係「賈」字之假；下同）；家也者，以因人之所重而行之。」（〈侈靡〉第三十五）

　　金、玉與珠以其稀少故可制爲貨幣，齊則國家控制銅礦雇民工以鑄幣，「請

立幣。國銅，以二年之粟雇之」（〈山權數〉第七十五），然一國貨幣之數量當有一定之限度，否則無中準之用、無調節之功。故曰：

> 田有軌、人有軌、用有軌、鄉有軌、人事有軌、幣有軌、縣有軌、國有軌，不通於軌數，而欲爲國，不可。桓公曰：「行軌數奈何？」對曰：「某鄉田若干、人事之准若干、穀重若干。曰：某縣之人若干，田若干，幣若干而中用，穀重若干而中幣，終歲度人食，其餘若干。」（〈山國軌〉第七十四）

> 幣乘馬者，方六里，田之美惡若干，穀之多寡若干，穀之貴賤若干，凡方六里用幣若干，穀之重用幣若干，故幣乘馬者，布幣於國，幣爲一國陸地之數，謂之幣乘馬。（〈山至數〉第七十六）

國之幣當有軌，其軌之計算，首先當視某縣人口之數、田地之數，佔出若干之幣方能適合流通之用。〈山至數篇〉謂以方六里爲統計單位。復次，此項貨幣之數量，亦須注意配合穀物之數量。此即《管子》所謂：

> 五穀食米（按：〈輕重乙〉作「粟米」，是也），民之司命也；黃金刀幣，民之通施也。故善者執其通施，以御其司命，故民力可得而盡也。（〈國蓄〉第七十三）

貨幣與穀物之數量、價格相互影響，而其交互運用操作，權在政府，此即輕重之術也。

貨幣聚於官府而不出，即不能發揮其作用，此時米糧等百物必操在民間之手，而其價格之高低，政府必不能控制，是則非國家與百姓之福。管仲調節之法爲：士之報酬、大夫之租稅、人馬之食用，均改用貨幣，如此貨幣流出，穀物收回，達到調節市場與物價之功能。其言曰：

> 士受資以幣，大夫受邑以幣，人馬受食以幣，則一國之穀資在上（〈豬飼彥博云：「資」當作「皆」），幣貲在下（按：「貲」亦當爲「皆」），國穀什倍，數也。萬物、財物去什二，筴也。……國筴出於穀，軌國之筴，貨幣乘馬者也。今刀布藏於官府巧幣（郭沫若云：「巧幣」乃「朽弊」之訛），萬物輕重皆在賈之（金廷桂云：「之」當爲「子」），彼幣重而萬物輕，幣輕而萬物重，彼穀重而穀輕（陶鴻慶云：此文疑本二句，其文云「彼萬物輕而穀重，萬物重而穀輕」），人君操穀幣金衡（張佩綸云：「金衡」當作「準衡」）而天下可定也，此守天下之數也。（〈山至數〉第七十六）

又曰：

> 粟重黃金輕，黃金重而粟輕，兩者不衡立，故善者重粟之賈。（〈輕重甲〉第八十）

是可知貨幣之重要性仍次於穀物也。貨幣與穀物間之關係由此得見矣。

結　語

周以農業興，下迨春秋之際，仍以農業為經濟主體，是以各家思想，均倡導重農之觀念。農為民生之本，本身亦有其受重視之條件。《管子》書中重農之具體表現，計有闢地開墾，不違農時，食儲食糧，減輕田賦，重視地利與控制糧價種種措施。為減輕田賦，則官山海而營鹽鐵；為富裕民生，則控制糧價而行輕重之術。並使工商業居於輔助農業發展之地位。即證其經濟觀念雖以重農為本，然亦不輕忽工商。與斥工商為五蠹之一之韓非大異其趣。李悝、吳起之流，亦倡言盡地力而已，不言工商。其思想之差，雖不免受時代與地域之影響，然思慮之廣狹，目光之遠近，實為其主因。就時代言，戰國之際工商之利已動搖以農為本之經濟型態，是以戰國法家諸子，大力倡農而鄙工商。春秋時代則工商初見興起，不足以壓抑農業，且齊、鄭之地，原有發展工商之必要與有利條件，是以管仲、子產均不鄙薄工商。

管仲自言曾為商賈，雖其事業無成，然其人之具有商業頭腦與經驗則不待言。齊僻處海濱，中有高山，農地狹小，却有魚鹽之利。溯自太公以來，重農之外，亦兼重工商。宜乎管仲主齊國之政，既大力繼續倡導農業，亦不輕忽工商業之發展。官山海、營鹽鐵之政策，於後世之影響極大，西漢桑弘羊之經濟改革，多師《管子》之法。〔註11〕此種國營事業，實兼具多重意義，一則不增農民負擔而足國用，具輔助農業之功能；二則發展工商從事國際貿易，使齊國具有爭強稱霸之資本；三則使工商業得逐漸發展之機會，不再受學者之輕視。

《管子》書重視貿易之思想，實亦反映春秋以降之列國爭強與交往之實況。「為國不能來天下之財，致天下之民，則國不成。」（〈輕重甲〉第八十）又曰：「故善為國者，天下下，我高；天下輕，我重；天下多，我寡；然後可以朝天下。」（〈輕重乙〉第八十一）減輕關稅，不重複課稅於關與市，輔之

〔註11〕參閱拙著《鹽鐵論研究》，文史哲出版社印行。

以鼓勵措施，「請以令爲諸侯之商賈立客舍。一乘者有食，三乘者有芻菽，五乘者有伍養，天下之商賈歸齊若流水」（同上）。是貿易有其商業互通有無之功用，亦有來天下之財，招天下之民之政治目的。《管子》書利用穀價之高低，傾天下之財，以經濟作戰，敗天下之國者皆是也。此《管子》經濟思想之特出於古聖先賢者也。

國父孫中山先生於民國元年，在上海演講「社會主義之派別及批評」時曾謂：「……按經濟學本濫觴於我國。《管子》者，經濟家也。興鹽魚之利，治齊而致富強。特當時無經濟學之名詞，且無條理，故未能成爲科學。厥後經濟學之原理成爲有系統之學說……驟視之，其理似不高明深邃，熟審之，則社會之萬象莫不包羅於其中也。」由此可知：一，世界經濟學乃中國人首創。二，管仲即首創世界經濟學之大經濟家。三，經濟學乃一極高深繁難、包羅萬象之學術。我們當知　國父此語乃遍歷世界，考察研究，閱讀所有世界經濟專書之後，所發之言論，所作之評斷。即此可見管仲不僅爲中國經濟學創始者，亦爲世界經濟學之創始者。又不僅有言論，有書傳後，且有實際事功。則又非專究理論者可比！

猶有進者，管氏雖三千年前人，但於今觀之，仍多不易之論。即此而論，不能僅以歷史名著觀之，更當有以宏揚實踐之也。綜括《管子》經濟學上特點可得如下數要端：

一、因時因地而制其宜。用能因應時勢就國家需要、地理形勢爲適時之對策。

二、本末兼賅。農業爲本、工商爲末，重農亦不放棄工商。

三、精神與物質並重。人民共同生活必須以禮義廉恥爲基石，政治措施則以衣食足爲先務。

四、國家與人民並重。先求富民，民富而國自富。

五、求均求足亦能應變。均與足爲經濟上兩大原則，災荒戰亂則不能免，平時有準備，變時能應付。

六、面對現實，求新、求變亦求進步。對山言山，對海言海，故利用地理條件以發展漁鹽及礦業。

七、以政治教育與經濟配合。利用政權而不採高壓強制手段，利用教育以勸人民務本重農勤於生產，並使各業交能易作互相濟助。

八、開源節流，增加生產，節約消費。

　　唯一缺點即未能以身作則致陷於不知禮不節儉之譏。就上述種種優點而言，管仲在經濟上之成就與功業實非尋常可比，應為之揭示尤當實踐，擇可採者利用以濟今之窮。

第七章　管子之教育思想

　　「倉廩實則知禮節，衣食足則知榮辱」（〈牧民〉第一），此誠《管子》之名言，亦施政之本也。倉廩衣食乃萬民養生之具，人而不得養其生，則一切政教皆落入空談而不合實際。然人類之生存意義與價值，原不只於口腹之欲；且人類之異於禽獸者，亦在於物質生活之外，復能追求精神之生活也。以故富而後教，為政治上不磨之論。所謂倉廩衣食，為物質生活之所需；禮節榮辱則屬精神生活之領域。欲由倉廩衣食提昇至禮節榮辱，則有賴於教育。亦猶中庸所謂修道之謂教也。管氏有此深識，雖其書中言政法經濟之語頗多，然其論教育之語仍可謂勝義屢出，彌足珍貴。雖其所論未臻儒家之完備周詳，然視稍後之法家之輕忽教育，則顯然不失為探本之論也。

第一節　教訓成俗

　　「凡牧民者，使士無邪行，女無淫事。士無邪行，教也；女無淫事，訓也。教訓成俗而刑罰省數也。」（〈權修〉第三）此言教訓士女，可以省數刑罰也。「姦民傷俗教，……教傷，則從令者不輯。……從令者不輯，則百事無功。」（〈七法〉第六）百姓無教則易為姦，為姦則傷風敗俗破壞教化，風教壞則百姓不睦，百姓不睦則政治無功。凡此皆言教育為政治法令之輔，必教育成功乃能政簡刑輕也。

　　教育為政治之輔，二者之施行方式與效果有所不同。政令之於人也，嚴肅而刻板；教化之於人也，感人而活潑。嚴肅而刻板者，人畏之；感人而活

潑者，人愛之。畏則遠避，愛則親近，此其大較也。故政令所不及與不足者，唯賴教育以輔成之。〈侈靡〉曰：

> 政與教孰急？管子曰：夫政教相異而殊方。若夫教者，標然若秋雲之遠，動人心之悲；藹然若夏之靜雲，乃及人之體；鵬（俞樾云：乃「鴌」字之誤。按：鴌，深邃貌）然若諭之靜（郭沫若云：「諭之靜」殆本作「諭月之靜」），動人意以怨；蕩蕩若流水，使人思之，人所生往。教之始也，身心備之。辟之若秋雲之始見（張佩綸云：八字乃衍文）賢者不肖者化焉。敬而待之，愛而使之，若樊神山祭之。賢者少，不肖者多，使其賢，不肖者惡得不化？今夫政則少則（劉師培云：下「則」疑當作「別」），若夫成形之徵者也，去則少（張佩綸云：三字當作「尚法則」）可使人乎？

此言政治與教育之相異而殊方甚明，教育之大用即在能化民成俗而民不自覺也，所謂「教訓習俗者眾，則君民化變而不自知也」（〈八觀〉第十三）。

教育既為施政不可少之要務，則教育之成敗，正可反應政治之良窳與國家之治亂。〈八觀〉曰：

> 入州里，觀習俗，聽民之所以化其上，而治亂之國可知也。州里不鬲，閭閈不設，出入毋時，早晏不禁，則攘奪竊盜，攻擊殘賊之民，毋自勝矣。
>
> 食谷水，巷鑿井，場圃接，樹木茂，宮牆毀壞，門戶不閉，外內交通，則男女之別毋自正矣。
>
> 鄉無長游，里毋士舍，時無會同，喪烝不聚，禁罰不嚴，則齒長輯睦，毋自生矣。
>
> 故昏禮不謹，則民不修廉；論賢不鄉舉，則士不及行；貨財行於國，則法令毀於官；請謁得於上，則黨與成於下；鄉官毋法制，百姓羣徒不從，此亡國弒君之所自生也。故曰：入州里，觀習俗，聽民之所以化其上者，而治亂之國可知也。

教育之成敗，自數方面觀之：由閭里門禁之是否有常，觀察青少年之行為是否得適當之管制，此其一。由村里共同生活之是否得當，觀察風俗之醇正與否，此其二。由學校之是否設置，典禮之是否舉行，觀察敬老尊賢風氣之有無，此其三。教育之不得其當，則州里風俗不肅；州里風俗不肅，則民不修

廉，士不急行，而法令毀於官，黨與成於下矣。方百姓羣徒之不從上之化也，則亡國弒君之事生，而國危矣。

　　教育之重要既如前此所述者矣，然則教之道又如何？「不明於化，而欲變俗易教，猶朝揉輪而夕欲乘車。」（〈七法〉第六）「化」者何？「漸也、順也、靡也、久也、服也、習也，謂之化。」（同上）教之之道當循序漸進，服習久之，自然成化。而實際教民之道首應「禁微邪」。即自小事、小處入手，小過尚且不生，又何大過之有？《管子》之言曰：

　　　　凡牧民者，欲民之正也。欲民之正，則微邪不可不禁也。微邪者，
　　　　大邪之所生也。微邪不禁，而求大邪之無傷國，不可得也。凡牧民
　　　　者，欲民之有禮也，欲民之有禮，則小禮不可不謹也，小禮不謹於
　　　　國，而求百姓之行大禮，不可得也。凡牧民者，欲民之有義也，欲
　　　　民之有義，則小義不可不行。小義不行於國，而求百姓之行大義，
　　　　不可得也。凡牧民者，欲民之有廉也，欲民之有廉，則小廉不可不
　　　　修也。小廉不修於國，而求百姓之行大廉，不可得也。凡牧民者，
　　　　欲民之有恥也。欲民之有恥，則小恥不可不飾也（聞一多云：飾、
　　　　飭古字通；下同），小恥不飾於國，而求百姓之行大恥，不可得也。
　　　　凡牧民者，欲民之修小禮（當依上文作「謹」；末句同），行小義，
　　　　飾小廉（當依上文作「修」；末句同），謹小恥（當依上文作「飭」；
　　　　末句同），禁微邪，此屬民之道也。民之修小禮，行小義，飾小廉，
　　　　謹小恥，禁微邪，治之本也。（〈權修〉第三）

民有大邪則必傷國，欲民之無大邪，應自禁微邪始，微邪禁，則民自正。禁微邪之法，在教民謹小禮、行小義、修小廉、飾小恥，使民有禮、有義、有廉、有恥，民有禮義廉恥則民正矣，則治得其本矣。

　　教民之道次應「反民性」。《管子》曰：「爲國者，反民性，然後可以與民戚。民欲佚，而教以勞；民欲生，而教以死。勞教定而國富，死教定而威行。」（〈侈靡〉第三十五）管子既以教育爲政治之輔，則必以教育之方法達成政治之目標。民性好逸惡勞而又貪生怕死，若順民之性而爲，則無可成之事，無可用之民矣。是以施教之方，當爲「反民性」而教。方民之欲佚也，教之以勞；方民之貪生也，教之以死。必平居之日先有所教，而後用民之際方能成事。此非因民之性以「因材施教」之法，乃以教育導民於國家所欲之途者也。

　　反民性之教育法所期望之目標，在百姓能捨棄一己之欲望而從君上之

意，而遇事時更能隨時奉召而來，循令而往。一切出乎百姓之自動自發，而非出於政令之勉強，凡此皆有賴於平日之教育。欲民之從上所欲，必以教育手段化民成俗。變其習性與氣質，乃克有功。《管子》又曰：

> 期而致，使而往，百姓舍上以上為心者，教之所期也。始於不足見，終於不可及，一人服之，萬人從之，訓之所期也。未之令而為，未之使而往，上不加勉而民自盡竭，俗之所期也。（〈立政〉第四）

此言教訓成俗，以為國用也。〈重令〉亦曰：

> 朝有經臣，國有經俗，民有經產。……何謂國之經俗？所好惡不違於上，所貴賤不逆於令。毋上拂之事，毋下比之說，毋侈泰之養，毋踰等之服。謹於鄉里之行，而不逆於本朝之事者，國之經俗也。……國不服經俗，則臣下不順，而上令難行。……臣下不順，上令難行，則應難不捷。

所謂國之經俗，即民性之好惡貴賤，不違逆於君上之欲；而民行之去取進退，則在謹於鄉里之行，奉守朝廷之令。放眼社會，眾百姓無有行拂上之事者，無有言下比之說者，無有享侈泰之養者，無有服踰等之服者。化民成俗而至此，可謂至矣。國有經俗，在求臣下順而上令行，臣下順而上令行則民之為國事而應難也必捷，民為國事而應難捷，則國必強，此政治與教育之最終目的也。

欲民之從上之欲，欲國之有經俗，為君上者必當為民之表率，且置官以教導之乃可。《管子》曰：

> 欲為天下者，必重用其國；欲為其國者，必重用其民；欲為其民者，必重盡其民力。……厚愛利，足以親之；明智禮，足以教之。上身服以先之，審度量以閑之，鄉置師以說道之（許維遹云：「說」字疑衍），然後申之以憲令，勸之以慶賞，振之以刑罰。故百姓皆說為善，則暴亂之行無由至矣。（〈權修〉第三）

不教民順令，不導民向善，而徒以刑罰威之，民性必傷，民力亦竭。傷民之性，竭民之力，將不足以治國平天下。而「重盡民力」之方，應先以教育導民於善，再以賞罰補其不足，否則民力竭而暴亂起矣。以教育導民，則必厚愛利以親之，明禮智以教之，其尤要者，在「上身服以先之」。上行則下效，風行草偃，為民之表率，其功效乃大。至其實際之施為，則有賴於「鄉置師以道之」。

教訓成俗一事，極關乎政治之成敗與夫賞罰威令之得失，是以爲政者固當求富民之術，以足民食而養其生，亦當用教民之道，以化風俗而盡其性。《管子》曰：「一年之計，莫如樹穀；十年之計，莫如樹木；終身之計，莫如樹人。一樹一穫者，穀也；一樹十穫者，木也；一樹百穫者，人也。我苟種之，如神用之。舉事如神，唯王之門。」（〈權修〉第三）樹穀之所穫不如樹木，樹木之所得不如樹人。樹人乃爲政者終身之計，不教之民不能用，此「以不教之民戰，是謂棄之」（《論語‧子路》）者也。

第二節　德教爲本

教訓化民以成俗，反民性以導之於善，禁微邪以教之於正，凡此皆欲民之品行道德日趨之於良善也。君以德教倡導於上，民養其德於下，上下皆以道德爲本，以禮義爲先，則教化可成。所謂「使君德臣忠，父慈子孝，兄愛弟敬，禮義章明，如此則近者親之，遠者歸之」（〈版法解〉第六十六）；反之，「君不高仁，則國不相被；君不高慈孝，則民簡其親而輕過，此亂之至也」（〈山權數〉第七十五）。

欲行德教，必君上爲之表率，大力倡導乃可。《管子》曰：「順民之經，在明鬼神，祇山川，敬宗廟，恭祖舊。……不敬宗廟則民乃上校，不恭祖舊則孝悌不備。」（〈牧民〉第一）敬宗廟、恭祖舊之目的在君親爲之，以教民知孝悌敬祖之道。孝悌爲道德之本，孝悌爲忠信之始，「不孝則不臣矣」（〈度地〉第五十七）。故君上用人之際，必「選賢遂材而禮孝弟，則姦僞止」（〈君臣下〉第三十一）。平日施政則需「賞五德，滿爵祿、遷官位，禮孝弟，復賢力」（〈禁藏〉第五十三）以勸功。禮孝悌之行而外，亦應聽道德之言以求施政之得當。《管子》曰：「言而語道德忠信孝弟者，此言無棄者。……無棄之言，公平而無私，故賢不肖莫不用。故無棄之言者，參伍於天地之無私也。」（〈形勢解〉第六十四）。

國君倡導德教，以求國治與化成，猶有不足。倡導之外，尤當時刻督導與獎勵，使德教之成效更形彰顯。《管子》之法曰：「請君以國筴十分之一者，樹表置高，鄉之孝子聘之幣，孝子兄弟眾寡不與師旅之事。」（〈山權數〉第七十五）此乃管仲教桓公「蓋天下，視海內，長譽而無止」（同上）之術也。此政府取國利十分之一，用之於獎勵孝悌之民者也。獎勵之法，精神上樹表

置高以旌揚之，物質上以重幣聘之。更擴大範圍及於孝子之兄弟，無論多少，均可免除兵役之勞，此舉旨在擴大教孝之影響，使一人孝，一家興孝；一家孝，鄉里亦與有榮焉者也。

　　鄉置師以導民教民，爲免流於形式，爲教化更深入民心，君上必有以督導之。《管子》書載國君考核臣吏之施政，其中即問及「子弟以孝聞於鄉里者幾何人」（〈問〉第二十四）。地方若有孝悌忠信之人，則當逐級上報，以表彰之。《管子》曰：

> 凡孝悌忠信，賢良儁材，若在家長子弟、臣妾、屬役、賓客，則什伍以復于游宗，游宗以復于里尉，里尉以復於州長，州長以計于鄉師，鄉師以著于士師。……三月一復，六月一計，十二月一著。（〈立政〉第四）

此督導德教成效之方法也。此法有固定之考核時間，三月一復，六月一計，十二月一著；有固定之考核系統，由什伍而游宗，而里尉，而州長，而鄉師，而士師，不可謂不認眞矣。

　　管子施教，以道德爲本。又不僅在齊，更以此要求於當時各國諸侯，以求普及於天下。《管子》書載其事，有曰：

> 辛歲，吳人伐穀。桓公告諸侯未徧，諸侯之師竭至，以待桓公。桓公以車千乘會諸侯於竟，都師未至，吳人逃。諸侯皆罷。桓公歸，問管仲曰：「將何行？」管仲曰：「可以加政矣。」曰：「從今以往二年，適子不聞孝，不聞愛其弟，不聞敬老國良，三者無一焉，可誅也。諸侯之臣及國事（于省吾云：「事」應作「吏」），三年不聞善，可罰也。君有過，大夫不諫；士庶人有善，而大夫不進；可罰也。士庶人聞之吏，賢孝悌，可賞也。」桓公受而行之。（〈大匡〉第十八）

桓公聽管仲之言，治齊之外，亦加政於諸侯，要求諸侯嫡子以孝悌敬老爲首要之事，否則誅罰之，此則於教其身行孝悌之外，且爲萬民之表率，可視爲兼善天下者也。自此雖諸侯國之士庶人有孝悌，皆使聞之於吏，而獎賞之，此非率天下出於孝悌者乎？由此觀之，桓公之霸業，能不以兵車爲會者，以其能以政教相輔而行，令諸侯心服也。

　　國君倡導德教於上，臣民百姓奉行孝悌於下，上下同心潔身修行，當能教訓成俗，化成天下也。既行其政，復申其理曰：

> 孝弟者，仁之祖也；忠信者，交之慶也（豬飼彥博云：「慶」當作「度」；

　　郭沫若云：「度」讀爲「託」，託猶「薦」也）內不考孝弟，外不正
　　忠信，澤其四經而誦學者（王念孫云：「澤」讀爲「舍」），是亡其身
　　者也。（〈戒〉第二十六）

孝悌忠信，爲作人之本，人而不能孝悌於內，不能忠信於外，必亡其身。又
於〈形勢解〉有言曰：

　　爲主而賊，爲父母而暴，爲臣下而不忠，爲子婦而不孝，四者人之
　　大失也。大夫在身，雖有小善，不得爲賢。……爲主而惠，爲父母
　　而慈，爲臣下而忠，爲子婦而孝，四者人之高行也。高行在身，雖
　　有小過，不爲不肖。

此言凡爲人，皆當有德。爲君者當惠，爲父母者當慈，爲臣下者當忠，爲子
婦者當孝。惠、慈、忠、孝，乃人之高行，乃德行之本，有此四者，雖有小
過，亦不爲不肖之人矣。是以《管子》曰：

　　慈者，父母之高行也；忠者，臣之高行也；孝者，子婦之高行也。……
　　父母慈而不解，則子婦順；臣下忠而不解，則爵祿至；子婦孝而不
　　解，則美名附。（〈形勢解〉第六十四）

　　化民成俗，以德教爲先。君上倡之，臣下行之。德教以孝悌忠信爲本，
而教之之道，則以禮義廉恥爲施教之重點工作。蓋「禮不踰節，義不自進，
廉不蔽惡，恥不從枉。故不踰節，則上位安；不自進，則民無巧詐；不蔽惡，
則行自全；不從枉，則邪事不生」（〈牧民〉第一）。所謂孝悌忠信者，即雖一
言一行皆能謹守本份，作到不喻節、不自進，不蔽惡、不從枉也。是則禮義
廉恥四維之教成，以之治國，當可無失。論其效則曰：

　　國有四維，一維絕則傾，二維絕則危，三維絕則覆，四維絕則滅。
　　傾可正也，危可安也，覆可起也，滅不可復錯也。何謂四維？一曰
　　禮，二曰義，三曰廉，四曰恥。（〈牧民〉第一）

又曰：

　　凡人君者，欲民之有禮義也。夫民無禮義，則上下亂而貴賤爭。（〈版
　　法解〉第六十六）

此則又於禮、義、廉、恥四維之中，以禮義爲主，良以禮義二者爲一切行爲之
規範，易於約束人之內心也。《管子》曰：「義者，謂各處其宜也。」（〈心術上〉
第三十六）當處其宜者又爲何事？「君臣父子人間之事，謂之義。」（同上）君
臣、父子、人間之事如之何而能各處其宜？此則有賴於禮矣。《管子》曰：「禮

者，因人之情，緣義之理，而爲之節文者也。故禮者，謂有理也；理也者，明分以諭義之意也。」（同上）是知禮乃因人之情，緣義之理而訂定之節文，爲大家共守之節度，使君臣、父子、人間之事各得其宜者也。其見諸於日常生活者，則爲「登降揖讓，賤有等，親疏禮，謂之禮」（同上），此禮之外在儀節也；「質信以讓，禮也」（〈小問〉第五十一），此禮之內在精神也。

「鄉建賢，士使教於國，則民有禮矣。」（〈小匡〉第二十）君必教民以禮義，而所教者何？曰：義之七體，曰：禮之八經。何謂義之七體？《管子》曰：

> 義有七體。七體者何？曰：孝悌慈惠，以養親戚；恭敬忠信，以事君上；中正比宜，以行禮節；整齊撙詘，以辟刑僇；纖嗇省用，以備飢饉；敦懞純固，以備禍亂；和協輯睦，以備寇戎。凡此七者，義之體也。夫民必知義然後中正，中正然後和調，和調乃能處安，處安然後動威，動威乃可以戰勝而守固。故曰：義不可不行也。（〈五輔〉第十）

「孝悌慈惠，以養親戚」者，父子兄弟之事也；「恭敬忠信，以事君上」者，君臣之事也；「中正比宜，以行禮節」者，親疏貴賤之事也；「整齊撙詘，以辟刑僇」者，修身處世之事也；「纖嗇省用，以備飢饉」者，民生經濟之事也；「敦懞純固，以備禍亂」者，社會安定之事也；「和協輯睦，以備寇戎」者，國家安全之事也。

義有此七禮，義之含義深矣，義之範圍廣矣，此眞君臣父子人間之事，均需各得其宜也。是可知教民知義與行義之範圍極廣，小而個人修身齊家之道，大而處世進退之法，與夫身爲社會國家一份子所當盡之義務及所當負之責任，均包括於義之中矣。必如此乃能令民之言行舉止，中正和調，既能處安又能動威，終而爲國所用，戰勝而守固。

何謂禮之八經？《管子》曰：

> 民知義矣，而未知禮，然後飾八經以導之禮。所謂八經者何？曰：
> 上下有義，貴賤有分，長幼有等，貧富有度，凡此八者，禮之經也。
> 故上下無義則亂，貴賤無分則爭，長幼無等則倍，貧富無度則失。
> 上下亂、貴賤爭、長幼倍、貧富失，而國不亂者，未之嘗聞也。是
> 故聖王飭此八禮，以導其民，八者各得其義，則爲人君者，中正而
> 無私；爲人臣者，忠信而不黨；爲人父者，慈惠以教；爲人子者，

孝悌以肅；爲人兄者，寬裕以誨；爲人弟者，比順以敬；爲人夫者，
敦懞以固；爲人妻者，勸勉以貞。夫然則下不倍上、臣不殺君、賤
不踰貴、少不陵長、遠不閒親、新不閒舊、小不加大，淫不破義。
凡此八者，禮之經也。夫人必知禮然後恭敬，恭敬然後尊讓，尊讓
然後少長貴賤不相踰越，少長貴賤不相踰越，故亂不生而患不作。
故曰禮不可不謹也。（〈五輔〉第十）

觀此八經，旨在規範人際之關係，舉凡上下之間、貴賤之間、長幼之間與貧富之間，皆以禮規範之，則人我彼此相處之道，務期恭敬、尊讓、不相踰越而相安無事。聖王飭此八禮，以導正其民，使各得其義之外，其自身亦當服行遵守，如此乃能上下皆得其宜，此即其所謂爲人君者，中正而無私也。

《管子》此處之所謂禮，實即爲家庭、社會與政治之倫理準則也。彼論以八禮導民，旨在避免出現如下之紊亂情況：「上下無義則亂，貴賤無分則爭，長幼無等則倍，貧富無度則失。上下亂、貴賤爭，長幼倍、貧富失。」（〈五輔〉第十）終而導致國家動亂。而導民以八經，則爲人君者、爲人臣者、爲人父者、爲人子者、爲人兄者、爲人弟者、爲人夫者、爲人妻者，皆能爲其所當爲，行其所當行。臣民百姓能言行不踰規範，則無下倍上、臣弒君、賤踰貴、少陵長，遠間親、新間舊、小加大、淫破義之事矣。無前述各事，則家庭和諧、社會安定、國家太平。此德教之最終目的也。

第三節　四民教育

管仲之時，齊國之民，依其職業區分，可大別爲四，所謂：士、農、工、商也。管仲稱其爲「國之石民」（〈小匡〉第二十），言其爲國家富強之柱石也。四民各有常業，分工以成事，合作以富國，缺一而不可。是故此四民職業教育之成敗，關乎社會之安定、經濟之榮枯。而令民皆有事可爲、有業可成，不遊蕩閒散、無所事事，尤爲重要。「身無職事，家無常姓」者，聖王之禁也（見〈法禁〉第十四）。

四民之職業教育，必先定民之居，以便分別在不同之地方施行之，其言曰：

不可使雜處，雜處則其言哤、其事亂。是故聖王之處士必於閒燕，
處農必就田壄，處工必就官府，處商必就市井。今夫士，羣萃而州
處，……少而習焉，其心安焉，不見異物而遷焉。……今夫農，羣

> 萃而州處,少而習焉,其心安焉,不見異物而遷焉。……今夫工,
> 羣萃而州處,……少而習焉,其心安焉,不見異物而遷焉。……今
> 夫商,羣萃而州處,……少而習焉,其心安焉,不見異物而遷焉。……
> (〈小匡〉第二十)

分民而居處之,造成最好之學習環境,薰陶習染,使少而習之,令其心安,不游移而有二心,不見異而思遷。一則可以使之專心從事一業,建立專業制度,再則減少職業變換所造成之困擾。專業制度之建立在「爲大善」、「立大功」(〈乘馬〉第五),有良好生產績效。其言曰:「非一令而民服之,不可以爲大善;非夫人能之也,不可以爲大功。是故非誠賈不得食于賈,非誠工不得食于工,非誠農不得食于農,非信士不得立于朝。」(同上)各類人等以其專業之知能,爲國而任事,不敢誣其所不能,君知臣民之能,臣民亦知一己之能力,如此乃能成功立事。

自春秋以降,井田制度破壞,農業開始萎縮,兼之農業工作辛苦,一年一穫,遇天災人禍,甚至一年不得一穫,在在皆使人力脫離農業而轉向其他工作。上焉者讀書求學以期入仕,次焉者爲工爲商,謀什一之利。田家作苦,而爲士、爲工、爲商皆優於爲農,是又加速農業人口之減少。力農者少,則國力必弱。戰國時期,此一現象尤其明顯。是以古之法家者流,均極重視農業而力斥工商。《管子》書中雖云工商之利,然亦力主以農爲本。〔註1〕

觀其制國二十一鄉,商工之鄉僅六,而士農之鄉十五,而鄙則均爲以農爲主之民,即此可見一斑。是管仲時已見此端倪,而發爲此說以保護農業,而限制工商歟?否則,四民不可雜處,豈非限制百姓遷徙之自由與限制百姓選擇職業之自由乎?別有一事,當爲說明者,管仲曰:「樸野而不慝,其秀才之能爲士者,則足賴也。故以耕則多粟,以仕則多賢。是以聖王敬畏戚農(王念孫云:當作「敬農戚農」)。」(〈小匡〉第二十)是管仲以爲農民中之獨立秀出者可以爲士,而商工之民則永爲商工矣,此亦其重農抑末之一證也。

《管子》之四民教育亦可稱之爲家庭教育,以其父兄教子弟也;亦可視之爲分科教育,以其士者學爲士,農、工、商學爲農、工、商,各不相淆也。如曰:

> 今夫士羣萃而州處(丁士涵云:「今」當作「令」;下三段此句同),
> 閒燕則父與父言義,子與子言孝。其事君者言敬,長言者愛,幼者

〔註1〕參閱第六章管子之經濟思想第二節重農務本。

言弟，旦昔從事於此，以教其子弟。少而習焉，其安心焉，不見異
物而遷焉。是故其父兄之教不肅而成，其子弟之學不勞而能，夫是
故士之子常為士。

今夫農羣萃而州處，審其四時，權節具備其械器用（劉績云：當作
「權節其用，備其械器」），比耒、耜、穀、芨（郭沫若云：「穀芨」
當作「穀耙」）。及寒，擊槀除田，以待時乃耕，深耕、均種、疾耰。
先雨芸耨，以待時雨。時雨既至，挾其槍刈耨鎛，以旦暮從事於田
壄，稅衣就功，別苗莠，列疏遬。首戴苧蒲，身服襏襫，沾體塗足，
暴其髮膚，盡其四支之力，以疾從事於田野。少而習焉，其心安焉，
不見異物而遷焉。是故其父兄之教不肅而成，其子弟之學不勞而能，
是故農之子常為農。

今夫工羣萃而州處，相良材，審其四時，辨其功苦，權節其用，論
比、計、制、斷器，尚完利。相語以事，相示以功，相陳以巧，相
高以知事。旦昔從事於此，以教其子弟，少而習焉，其心安焉，不
見異物而遷焉。是故其父兄之教不肅而成，其子弟之學不勞而能，
夫是故工之子常為工。

今夫商羣萃而州處，觀凶飢，審國變，察其四時。而監其鄉之貨，
以知其市之賈。負任擔荷，服牛輅馬，以周四方。料多少，計貴賤，
以其所有，易其所無，買賤鬻貴。是以羽旄不求而至，竹箭有餘於
國，奇怪時來，珍異物聚。旦昔從事於此，以教其子弟，相語以利，
相示以時，相陳以知賈。少而習焉，其心安焉，不見異物而遷焉。
是故其父兄之教不肅而成，其子弟之學不勞而能，夫是故商之子常
為商。（〈小匡〉第二十）

管仲不希望百姓轉業，一則以定民之居，不使雜處之法以限制之，再則分科
而教育之，使各業之民，無從事他業之技能與知識。於此情況下，百姓之轉
換職業極不容易。唯農家子弟之秀出者可以為士，其餘工之子恒為工，商之
子恒為商矣。此分士、農、工、商四科以教民之法也。

此種教民方法之施教者，為其父兄，此亦一特色。「父與父言義，子與子
言孝，其事君者言敬，長者言愛，幼者言弟，且昔從事於此，以教其子弟。……
是故其父兄之教不肅而成，其子弟之學不勞而能。夫是故士之子常為士。」（〈小

匡〉第二十）農、工、商之子亦如此。父兄以其所從事者教其子弟，使之少而習焉，其心安焉，其可見之成效爲「父兄之教不肅而成，其子弟之學不勞而能」（同上）。

此種教民方法之另一特色爲：理論與實際結合。農之子平日隨其父兄，審四時、備器械、別苗莠，旦暮從事於田野。頭戴蓑笠，身披蓑衣，暴其髮膚，盡其四肢之力，以疾從事於田野。工之子則隨其父兄相良材、辨功苦、評等級、求精美，相語以事、相示以功、相陳以巧、相高以知事，觀摩比較，旦暮從事於此。商之子觀凶飢、審國變、知市價、行走四方，計多少、論貴賤，以其所有，易其所無，賤買而貴賣，與父兄相語以利、相示以時、相陳以知價。理論既可與實際結合而爲一，經驗亦與日而俱增。「做」自「學」中生，「學」自「做」中起，學習與工作相輔而相成。

綜上所述，可知《管子》之四民教育爲一職業教育，分科教學，而由父兄任其教職，爲一理論與實際結合之專業教育。

第四節　弟子教育

《管子》書有〈弟子職〉一篇，文皆四字一句，且有叶韻，乃弟子教育之重要文獻也。方師鐸分析其押韻情形，認爲係東漢作品，最晚不得遲於西元 92 年，班固逝世之後。故以爲此篇與《管子》無關。〔註2〕朱熹疑此篇爲管仲「作內政時，士之子常爲士，因作此以教之」（《朱子語類》卷七）。日人安井衡亦以爲「此篇儀備義精，與禮經相表裏，疑亦管子所自著也。而置之褸篇者，以專記子弟之事耳」（《管子纂詁》卷十九）。朱長春、洪亮吉、莊述祖諸人，則以爲是古代塾師教弟子之法。至郭沫若始以爲是稷下學宮之學則。〈弟子職〉存在於《管子》書中，可知霸政之外，亦不輕忽弟子之生活教育，此其可貴者也。

> 先生是教，弟子是則。溫恭自虛，所受是極。見善從之，聞義則服。
> 溫柔孝悌，毋驕恃力。赤毋虛邪（按：「赤」當作「志」），行必正直。
> 游居有常，必就有德。顏色整齊，中心必式。夙興夜寐，衣帶必飾
> （許維遹云：「飾」通「飭」）。朝益暮習，小心翼翼。一此不解（許
> 維遹云：「解」同「懈」），是謂學則。（〈弟子職〉第五十九）

〔註2〕說見氏著《方師鐸文史叢稿》專論下篇所收〈弟子職用韻分析〉一文。

此段學則，乃弟子教育之總綱也，其所言者二事：

1. 尊師重道，努力向學

「先生施教，弟子是則。溫恭自虛，所受是極。」（同上）此尊師重道也。「見善從之，聞義則服。……朝益暮習，小心翼翼，一此不解。」（同上）此努力向學也。

2. 生活嚴謹，言行有禮

「溫柔孝悌，毋驕恃力。志毋虛邪，行必正直。游居有常，必就有德。」（同上）此言行有禮也。「顏色整齊，中心必式。夙興夜寐，衣帶必飾。」（同上）此生活嚴謹也。

綱領既立，至其施教之方，可條述之於次：

（一）尊師尊道

1. 侍師起居方面

弟子必先老師起身，準備盥洗用具，老師漱洗畢，收拾完妥，掃除坐席，待師入坐授業。此即「攝衣共盥，先生乃作。沃盥徹盥、汎拚正席（王筠云：「拚」，本作「坴」，說文：掃除也），先生乃坐」（〈弟子職〉第五十九）。課業授畢，老師將息，學生侍寢，準備寢具，並請問老師睡臥習慣，以便安排。所謂「先生將息，弟子皆起。敬奉枕席，問所何趾。俶衽則請，有常有否」是也（同上）。

2. 侍師飲食方面

老師將食，學生預備準備餐具、食物，並跪坐一旁，服侍進食。預備食物、佐料時，不可錯亂位置，一切備妥，奉手侍立，侍師入席。《管子》曰：「至於食時，先生將食，弟子饌饋。攝衽盥漱，跪坐而饋。置醬錯食，陳膳毋悖。凡置彼食，鳥獸魚鱉，必先菜羹，羹胾中別，胾在醬前，其設要方。飯是爲卒，左酒右醬（劉績云：「醬」蓋「漿」之誤）。告具而退，奉手而立。」（〈弟子職〉第五十九）老師食畢，須清洗善後，此「先生已食，弟子乃徹。趨走進漱，拚前斂祭」是也（同上）。

（二）求學讀書

求學讀書，首掌舉止恭敬，言行適度，顏色和穆，所謂「出入恭敬，如見賓客。危坐鄉師，顏色毋作」是也（〈弟子職〉第五十九）。受業之時，依師指示，由長而幼，起立誦讀。言行舉止，務求合乎中正之道。又曰：「受業

之紀，必由長始。一周則然，其餘則否。始誦必作，其次則已。」（同上）古之將有爲者，皆自此始也。

受業後，若有疑問，當敬謹請教，「若有所疑，捧手問之」（〈弟子職〉第五十九）。下課時，「師出皆起」（同上），以恭送老師。下課後，與同學切磋學問，研究課業，「先生既息，各就其友，相切相磋，各長其儀」（同上）。「朝益暮習，小心翼翼，一此不解」（同上）。唯勤學有恆者，乃能成功，是以「周則復始」（同上），一而再，再而三，不間斷學習，乃弟子之綱紀也。同學相處，宜互相禮讓，「後至就席，狹座則起」（同上）。同學共餐，宜序長幼，「以齒相要」（同上）。

（三）生活教育

1. 起居方面

早起梳洗即認眞從事，自身之事已了，則爲師服務，此所謂「夙興夜寐，衣帶必飾」（同上）、「少者之事，夜寐蚤作，既拚盥漱，執事有恪」（同上）是也。

2. 飲食方面

老師先食，老師有命，弟子乃能進食。弟子進食時，依長幼爲序，「以齒相要」（同上）。坐有坐相，食有食相，「坐必盡席，飯必奉擥，羹不以手。亦有據膝，毋有隱肘」（同上）。食畢，擦口，以防留有殘肴，「既食乃飽，循咡覆手」（同上）。退席時，「振衽掃席，已食者作，摳衣而降。旋而鄉席，各徹其餽，如於賓客」（同上）。此言離開之時，當注意整理衣衫，注意不影響左右鄰座用餐，並隨手將個人餐具撤走。一切動作務必小心，如作客一般有禮節乃可。

3. 灑掃方面

> 凡拚之道，實水于盤。攘臂袂及肘，堂上則播灑，室中握手，執箕膺揲，厥中有帚。入戶而立，其儀不忒。執帚下箕，倚于戶側。凡拚之紀，必由奧始。俯仰磬折，拚毋有徹。拚前而退，聚於戶內。坐板排之（豬飼彥博云：「板」當作「扱」，收也），以葉適己，實帚于箕。先生若作，乃興而辭。坐執而立，遂出弃之。既拚反立，是協是稽，暮食復禮。（〈弟子職〉第五十九）

灑掃之事非大事，然言之頗詳。先教以灑水之法，堂與室各有不同。執箕之

法既有講究，執帚掃除之方亦有明示。自奧而外，依次掃除。灑掃時儀表容態要整齊，姿勢要大方，動作要小心，勿使灰塵飛揚。種種細節，均有規定，務期於詳明之後，養成學生一絲不苟之工作態度，與層次先後之工作方法，其用意可謂深矣。

4. 服務方面

> 三飯二斗，左執虛豆（豬飼彥博云：「虛」疑當作「甒」，瓦器也），右執挾匕，周還而貳，唯嗛之視。同嗛以齒，周則有始。柄尺不跪，是謂貳紀。……昏將舉火，執燭隅坐，錯總之法，橫于坐所。櫛之遠近，乃承厥火。居句如矩，蒸閒容蒸，然者處下。奉椀以爲緒，右手執燭，左手正櫛，有墮代燭。交坐毋倍尊者，乃取厥櫛，遂出是去。（〈弟子職〉第五十九）

服務工作有二：一爲進餐時之盛添飯食之服務工作，一爲天黑時之舉燭掌燈工作。進餐時，服務之學生，左手執盛飯肴之豆，右手執盛添之器，巡視一周，食盡者盛添之。同時食盡者，依長幼之序添加。如此周而復始，是爲進餐時之服務工作。讀書至黃昏時則需舉燭，舉燭時，坐在角落工作，以免遮住光線。舉凡接續火種之法，清理燭蕊之方，均有教導，務使整潔而不亂。

（四）待客有禮

「若有賓客，弟子駿作。對客無讓，應且遂行。趨進受命，所求雖不在，必以命反。」（〈弟子職〉第五十九）此言弟子在學，若遇賓客來訪，應訊速起立。客人如有要求，立刻答應辦理。若所命之事無法完成，亦需返回覆命，有所交待。

綜觀管子之弟子教育，以生活教育爲本，教導子弟爲學必先修養品德，所謂「溫恭自虛」（〈弟子職〉第五十九）、「溫恭孝悌，毋驕恃力」（同上）、「行必正直」（同上）、「必就有德」（同上）云云，皆是教之以德行修養爲先。而生活儀節之講求，更爲養成一生言行所必要者。是以教子弟早起健身、整飭儀容、飲食有節、灑掃有則、應對有禮。舉凡日常生活之細微末節，均有講究，無非教育弟子，養成良好生活習慣，學習勞動技能，成爲有氣質、有學識之國民。至於教學內容，則未論及，未免爲一憾事也。明王守仁論童蒙之教育曰：「今教童子，惟當以孝弟忠信、禮義廉恥爲專務。……導之習禮者，非但肅其威儀而已，亦所以周旋揖讓，而動蕩其血脈，拜起屈伸而固束其筋

骸也。」(《傳習錄》中、訓蒙大意示教讀劉伯頌等) 此其所言正與《管子》所論者相合，眞古今賢哲所見皆同也。

第五節　軍事教育

> 君之所以卑尊，國之所以安危者，莫要於兵。故誅暴國必以兵，禁辟民必以刑。然則兵者，外以誅暴，內以禁邪。故兵者，尊主安國之經也，不可之廢也。(〈參患〉第二十八)

列國爭強，四夷環伺，欲尊王攘夷，徒託空言必無以見其效，是以誅暴伐亂，必將用兵。兵內可以禁邪，外可以誅暴，乃尊主安國，輔王成霸所必不可少者。

以不教之民戰，是謂棄之，故用兵必先教民習於兵，益以精良之兵器，則戰必勝、攻必取。《管子》曰：

> 器成、教施，追亡逐遁若飄風，擊刺若雷電。絕地不守，恃固不拔(于省吾云：「拔」乃「枝」之形誤；枝、支同用)，中處而無敵，令行而不留。器成教施，散之無方，聚之不可計。教器備利，進退若雷電，而無所疑匱。一氣專定，則傍通而不疑(俞樾云：「疑」當讀爲「礙」)；屬士利械，則涉難而不匱。進無所疑，退無所匱，敵乃爲用。(〈兵法〉第十七)

又曰：

> 射而不能中，與無矢者同實。中而不能入，與無鏃者同實。將徒人，與俀者同實。……士不可用者，以其將予人也。(〈參患〉第二十八)

兵器完利，訓練有素，可使兵之進退迅速、聚散難測，令敵無法測知而不能防守。「屬士」、「教施」，乃用兵成功之主因。蓋兵器完利，而用之不得其人，亦不過廢鐵一堆。而教施之後，軍之中處可以無敵，令行可以不留；士之進退若雷電而無所疑，涉難亦能不匱，凡此皆教之爲用也。管仲有「教士三萬人，以橫行於天下，誅無道以定周室，天下大國之君莫之能圉也」(〈小匡〉第二十)。故百戰百勝之道，在教民以軍事教育，〈七法〉曰「以教卒練士，擊毆眾白徒」者是也。

教民以軍事之道有五，《管子》稱之曰「五教」，五教者：

> 一曰：教其目以形色之旗；二曰：教其身以號令之數(洪頤煊云：「身」

當作「耳」）；三曰：教其足以進退之度；四曰：教其手以長知之利；

五曰：教其心以賞罰之誠。五教各習，而士負以勇矣。（〈兵法〉第

十七）

觀此五教，內以教其心，外以教其耳目手足，以期勇於犧牲，戰陣無懼，而
又技巧嫻習，足以勝敵。茲分三項述之於後。

（一）教習其鬥志

戰陣之間，危事也，令民拋家棄子而殉國事，至難之事也，故教民以軍
事，必先堅定其意志，令民樂於爲戰，甘心爲國，此教民必死也。《管子》曰：

夫民不必死，則不可與出乎守戰之難；不必信，則不可恃而外知。

夫恃不死之民，而求以守戰；恃不信之人，而求以外知，此兵之三

闇也。使民必死必信若何？管子對曰：「明三本。」公曰：「何謂三

本？」管子對曰：「三本者，一曰：固；二曰：尊；三曰：質。」公

曰：「何謂也？」管子對曰：「故國父母墳墓之所在，固也。田宅爵

祿，尊也。妻子，質也。三者備，然後大其威，屬其意，則民必死

而不我欺也。」（〈小問〉第五十一）

此言教民必信必死之道，在於明三本。而所謂三本者：故國父母墳墓也、田
宅爵祿也、妻子也。此三本皆民之所欲也，故教民爲其所欲而戰，而非爲君
戰；教民爲其墳墓田宅妻子而戰，而非爲國戰；則人人皆戮力向前，爲己而
戰矣。人人皆爲己而戰，必信必死，則焉有不勝之理？〈九變〉亦曰：

凡民之所以守戰至死而不德其上者，有數以至焉。曰：大者，親戚

墳墓之所在也，田宅富厚足居也。不然，則州縣鄉黨與宗族懷樂也。

不然，則上之教訓習俗慈愛之於民也厚，無所往而得之。不然，則

山林澤谷之利足生也。不然，則地形險阻，易守而難攻也。不然，

則罰嚴而可畏也。不然，則賞明而足勸也。不然，則有深怨於敵人

也。不然，則有厚功於上也。此民之所以守戰至死而不德其上者也。

今恃不信之人，而求以智用，不守之民，而欲以固，將不戰之卒而

幸以勝，此兵之三闇也。

凡此九變，皆言利用民情，教民自爲戰，一不爲其君國，二不德其長上。民
皆明三本，知九變，必鬥志高昂，士氣旺盛，此戰勝之精神力量也，而必待
教之乃克臻此，此軍士教育之第一步也。

（二）教習其團結

民皆願爲其所欲而必死矣，若似一盤散沙，亦不足爲國之用，是以必教其團結合作，彼此協助，乃能合千萬人之力爲一，而莫之能御矣。其教民團結之方，在軍令寓於內政之中，使之平日習焉，戰時自能合作矣。其言曰：

> 作內政而寓軍令焉，爲高子之里，爲國子之里，爲公里，三分齊國，以爲三軍。擇其賢民，使爲里君。鄉有行伍卒長，則其制令。且以田獵因以賞罰，則百姓通於軍事矣。……於是乎管子乃制五家以爲軌；軌爲之長。十軌爲里，里有司。四里爲連，連爲之長。十連爲鄉，鄉有良人。以爲軍令。……春以田，曰蒐，振旅；秋以田，曰獮，治兵。是故卒伍政，定於里；軍旅政，定於郊。內教既成，令不得遷徙。故卒伍之人，人與人相保，家與家相愛，少相居，長相游，祭祀相福，死喪相恤，禍福相憂，居處相樂，行作相和，哭泣相哀。是故夜戰其聲相聞，足以無亂；晝戰其目相見，足以相識；驩欣足以相死。是故以守則固，以戰則勝。（〈小匡〉第二十）

團結合作有賴良好之制度與深厚之情感，加之生死相關，人必緊密結合，行動一致。管仲深明此理，遂於制度上，以五家爲一軌，軌有長；十軌爲一里，里有司；四里爲連，連亦有長；十連爲鄉，鄉有良人；此一軍隊編制，以左右鄰家爲編組原則，逐步擴大，令民不得遷徙，以求安定，此亦配合四民教育定民之居之制。平日相知相識，彼此瞭解；戰時感情凝聚，互助合作。平日之訓練，以田獵爲主，藉此使民習於戰守。是則百姓少相居，長相遊，生活在一起，訓練在一起，作戰更在一起，如此乃能人與人相保，家與家相愛。平日之居，祭祀相福，死喪相恤，禍福相憂，居處相樂，行作相和，哭泣相哀，感情融洽，相知甚深。唯其如此，乃能於交戰之日，夜間不見其人之時，聞其聲而相知，日間更能相見即知敵我。如此，遇夜襲而能不亂，晝戰亦使敵不能間。團結爲一，生死與共，此之謂也。

（三）教習其耳目

百姓鬥志昂揚，願爲國用矣，生活與作戰合一，彼此亦相習矣，若號令不明，指揮無方，則人愈多而愈亂。戰場遼闊，兵士眾多，前後不能相聞，左右不能相知。兵士不知將意，則左右兩難，動靜無方；將令不能下達，則進退失據，先機盡失。是故教民以軍事，必使其耳目習於金鼓、旗幟，以承

將令。

教習民之耳目，曰：三官；曰：九章。《管子》曰：

> 三官：一曰鼓，鼓所以任也、所以起也、所以進也。二曰金，金所
> 以坐也、所以退也、所以免也。三曰旗，旗所以立兵也、所以利兵
> 也（陶鴻慶云：「利」當作「制」）、所以偃兵也。此之謂三官，有三
> 令而兵法治也。……九章：一曰舉日章，則晝行。二曰舉月章，則
> 夜行。三曰舉龍章，則行水。四曰舉虎章，則行林。五曰舉鳥章，
> 則行陂（郭沫若云：當依古本作「鳥章」）。六曰舉蛇章，則行澤。
> 七曰舉鵲章，則行陸。八曰舉狼章，則行山。九曰舉韓章（唐蘭云：
> 「韓」即「韠」，假為皋雞之「皋」），則載食而駕。九章既定，而動
> 靜不過。（〈兵法〉第十七）

鼓聲乃前進之號令，所謂「一鼓作氣」者是也；金聲乃後退之號令，所謂「鳴
金收兵」者是也。金鼓之聲用耳聞，旗幟之動用目視，皆指揮軍隊動靜進退
者也。旗有九章，除日、月外，皆用動物為圖案，計有龍、虎、鳥、蛇、鵲、
狼、皋七種。九章之旗各有其用，白日行軍舉日章，夜晚行軍舉月章，水裡
行軍舉龍章，林內行軍舉虎章，丘陵行軍舉鳥章，沼澤行軍舉蛇章，陸上行
軍舉鵲章，山上行軍舉狼章，舉皋雞之章，則為載食於車而行。軍事行動之
地點與旗章之圖案相配，便於瞭解與記憶也。如：白天用日，夜間用月，龍
配水行，虎配叢林等等均是也。

　　對軍士之教育重點，已如前述，誠能如此，則養兵千日，用兵一時之際，
必能戰勝攻取。《管子》言其成效曰：

> 三官、五教、九章，始乎無端，卒乎無窮。始乎無端者，道也。卒
> 乎無窮者，德也。道不可量，德不可數也。故不可量，則眾疆不能
> 圖；不可數，則偽詐不敢嚮。兩者備施，以動靜有功。徑乎不知，
> 發乎不意。徑乎不知，故莫之能禦也；發乎不意，故莫之能應也。
> 故全勝而無害，因便而教，准利而行。教無常，行無常，兩者備施，
> 動乃有功。……畜之以道，則民和；養之以德，則民合。和合故能
> 諧，諧故能輯，諧輯以悉，莫之能傷。（〈兵法〉第十七）

唯其訓練有素之「教士」、「練卒」，為將者乃能用之如神，令敵不可測。我能
發乎不意，徑乎不知，敵必莫之能應，莫之能禦。唯其畜民以道，養民以德，
軍士乃能和諧而又合作，無人能傷。

第六節　教育考核

　　教育爲政治之輔，其成效關乎政治之隆污與社會風氣之振靡，是以教育制度既定之後，則必繼之以成效之考核。一以獎勵良善之民，二以督促官吏戮力教化之事，凡此均在使教育工作能落實、認眞，確實發揮功能，輔成政治。

> 凡出入不時，衣服不中，圈屬羣徒（牟庭云：「圈」，古「眷」字），不順於常者，閭有司見之，復無時。若在長家子弟、臣妾、屬役、賓客，則里尉以譙于游宗，游宗以譙于什伍，什伍以譙于長家。譙敬而勿復（戴望云：「敬」與「儆」同，戒也）。一再則宥，三則不赦。凡孝悌忠信，賢良儁材，若在長家子弟、臣妾、屬役、賓客，則什伍以復于游宗，游宗以復于里尉，里尉以復于州長，州長以計于鄉師，鄉師以著于士師。凡過黨，其在家屬，及于長家。其在長家，及于什伍之長。其在什伍之長，及于游宗。其在游宗，及于里尉。其在里尉，及于州長。其在州長，及于鄉師。其在鄉師，及于士師。三月一復，六月一計，十二月一著。（〈立政〉第四）

施教之後，閭里之有司當隨時注意考核里眾之言行舉止，凡出入不時，行爲不檢點者與夫衣服不中、穿戴不合宜者，不論其爲眷屬、爲羣徒，凡異於常規者，均應隨時發現並報告。違反風俗教化之人，若爲長家子弟及臣妾等眷屬、或爲屬役、賓客等羣徒，則逐級斥責，交由家長負責管教，務期改過向善。初犯、再犯可以寬恕，連犯三次則不再赦免，要受處罰。此爲不合教化者之懲戒。至於服從教化，而著有善行之孝悌忠信、賢良俊才之人，則受到逐級表揚。對賢與不肖之個人有獎有懲，對執行教化工作之各級官員，也要求負連帶責任。所謂「凡過黨，其在家屬，及于長家。其在長家，及于什伍之長。其在什伍之長，及于游宗。其在游宗，及于里尉。其在里尉，及于州長。其在州長，及于鄉師。其在鄉師，及于士師」（同上）。此種考核獎懲工作，定期呈報結果，三月一復，六月一計，十二月一著是也。

　　除上述地方上自行考核之外，中央亦舉行總考核。而此項工作，乃國君親自爲之。可見其受重視之一斑矣。《管子》載桓公親自考核教化成效之事曰：

> 正月之朝，鄉長復事。公親問焉，曰：「於子之鄉，有居處爲義好學，聰明質仁，慈孝於父母，長弟聞於鄉里者，有則以告，有而不以告，謂之蔽賢，其罪五。」有司已於事而竣。公又問焉。曰：「於子之鄉，有拳勇股肱之力，筋骨秀出於眾者，有則以告，有而不以告，謂之

蔽才，其罪五。」有司已於事而竣，公又問焉，曰：「於子之鄉，有
不慈孝於父母，不長弟於鄉里，驕躁淫暴不用上令者，有則以告，
有而不以告，謂之下比，其罪五。」有司已於事而竣。（〈小匡〉第
二十）

又曰：

正月之朝，五屬大夫復事於公。擇其寡功者而譙之曰：「列地分民者
若一（蘇輿云：「者」，衍字），何故獨寡功？何以不及人？教訓不善，
政事其不治。一再則宥，三則不赦。」公又問焉，曰：「於子之屬，
有居處為義好學，聰明質仁，慈孝於父母，長弟聞於鄉里者，有則
以告，有而不以告，謂之蔽賢。其罪五。」有司已事而竣。公又問
焉，曰：「於子之屬，有拳勇股肱之力，秀出於眾者，有則以告，有
而不以告，謂之蔽才，其罪五。」有司已事而竣。公又問焉，曰：「於
子之屬，有不慈孝於父母，不長弟於鄉里，驕躁淫暴，不用上令者，
有則以告，有而不以告者，謂之下比。其罪五。」有司已事而竣。
於是乎五屬大夫退而修屬，屬退而修連，連退而修鄉，鄉退而修卒，
卒退而修邑，邑退而修家。是故匹夫有善，可得而舉。匹夫有不善，
可得而誅。政成國安，以守則固，以戰則彊。封內治百姓親，可以
出征四方，立一霸王矣。（同上）

觀此所載，桓公對教育之考核工作，一為針對鄉長，一為查詢五屬大夫。有
賢才而不報，有罰；有為惡者而不報，亦有罰。此類考核工作，在每年正月
朝見國君之時為之。因其有此種考核，故百官不敢不認真為之。「五屬大夫退
而修屬，屬退而修連，連退而修鄉，鄉退而修卒，卒退而修邑，邑退而修家。」
（同上）因有此種督導考核，是故匹夫有善者，得以舉用；而不善者，得以
受罰。獎善罰惡，則政成國安，以守則固，以戰則彊，此教育之大用也。

　　國君考核之內容，涵蓋道德教育、弟子教育與軍事教育，而尤重道德教
育成效之考察。觀其所問者首為道德之事：凡有居處為義好學，聰明質仁，
慈孝於父母，長悌聞於鄉里者，皆當逐層上報。而不慈孝父母，不長悌於鄉
里，驕躁淫暴不服上令者，亦當上報於君。國君憑此報告，知鄉里教化風俗
之優劣，知官員施政教育之成敗，亦可知教育之所當興革。次則考核軍士教
育之成果，舉凡鄉里有拳勇股肱之力，筋骨秀出於眾者，亦當報而上之，以
拔舉才幹之士，作為國用。如此認真之考核，百官焉敢不戮力從事於教育？

良善之民，報告於上而不得用；不肖之民，報告於上而不懲；皆徒然也。是以桓公之時，更有三選進賢之事。《管子》曰：

> 於是乎鄉長退而修德、進賢。桓公親見之，遂使役之官。公令官長，期而書伐以告，且令選官之賢者而復之。曰：「有人居我官有功，休德維順，端愨以待時使。使民恭敬以勸，其稱秉言（戴望云：「秉」與「謗」古同部字，音相近），則足以補官之不善政。」公宣問其鄉里而有考驗。乃召而與之坐，省相其質，以參其成功，成事可立，而時（郭沫若云：「而時」猶乃待也）。設問國家之患而不肉（郭沫若云：「肉」字，正是「究」之稍變其形構者。「究」與「究」通。「不究」謂不窮也），退而察問其鄉里，以觀其所能。而無大過，登以為上卿之佐。名之曰三選。（〈小匡〉第二十）

鄉長於桓公親問教化成效之後，退而修德之外，開始進賢。桓公親自接見賢者，且使之擔任官職，年終時考核工作績效，並選出優良者。桓公為鼓勵賢人、勤求民隱、補裨時政，乃召見之，問其鄉里之事，且藉此觀察其人之素質，以便待時而用。凡能應對國事而無窮者，查明其居鄉里之表現，若無大過，則用為上卿之佐。此即經過鄉長，官長及國君三關選出之賢才，此即教育考核工作之認真落實處。

對教育工作之考核，如此認真，政府官員莫不努力從事。「高子、國子退而修鄉，鄉退而修連，連退而修里，里退而修軌，軌退而修家。」（〈小匡〉第二十）良善之人得以舉用，不肖之人得以懲罰，政教可謂成矣，此時但見「鄉不越長，朝不越爵。罷士無伍，罷女無家。士三出妻，逐於境外；女三嫁，入於舂穀。是故民皆勉勵為善。士與其為善於鄉，不如為善於里；與其為善於里，不如為善於家。是故士莫敢言一朝之便，皆有終歲之計；莫敢以終歲為議，皆有終身之功。」（同上）民皆主動樂而為善於閭里，且蔚為社會風氣，人人終日努力，終身從事，此真教化之大成也。

結 語

《管子》教育思想之特色，可得而言者有四：

一、重視民眾之道德教育。

二、實施四民分業之職業教育。

三、重視子弟之生活教育。

四、實施生活與軍事合一之軍事教育。

究其四者之共同目的，厥爲以教育輔助政治法令之實施，爲富國強兵之本而已。教育之目的，固在教訓成俗，使士無邪行，女無淫事，使教化大興而刑罰減省、政令易行也。吾人試一探究《管子》倡職業教育，在使國家富庶；倡軍事教育，在使國家強盛。至其所倡道德教育，雖不遺餘力，但其目的只在使民易於治理而已，與儒家之言道德、言教育有其不同之處。如《管子》言「倉廩實則知禮節，衣食足則知榮辱」（〈牧民〉第一）。是倉廩衣食重於且先於禮節、榮辱諸德行，而孔子則去兵、去食，民無信不立，是二家於道德重視之程度，並不一致也。

儒家治術以道德爲主，法律爲輔；以教育爲主，以政令爲輔。是以儒家之言道德與言教育，在以教育功夫，教育人人皆能發揮己身已有之善性，明其明德，而成聖人君子。設若一國之民，皆爲聖人君子，則不需政令法律而國已治矣。是以孔子曰：「道之以政，齊之以刑，民免而無恥。道之以德，齊之以禮，有恥且格。」（《論語・爲政》）此即以德禮教民導民，使之自我約束而言行合理，完成克己復禮之人格發展。

反觀管仲之教民以道德，並非因人已具有善性與明德，以教育使之發揚，而在以禮義規範百姓，使之合於國家之需要，成爲安善之良民，梁啓超謂：「不管各人個性如何，務同冶之於國家所欲得之定型。」（《先秦政治思想史》第十九章教育問題）觀管子之言，此說誠是。《管子》曰：

> 期而致，使而往，百姓舍己以上爲心者，教之所期也。始於不足見，
> 終於不可及，一人服之，萬人從之，訓之所期也。未之令而爲，未
> 之使而往，上不加勉，而民自盡竭，俗之所期也。（〈立政〉第四）

教之所期，在召之即來，使之則往，百姓舍一己之心而以君上之心爲心。訓之所期，在君上一人行事，而國之萬民皆從之。凡此皆抹煞個人之意志，而一切以尹上之欲、國家之需作爲百姓言行之本。故〈法禁〉曰：「昔者聖王之治人也，不貴其人博學也，欲其人之和同以聽令也。」

《管子》言教育，在教訓成俗，欲民之和同以聽令。後之法家，亦欲民之和同以聽令，然不言教育，但求以法令整齊之而已，此則《管子》與後之法家之大不同處也。《管子》言法治，亦言教育，同言道德教育、生活教育，鼓勵百姓有孝悌之行，而後之法家則不言此矣。商鞅曰：「國有禮、有樂、有詩、有書、有善、有修、有孝、有弟、有廉、有辯，國有十者，上無使戰，

必削至亡；國無十者，上有使戰，必興至王。」(《商君書‧去彊》)韓非言道德仁義無用，不合於時，其言曰：「上古競於道德，中世逐於智謀，當今爭於氣力。」(《韓非子‧五蠹》)又曰：「民者，固服於勢，寡能懷於義。」(同上)時既不宜道德，民既不懷仁義，則教之以道德仁義也何用？方此爭於氣力之時代，仁義之說已淪為「愚誣之學」矣(《韓非子‧顯學》)，所當教民者唯法治觀念而已。

法治以農戰為主，故其教民必以農戰。商鞅曰：

> 善為國者，其教民也，皆從壹空而得官爵。是故不以農戰。則無官爵。國去言則民樸，民樸則不淫。民見上利之從壹空出也，則作壹，作壹則民不偷。民不偷淫則多力，多力則國彊。今境內之民，皆曰：農戰可避，而官爵可得也。是故豪傑皆可變業，務學詩書，隨從外權，上可以得顯，下可以得官爵；要靡事商賈，為技藝；皆以避農戰。具備，國之危也。民以此為教者，其國必削。(《商君書‧農戰》)

此言民以詩書、商賈為教，其國必削，故當以農戰為教，則民心一，民力強，而國富強矣。

法治以法為本，民必知法乃能求其守法。韓非之言曰：「法者，編著之圖籍，設之於官府，而布之於百姓者也。……故法莫如顯。……是以明主言法，則境內卑賤莫不聞知也。不獨滿於堂。」(《韓非子‧難三》)欲百姓不論尊卑，皆能知法，則捨法治教育外別無他途。而法治既為富國強兵之唯一條件，則法治教育亦為教民唯一且必要之事。韓非之言曰：

> 故明主之國，無書簡之文，以法為教；無先王之語，以吏為師；無私劍之捍，以斬首為勇。是境內之民，其言談者必軌於法，動作者歸之於功，為勇者盡之於軍。是故無事則國富，有事則兵強，此之謂王資。既畜王資，又承敵國之釁，超五帝，侔三王者，必此法也。(同上)

此法家以法為教、以吏為師之說也，其目的在一民之心齊民之力，思想、言談、動作皆為國所用，完全無個人意志。此承於《管子》，而又變本加厲者也。

《管子》反民性以教民，使民之好惡不違於上，民之貴賤不逆於令。以教育方法，改變民之好惡貴賤，使之與君上合而同之，此一扭轉之力，反民性之力，必賴教育以成之。後之法家則不然，彼輩承認人皆有其好惡貴賤之心，為君上者，於民之常情當利用之，而非改變之。韓非以為人皆好賞惡罰，

而又趨利避害：「夫安利者就之，危害者去之，此人之情也。」（《韓非子‧姦劫弒臣》）且民智之不可用，既如「嬰兒之心」（《韓非子‧顯學》），則為政者不必以教育方式去化民，而應順民之情，以法整飭之，所謂「聖人陳其所畏，以禁其邪；設其所惡，以防其姦」（同上）。「設民所欲，以求其功，故為爵祿以勸之；設民所惡，以禁其姦，故為刑罰以威之。」（《韓非子‧難一》）此法家與《管子》又一不同處，亦遜於管子處。

第八章　管子之軍事思想

兵凶戰危，人人知之；國不可一日無軍備，亦人人知之；是以兵不可廢，武不可黷。管仲生當春秋之世，天子卑弱，四夷交侵。管仲欲尊王攘夷，自不能廢兵，非但不能廢兵，且當深究用兵之理，以求必勝之道，此《管子》軍事思想之值得研究也。《管子》曰：「地大國富，人眾兵強，此霸王之本也。」（〈重令〉第十五）又曰：「明一者皇，察道者帝，通德者王，謀得兵勝者霸。故夫兵雖非備道至德也，然而所以輔王成霸。」（〈兵法〉第十七）

軍事所以輔王成霸，是以勞民傷財雖多，兵仍有不可廢者，《管子》之言曰：

> 貧民傷財，莫大於兵。危國憂主，莫速於兵。此四患者明矣，古今莫之能廢也。兵當廢而不廢，則古今惑也。此二者不廢，而欲廢之，則亦惑也。此二者傷國一也。黃帝唐虞，帝之隆也。資有天下，制在一人。當此之時也，兵不廢。今德不及三帝，天下不順，而求廢兵，不亦難乎？故明君知所擅，知所患。國治而民務積，此所謂擅也；動與靜，此所患也。是故明君審其所擅。以備其所患也。（〈法法〉第十六）

黷武傷國，兵又不可廢，故為君者，當知所擅、備所患。唯其國治而民務積，動靜不失其宜，乃能用兵不窮。平日教民講武，審知敵情，知己知彼，此用兵之先決條件也。兵以義出，以服天下，此用兵之極致也。《管子》曰：

> 是故器成卒選，則士知勝矣。徧知天下，審御機數，則獨行而無敵矣。所愛之國，而獨利之；所惡之國，而獨害之，則令行禁止。是以聖王貴之。勝一而服百，則天下畏之矣，立少而觀多，則天下懷之矣。罰有罪、賞有功，則天下從之矣。（〈七法〉第六）

第一節　德義之師

　　齊魯戰於長勺，魯敗齊師，桓公以爲齊兵少，故敗，於是修兵甲十萬，車五千乘，欲伐魯報仇，問於管仲，管仲曰：

> 齊國危矣！君不競於德而競於兵。天下之國，帶甲十萬者，不鮮矣。
> 吾欲發小兵以服大兵，內失吾眾，諸侯設備，吾人設詐，國欲無危，
> 得已乎？（〈大匡〉第十八）

孔子讚美管仲之霸業，不以兵車之力，觀管仲此言，信不誣矣。管仲以爲競於諸侯者當以德而非以兵，有甲兵之諸侯眾矣，徒恃強兵，不足以服天下。《管子》曰：「能彊其兵，而不明于勝敵國之理，猶之不勝也。兵不必敵國，而能正天下者，未之有也。兵必勝敵國矣，而不明正天下之分，猶之不可。故曰：治民有器，爲兵有數，勝敵國有理，正天下有分。」（〈七法〉第六）此即明言以兵勝敵國，當勝之有理；以兵征天下，當征之有分，故曰：「兵強而無義者，殘。」（〈侈靡〉第三十五）

　　「夫兵事者，危物也。不時而勝，不義而得，未爲福也。」（〈問〉第二十四）不義而得，雖勝猶以爲非福也。故眾能勝寡，疾能勝徐，勇能勝怯，智能勝愚，皆不如「善勝惡，有義勝無義，有天道勝無天道」者（〈樞言〉第十二）。是以《管子》曰：

> 先王之伐也，伐逆不伐順，伐險不伐易，伐過不伐及（按：古本「及」
> 字上有「不」字）。四封之內，以正使之；諸侯之會，以權致之。近
> 而不服者，以地患之；遠而不聽者，以刑危之（張佩綸云：「刑」當
> 作「形」）。一而伐之（王念孫云：「一」當爲「二」，「二」與「貳」
> 同），武也；服而舍之，文也。文武具滿（王引之云：「滿」當爲「備」），
> 德也。（〈霸言〉第二十三）

用兵之目的在伐逆者，伐險者，伐過者。凡有貳心者，以武服之，既服之則捨之，此文武兼施也。唯其文武兼施，乃克以德服人。所謂眞正之勝敵，在以義師也。《管子》曰：「大勝者，積眾勝而無非義者焉，可以爲大勝。大勝，無不勝也。」（〈幼官〉第八）唯其集眾義兵之勝，乃爲無所不勝之大勝。

　　德義之師能服人，然何謂德義之兵？《管子》曰：

> 至善之爲兵也，非地是求也，罰人是君也。立義而加之以勝，至威
> 而實之以德（劉師培云：「至」即「致」省），守之而後修勝，心焚
> 海內（戴望云：「焚」當爲「樊」，樊籬也）。民之所利立之，所害除

之，則民人從。立爲六千里之侯，則大人從。使國君得其治，則人
君從。會請命于天（尹桐陽云：「會」同「禬」，除疾殃祭也），地知
氣和（尹桐陽云：「知」同「漸」，土得水沮也），則生物從。（〈幼官〉
第八）

所謂德義之師者，兵以義動，伐其暴君，而不在得人之土地。以義爲職志，
以兵爲手段；既以兵威之，又加之以德。加之以德者，從民所欲也。立民之
所利，除民之所害，則民從矣。弭禍止亂，定其君臣之位，則其君臣從矣。
是故「成功立事，必順於禮義。故不禮不勝天下，不義不勝人。故賢知之君，
必立於勝地，故正天下而莫之敢御也」（〈七法〉第六）。

　　欲舉義師，則己必先行仁義乃可，己身不正，焉能正人？《管子》曰：「選
賢舉能不可得，惡得伐不服用？……夫紂在上，惡得伐不得？」（〈侈靡〉第
三十五）上行仁義，下教民以仁義，則上下和合，上下和合非但人不能伐我，
我且可以之討伐亂國，此即義師也。《管子》即曰：「畜之以道，養之以德。
畜之以道，則民和；養之以德，則民合。和合故能習，習故能偕，偕習以悉，
莫之能傷也。」（〈幼官〉第八）以道德畜養百姓，非唯足以和合而致自強，
猶可以興義師而伐不道也。

　　既稱義師，則必不用詭詐之術以取勝，《管子》曰：「亂之不以變，乘之
不以詭，勝之不以詐，一之實也。」（〈兵法〉第十七）一戰而定者，兵以義
動，堂堂之師，既不以變詐之術取之，亦不用詭譎之道勝之，蓋以其不在得
人之地勝人之國也。用兵既不在侵略他人，則亦必不主張窮兵以黷武。窮兵
黷武，必先傷已，己傷則國危，國危則易招他國之覬覦。管仲曰：

　　　臣聞：有土之君，不勤於兵，不忌於辱，不輔其過，則社稷安。勤
　　　於兵，忌於辱，輔其過，則社稷危。（〈大匡〉第十八）

《管子》曰：

　　　數戰則士罷，數勝則君驕。夫以驕君使罷民，則國安得無危！（〈兵
　　　法〉第十七）

又曰：

　　　地大而不爲，命曰：土滿；人眾而不理，命曰：人滿；兵威而不止，
　　　命曰：武滿。三滿而不止，國非其國也。（〈霸言〉第二十三）

窮兵黷武，必勞民傷財，勞民傷財則國力弱，此有道之君所當深自警惕者也。
然多數國君不明乎此，師出既無德義之名，而又屢用其鋒，欲益反損，欲強

反弱，此用兵之禍也。《管子》又曰：

> 今代之用兵者不然，不知兵權者也。故舉兵之日而境內貧，戰不必
> 勝，勝則多死，得地而國敗，此四者，用兵之禍者也。四禍其國，
> 而無不危矣。（〈兵法〉第十七）

綜觀上述，《管子》言服人必以義而不以兵。用兵傷於民，耗於財，又危於國。
即必不得已而用兵，必先之以義，節之以財，而以傷於民危於國爲戒。藹然
仁者之風也！

第二節　定組織、明賞罰

「有城無人，謂之守平虛。」（〈揆度〉第七十八）此言不組織及訓練人
民，有城亦不能守也。百姓平日各安其居，各樂其業，戰時則爲國之干城，
是以平日必須組織百姓，訓練百姓，不能鬆懈。「民者，所以守戰也。故雖不
守戰，共治養民也，未嘗解惰也。」（〈形勢解〉第六十四）此亦有寓兵於農
之意也。故其〈問〉曰：「問少壯而未勝甲兵者幾何人？」又問：「工之巧，
出足以利軍伍，處可以修城郭，補守備者幾何人？」凡此皆先行從事調查工
作，問民之能服兵役者若干？能爲軍事服務者又若干？調查之後，繼之以組
織與訓練。《管子》曰：「爲兵之數，……存乎選士，而士無敵。存乎政教，
而政教無敵。存乎服習，而服習無敵。」（〈七法〉第六）選士與政教、服習，
乃爲兵之術。唯有訓練精良之戰士，乃能作戰時用敵之弊，甚而使敵爲我所
用，此所謂「用敵，教之盡也。……不能盡教者，不能用敵。不能用敵者窮」
（〈兵法〉第十七）也。

組織民眾，訓練百姓，人必知之，敵人知我練兵正急，亦將修甲兵以備
之，則我必難以取勝矣。職是之故，《管子》乃有作內政而寓軍令之法，以避
人之耳目。其言曰：

> 君若欲正卒伍，修甲兵，則大國亦將正卒伍，修甲兵。君有征戰之事，
> 則小國諸侯之臣有守圉之備矣，然則難以速得意於天下。公欲速得意
> 於天下諸侯，則事有所隱，而政有所寓。公曰：「爲之奈何？」管子
> 對曰：「作內政而寓軍令焉。爲高子之里、爲國子之里、爲公里。三
> 分齊國，以爲三軍。擇其賢民，使爲里君。鄉有行伍卒長，則其制令，
> 且以田獵因以賞罰，則百姓通於軍事矣。」桓公曰：「善。」於是乎

管子乃制五家以爲軌，軌爲之長。十軌爲里，里有司。四里爲連，連
爲之長。十連爲鄉，鄉有良人。以爲軍令。是故五家爲軌，五人爲伍，
軌長率之。十軌爲里，故五十人爲小戎，里有司率之（陶鴻慶云：當
作「里司率之」）。四里爲連，故二百人爲卒，連長率之。十連爲鄉，
故二千人爲旅鄉，良人率之。五鄉一師，故萬人一軍，五鄉之師率之
（王念孫云：「師」當作「帥」）。三軍故有中軍之鼓、有高子之鼓、
有國子之鼓。春以田，曰蒐，振旅。秋以田，曰獮，治兵。是故卒伍
政，定於里。軍旅政，定於郊。內教既成，令不得遷徙。故卒伍之人，
人與人相保，家與家相愛，少相居，長相游，祭祀相福，死喪相恤，
禍福相憂，居處相樂，行作相和，哭泣相哀。是故夜戰其聲相聞，足
以無亂；晝戰其目相見，足以相識；驩欣足以相死。是故以守則固，
以戰則勝。君有此教士三萬人，以橫行於天下，誅無道，以定周室，
天下大國之君莫之能圉也。（〈小匡〉第二十）

此所謂作內政以寓軍令者，編組其民而訓練之也。其編組之組織爲：軌（五
家）──里（十軌）──連（四里）──鄉（十連）──師（五鄉）。一家出
一人，故軌有五人，稱「伍」，軌長率之；里爲五十人，稱「小戎」，里司率
之；連爲二百人，稱「卒」，連長率之；鄉爲二千人，稱「旅鄉」，良人率之；
師爲萬人，稱「軍」，五鄉之帥率之。全國共有屬於公、高子和國子的三里，
故有三軍，計有教士三萬人，分屬齊君、高子、國子。

《國語・齊語》：

管子於是制國：五家爲軌，軌爲之長；十軌爲里，里有司；四里爲
連，連爲之長；十連爲鄉，鄉有良人焉。以爲軍令：五家爲軌，故
五人爲伍，軌長帥之；十軌爲里，故五十人爲小戎，里有司帥之；
四里爲連，故二百人爲卒，連長帥之；十連爲鄉，故二千人爲旅，
鄉良人帥之；五鄉一帥，故萬人爲一軍，五鄉之帥帥之。三軍，故
有中軍之鼓，有國子之鼓，有高子之鼓。

據此，則軍隊之編組，以「三國」爲主，而「五鄙」不與焉。〈小匡〉亦言：
「參國故爲三軍。」五鄙雖有「武政聽屬」（〈小匡〉第二十）之語，未見有
軍隊編組之記載。另可注意者，地方行政組織，已與軍事組織，合而爲一，
軍民合一，眞正是「作內政而寓軍令」。

〈度地〉則記載調查戶口之事，一則爲水利，一則爲軍事。其言曰：「令

曰：常以秋歲末之時，閱其民，案家人（豬飼彥博云：「家」字衍），比地，
定什伍口數，別男女大小。……並行以定甲士當被兵之數（許維遹云：「並」
讀爲普。普、遍同義），上其都（許維遹云：之、其同義）。」此清查戶口，
以確定其軍隊之戰力也。

其訓練方法，則是於春秋兩季，用田獵以講武，且有賞罰。春曰蒐，振
旅；秋曰獮，治兵。總之，卒伍之政定之於里，軍旅之政定之於郊，百姓不
得遷徙，以免淆亂編組，且可相親相愛而又相保。〔註1〕田獵爲平日之正規訓
練，遇有特殊需要，則施以特殊之訓練。如：

> 桓公曰：「天下之國，莫強於越。今寡人欲北舉事孤竹、離枝，恐越
> 人之至，爲此有道乎？」管子對曰：「君請遏原流，大夫立沼池，令
> 以矩游爲樂（于省吾云：「矩」應讀作「距」；距游，即在水距躍游
> 泳之意也），則越人安敢至？」桓公曰：「行事奈何？」管子對曰：「請
> 以令隱三川立員都（孫詒讓云：「隱」讀爲「厘」，厘、偃字同；張
> 佩綸云：「立員都」句衍），立大舟之都，大身之都，有深淵疊十仞
> （安井衡云：疊、累通），令曰：能游者賜千金。」未能用金千，齊
> 民之游水，不避吳越。桓公北舉事於孤竹離枝，越人果至隱曲薔以
> 水齊（孫詒讓云：「隱」亦讀爲「厘」；戴望云：「薔」爲「薔」之誤。
> 按：曲薔，薔水之彎曲處；下句同）。管子有扶身之士五萬人（孫詒
> 讓云：疑「身」爲「舟」之誤），以待戰於曲薔，大敗越人。此之謂
> 水豫。（〈輕重甲〉第八十）

此乃爲防越人之以水攻齊，而豫作之訓練與防範也。

「且以田獵因以賞罰」（〈小匡〉第二十），「言是而不能立，言非而不能
廢，有功而不能賞，有罪而不能誅，若是而能治民者，未之有也。……不能
治其民，而能彊其兵者，未之有也」（〈七法〉第六）。治民必當用賞罰，治軍
尤當用賞罰，無賞罰，兵不能用。「罰避親貴，不可使主兵。」（〈立政〉第四）
爲將者，不能善用賞罰，則士氣不勵，士氣不勵則戰必危矣。故《管子》曰：

> 故國不虛重，兵不虛勝，民不虛用，令不虛行。凡國之重也，必待
> 兵之勝也，而國乃重。凡兵之勝也，必待民之用也，而兵乃勝。凡
> 民之用也，必待令之行也，而民乃用。凡令之行，必待近者之勝也，
> 而令乃行。故禁不勝於親貴，罰不行於便辟，法禁不誅於嚴重，而

〔註1〕參閱第七章管子之教育思想第五節軍事教育。

害於疏遠，慶賞不施於卑賤二三（戴望云：宋本無「二三」兩字），
而求令之必行，不可得也。能不通於官，受祿賞不當於功，號令逆
於民心，動靜詭於時變，有功不必賞，有罪不必誅，令焉不必行，
禁焉不必止，在上位無以使下，而使民之必用，不可得也。將帥不
嚴威，民心不專一，陳士不死制，卒士不輕敵，而求兵之必勝，不
可得也。內守不能完，外攻不能服，野戰不能制敵，侵伐不能威四
鄰，而求國之重，不可得也。德不加於弱小，威不信於彊大，征伐
不能服天下，而求霸諸侯，不可得也。威有與兩立，兵有與分爭，
德不能懷遠國，令不能一諸侯，而求王天下，不可得也。（〈重令〉
第十五）

兵之勝，有賴於民之用命，民之用命與否，在賞罰之是否得當。賞罰之得當，
在有功當賞，而賞不遺疏遠、卑賤；有罪者必罰，而罰不避親貴、權重。能
賞罰嚴明而又得當，則民樂爲用，士樂爲死，如此乃能兵強國重。

《管子》曰：

渾然擊鼓，鎗然擊金，士帥然，笶桐鼓從之（郭沫若云：「桐」當爲
「枹」，衍文），輿死扶傷，爭進而無止，口滿用、手滿錢（郭沫若
云：「用」當爲「涌」，口角流沫也；「錢」當爲「殘」，手滿傷痍也），
非大父母之仇也（許維遹云：「大」字當作「從」），重祿重賞之所使
也。故軒冕立於朝，爵祿不隨，臣不爲忠。中軍行戰（許維遹云：「中」
當作「申」），委子之賞不隨，士不死其列陣。然則是大臣執於朝，
而列陳之士執於賞也。故使父不得子其子，兄不得弟其弟，妻不得
有其夫，唯重祿重賞爲然耳。故不遠道里，而能威絕域之民；不險
山川，而能服有恃之國。發若雷霆，動若風雨，獨出獨入，莫之能
圍。（〈輕重甲〉第八十）

軍如發若雷霆，動若風雨，獨出獨入，則天下莫之能圍矣。究其所以能致此
者，厥爲重祿賞之故也。祿賞重，則父不得子其子，兄不得弟其弟，妻不得
有其夫。士民爭前赴敵，不顧父兄妻子，以此民戰，何敵不摧？何戰不克？

書載管仲用重賞之事實，足以明齊之霸功，亦徒然也。《管子》曰：

管子入復桓公曰：「終歲之租金四萬二千金，請以一朝素賞軍士。」
桓公曰：「諾。」以令至鼓期（張佩綸云：「至」當爲「致」，「期」
當爲「旗」），於泰舟之野期軍士（王念孫云：「期」當依《羣書治要》

作「朝」）。桓公乃即壇而立，甯戚、鮑叔、隰朋、易牙、賓胥無，皆差肩而立（王念孫云：「易牙」二字後人所加也）。管子執枹而揖軍士曰：「誰能陷陳破眾者，賜之百金！」三問不對。有一人秉劍而前，問曰：「幾何人之眾也？」管子曰：「千人之眾。」「千人之眾，臣能陷之！」賜之百金。管子又曰：「兵接弩張，誰能得卒長者，賜之百金！」問曰：「幾何人卒之長也？」管子曰：「千人之長。」「千人之長，臣能得之！」賜之百金。管子又曰：「誰能聽旌旗之所指，而得執將首者，賜之千金！」言能得者壘千人（何如璋云：「壘」當爲「累」，「千人」當作「十人」），賜之人千金。其餘言能外斬首者（張佩綸云：「外」字涉下文而衍），賜之人十金。一朝素賞四萬二千金，廓然虛。桓公惕然太息曰：「吾曷以識此？」管子對曰：「君勿患，且使外爲名於其內，鄉爲功於其親，家爲德於其妻子。若此，則士必爭名報德，無北之意矣！吾舉兵而攻，破其軍，并其地，則非特四萬二千金之利也。」五子曰：「善！」（王念孫云：本作「四子」）桓公曰：「諾。」乃誡大將曰：「百人之長，必爲之朝禮；千人之長，必拜而送之，降兩級。其有親戚者，必遺之酒四石、肉四鼎；其無親戚者，必遺其妻子酒三石、肉三鼎。」行教半歲，父教其子，兄教其弟，妻諫其夫，曰：「見其若此其厚（姚永概云：「見其」之「其」當作「期」，待也），而不死列陳，可以反於鄉乎？」桓公終舉兵攻萊，戰於莒必市里（張佩綸云：疑「必市」乃「密」之壞），鼓旗未相望，眾少未相知，而萊人大遁。故遂破其軍，兼其地，而虜其將。故未列地而封，未出金而賞。破萊軍，并其地，禽其君，此素賞之計也。（〈輕重乙〉第八十一）

賞罰用之於戰士，其效果已廣大矣，然猶以爲未足，賞罰必及於死事者之家屬，乃爲極致。《管子》曰：「問死事之孤，其未有田宅者有乎？……問死事之寡，其餼廩何如？」（〈問〉第二十四）又曰：「君問其若有子弟師役而死者，父母爲獨，上必葬之，衣衾三領，木必三守，鄉吏視事，葬於公壤。若產而無弟兄，上必賜之匹馬之壤。故親之殺其子以爲上用，不苦也。」（〈揆度〉第七十八）觀此可知死事者之孤寡家屬，所得到之政府撫恤與存問也，此《管子》教民冒死爲國之道也。《管子》書載管仲教桓公賞死事者之後之事，其文曰：

桓公欲賞死事之後，曰：「吾國者，衢處之國，饋食之都，虎狼之所
棲也。今每戰，輿死扶傷，如孤荼首之孫仰（郭沫若云：「如」疑「孺」
子之聲誤，「孫」疑「俯」字之形誤），傳戟之寶（張登雲云：「寶」
字或是「室」字），吾無由與之，爲之奈何？」管子對曰：「吾國之
豪家遷封食邑而居者君，章之以物則物重（郭沫若云：「章」當讀爲
「障」，藏也），不章以物則物輕；守之以物則物重，不守以物則物
輕。故遷封食邑、富商蓄賈、積餘藏羨、跱蓄之家（安井衡云：跱、
峙同，積也），此吾國之豪也。故君請縞素而就士室，朝功臣世家、
遷封食邑、積餘藏羨、跱蓄之家曰：城脆致衝，無委攻圍（按：「攻」
亦當爲「致」），天下有慮，齊獨不與其謀。子大夫有五穀菽粟者，
勿敢左右，請以平賈取之子，與之定其券契之齒、斧鑕之數，不得
爲侈弇焉。困窮之民，聞而糴之，釜鑕無止，遠通不推（戴望云：「通」
乃「道」字誤）。國粟之粟，坐長而四十倍。君出四十倍之粟，以振
孤寡，牧貧病（戴望云：「牧」當從朱本作「收」），視獨老，窮而無
子者，靡得相鬻而養之，勿使赴於溝澮之中。若此，則士爭前戰爲
顏行（許維遹云：「顏行」與「雁行」同），不偷而爲用，輿死扶傷，
死者過半，此何故也？士非好戰而輕死，輕重之分使然也。」（〈輕
重甲〉第八十）

此教桓公以平價收穀於富豪之輩，用以賑濟死事者之家，勿使填於溝澮之法
也。

第三節　備械器、任將帥

王者上事，霸者生功，言重本，是爲十寓（郭沫若云：「十」，古「甲」
字；「寓」讀爲「寓」）。（〈侈靡〉第三十五）

不論王者、霸者，必重農以爲本，且寓甲兵於農，以求糧豐食足。必糧豐食
足，乃能戰而不匱，良以戰爭最耗糧食也。「一期之師，十兵之蓄積殫；一戰
之費，累代之功盡。」（〈參患〉第二十八）故《管子》言兵，先問「城粟軍
糧，其可以行幾何年也」（〈問〉第二十四）。桓公北伐令支、孤竹、山戎，問
管仲將何行。管仲對曰：「君教諸侯爲民聚食，諸侯之兵不足者，君助之發。
如此，則始可以加政矣。桓公乃告諸侯，必足三年之食安（王念孫云：「安」，

語辭），以其餘修兵革，兵革不足，以引其事告齊，齊助之發。」（〈大匡〉第十八）觀桓公告諸侯之語，可知國必足三年之食，乃可以修甲兵，否則後繼無力，兵未戰而己先亂矣。

為兵之先，首在儲民食，其次曰備械器。蓋「兵不完利，與無操者同實；甲不堅密，與俴者同實，弩不可以及遠，與短兵同實。……器濫惡不利者，以其士予人也」（〈參患〉第二十八）。兵器不利則士卒無以應戰，此驅士卒於死地也。是以桓公問戰勝之器，管仲即對曰：「選天下之豪傑，致天下之精材，來天下之良工，則有戰勝之器矣。」（〈小問〉第五十一）是以《管子》問政，必問：「大夫疏器，甲兵、兵車、旌旗、鼓鐃、帷幕、帥車之載幾何乘？疏藏器，弓弩之張（張佩綸云：「張」當作「韔」，弓衣也）、衣夾鋏（張佩綸云：「衣夾鋏」當作「夾鋏之衣」）鉤弦之造（姚永概云：「造」即「竈」字）、戈戟之緊（丁士涵云：「緊」當作「緊」，戟衣也），其屬何若（趙守正云：「屬」同「礪」，引申為磨礪、磨損）？其宜修而不修者，故何視？而造修之官（郭沫若云：「官」讀為「館」，製器之場），出器處器之具，宜起而未起者何待？鄉師車輈造修之具（安井衡云：「師」當作「帥」），其繕若何？」（〈問〉第二十四）此即平日當注意各種兵器械具之修造與保養，以備不時之需，項目之繁雜，益見其重視之一斑也。

兵器之修造與保養，有一定之過程，所謂「聚天下之精財，論百工之銳器，春秋角試，以精銳為右。成器不課不用，不試不藏」。（〈七法〉第六）用最好材料，研究製作技巧，以此原則來生產兵器。生產之兵器，經春秋兩季講習武備之時，取出使用，選用精銳之上品。製成之武器未經檢查，不予使用。檢查不合格者，不收藏入庫。試驗檢查之法曰：「美金以鑄戈、劍、矛、戟，試諸狗馬；惡金以鑄斤、斧、鉏、夷、鋸、欘、試諸木土。」（〈小匡〉第二十）此言以狗馬、木土試驗不同種類之武器也。武器製造之用材，當有所講求，品質好之金屬製造上等武器，次等金屬製造次等武器，而武器製造之上等人才，亦極重要，凡此皆當用力以致之。《管子》曰：「公曰：『致天下之精材若何？』管子對曰：『五而六之，九而十之，不可為數。』公曰：『來工若何？』管子對曰：『三倍不遠千里。』」（〈小問〉第五十一）重金禮聘良工，出三倍之薪俸，自然不遠千里而至。天下精材美金，亦以加一成之價格收購，且不為定數，隨市場價格而提高之。

兵器於戰爭勝負之關係極密切，所謂「利適（于省吾云：「利」本應作「制」。

陳奐云：「適」，古「敵」字；下文同）器之至也；……不能致器者，不能利適；……不能致器者困」（〈兵法〉第十七）。制敵，在兵器，兵器不利者困。是以《管子》論為兵之術，言兵未出境而無敵者有八項條件，其中即論及「工」與「器」，且謂「工不蓋天下，不能正天下，……器不蓋天下，不能正天下」（〈七法〉第六）。兵器關乎勝負之數，故當求天下之精材，來天下百工，製造以備用，然此猶恐不足用，故又另行設法以充實之，其法曰：

> 請薄刑罰以厚甲兵。於是死罪不殺，刑罰不罰，使以甲兵贖。死罪以犀甲、一戟。刑罰以脅盾、一戟（王引之云：「刑罰」當為「刑罪」）。過罰以金軍（王引之云：「軍」當為「鈞」）。無所計而訟者（蘇輿云：「計」當作「抑」，屈抑也），成以束矢。（〈中匡〉第十九）

又曰：

> 夫齊國寡甲兵，吾欲輕重罪，而移之於甲兵。公曰：「為之奈何？」管子對曰：「制重罪入以兵甲犀脅、二戟。輕罪入蘭、盾、鞈革、二戟。小罪入以金鈞分；宥薄罪，入以半鈞。無坐抑而訟獄者（俞樾云：「坐」當「挫」；蘇輿云：「獄」字衍），正三禁之而不直（趙守正云：正，指官長），則入一束矢以罰之。（〈小匡〉第二十）

管仲蒐求兵器之法，甚為特殊，即以繳呈各式兵器代替刑罰，罪重則所繳者多，罪輕則所繳者少。如此，國不費一工一錢，而器用足矣。

〈揆度〉曰：「有人而無甲兵、而無食，謂之與禍居。」是則甲兵已足，更當足食。軍行而無糧，則人馬困之；人困馬乏將何以為戰？是以廣積物資，多儲糧粟，為不可少。為之之道，曰：重農。《管子》曰：「民事農則田墾，田墾則粟多，粟多則國富，國富者兵彊，兵彊者戰勝，戰勝者地廣。是以先王知眾民彊兵、廣地富國之必生於粟也。」（〈治國〉第四十八）戰爭之勝賴國力為後盾，國力之表現在土地開墾、糧食豐足。故〈霸言〉曰：「觀軍者，觀將；觀備者，觀野。」器械已足，田野已闢，則當選天下之豪傑，任為將帥以統領之。

戰爭之準備工作皆已於平日為之，可謂已具備放手一戰之能力，然領導者之指揮，亦具決定性之關鍵。領導者之中，上者為君，次者為相，實際執行作戰任務者則為將。三者各有職責，相輔相成，構成一領導階層，主導戰爭之一切。《管子》曰：

> 人之眾寡，士之精麤、器之功苦盡知之，此乃知形者也。知形不如知

能，知能不如知意，故主兵必參具者也。主明、相知、將能，之謂參
具。故將出令發士，期有日數矣，宿定所征伐之國，使羣臣、大吏、
父兄、便辟、左右，不能議成敗，人主之任也。論功勞，行賞罰，不
敢蔽賢，有私行，用貨財供給軍之求索，使百吏肅敬，不敢懈怠行邪，
以待君之令，相室之任也。繕器械、選練士、爲教服、連什伍，徧知
天下，審御機數，此兵主之事也。（〈地圖〉第二十七）

決定目標，堅定不移者，君之任也；輔助軍事行動，擔任支援工作者，相之
任也。準備器械，教練士卒明審形勢者，將帥之任也。將帥當早日選任，以
便其能徹底「知己」，量我之蓄積，教我之士卒；亦使之能及時「知彼」，權
衡天下之形勢，審擇當用之戰術，以期兵出必勝。故《管子》曰：

故事無備、兵無主，則不蚤知（丁士涵云：「知」下當脫「敵」字）。
野不辟、地無吏、則無蓄積。官無常，下怨上，而器械不功，朝無
政，則賞罰不明。賞罰不明，則民幸生。故蚤知敵人如獨行。有蓄
積，則久而不匱；器械功，則伐而不費；賞罰明，則人不幸。人不
幸，則勇士勸之。故兵也者，審於地圖，謀十官日（何如璋云：當
作「謀于日官」，察天時也）。量蓄積，齊勇士，徧知天下，審御機
數，兵主之事也。（〈七法〉第六）

又曰：

兵無主，則不蚤知敵。野無吏，則無蓄積。官無常，則下怨上；器
械不巧，則朝無定（孫星衍云：「巧」當作「功」，「定」當作「政」，
下文「器械巧」之「巧」亦當是「功」；丁士涵云：「則朝無定」之
「則」字當衍）；賞罰不明，則民輕其產（許維遹云：「產」當作「生」）。
故曰：蚤知敵，則獨行；有蓄積，則久而不匱；器械巧，則伐而不
費；賞罰明，則勇士勸也。（〈兵法〉第十七）

早任將帥，則將帥內可以量蓄積、備器械、教士卒、明賞罰；外可以早知敵
情、徧知天下、審御機數；此皆爲將帥者之任也。兵出在外，又必當審知地
形，以利行軍作戰，故將帥不可不知地圖，以明地形之險要與夫進退之所在。
《管子》曰：

凡兵主者，必先審知地圖轘轅之險，濫車之水，名山通谷經川，陵
陸兵阜之所在，苴草林木蒲葦之所茂，道里之遠近，城郭之大小，
名邑廢邑困殖之地，必盡知之。地形之出入相錯者盡藏之，然後可

以行軍襲邑，舉錯知先後，不失地利，此地圖之常也。（〈地圖〉第
二十七）

此言為將者當先審知地圖，以免為惡劣地形所困，而致敗績。非只此也，若
能熟知地形，可便於我軍之利用，則更可獲致全勝，此亦為將者之事也。

《管子》綜論為將之道曰：

計緩急之事，則危危而無難；明於器械之利，則涉難而不變；察於
先後之理，則兵出而不困；通於出入之度，則深入而不危；審於動
靜之務，則功得而無害；著於取與之分，則得地而不執（俞樾云：「執」
讀為「熱」。說文：熱，悑也。「悑」即今「怖」字）；慎於號令之官，
則舉事而有功。（〈幼官〉第八）

為將帥當計緩急之事，明器械之利，察先後之理，通出入之度，審動靜之務，
著取與之分，慎號令之官。通為將之道，乃能用兵如神，師出有功，此用兵
之上上者也。《管子》曰：

始乎無端，卒乎無窮。始乎無端，道也；卒乎無窮，德也。道不可
量，德不可數。不可量，則眾強不能圖；不可數，則為詐不敢鄉（孫
星衍云：「為」讀作「偽」；劉績云：「鄉」、「嚮」同）。兩者備施，
動靜有功。（〈幼官〉第八）

第四節　謀定後動

兵者危事，且耗費極多，故用兵不可不慎。欲慎用兵則必謀定而後動，
故《管子》曰：

故凡用兵之計，三驚當一至（豬飼彥博云：「驚」當作「警」，謂戒
嚴以備），三至當一軍，三軍當一戰。故一期之師，十年之蓄積殫，
一戰之費，累代之功盡。今交及接兵而後利之，則戰之自勝者也（丁
士涵云：「勝」當作「敗」）。攻城圍邑，主人易子而食之，析骸而爨
之，則攻之自拔者也。是以聖人小征而大匡，不失天時，不空地利，
用日維夢，其數不出於計。故計必先定而兵出於竟，計未定而兵出
於竟，則戰之自敗，攻之自毀者也。（〈參患〉第二十八）

一期之師，十年之蓄積殫；一戰之費，累代之功盡，此言戰端之不可輕啟也，
言戰費浩繁傷國力也。是以聖人出師，必先定「計」，不失天時，不傷地利，

計必先定而後兵出於境。否則，將自取敗亡。

「不明於計數，而欲舉大事，猶無舟檝而欲經於水險也。」(〈七法〉第六) 何謂「計數」？曰：「剛柔也，輕重也，大小也，實虛也，遠近也，多少也，謂之計數。」(同上) 此六者，衡量敵我力量與勝算者也。唯所當計者，先己後人，所謂知己知彼，乃能百戰不殆也。《管子》曰：

> 大度之書曰：舉兵之日而境內不貧，戰而必勝，勝而不死，得地而國不敗。爲此四者若何？舉兵之日，而境內不貧者，計數得也。戰而必勝者，法度審也。勝而不死者，教器備利而敵不敢校也。得地而國不敗者，因其民也。因其民，則號制有發也。教器備利，則有制也。法度審，則有守也。計數得，則有明也。治眾有數，勝敵有理 (張佩綸云：「理」當作「器」)。察數而知理，審器而識勝，明理而勝敵。定宗廟，遂男女，官四分，則可以定威德，制法儀，出號令，然後可以一眾治民。(〈兵法〉第十七)

己力當察者有四：舉兵之日境內不貧、戰而能必勝、勝而眾不死、得人地而國力不敗，如此乃可謂勝。若力戰之後國力大耗，士卒傷亡甚眾，皆不足以謂之爲勝也。欲兵出而勝，則應計數得、法度審、教器備利與因其民也。此言必計己之實力於未戰之先也。

既「知己」矣，又必「知彼」。計彼方之實力，以爲我進退之度，庶幾以眾擊寡、以治擊亂、以富擊貧、以能擊不能、以教卒練士擊毆眾白徒，而得百戰百勝之果。《管子》曰：

> 若夫曲制時舉 (何如璋云：曲，部曲也；曲制，部曲之制也)，不失天時，毋壙地利 (豬飼彥博云：壙、曠同)，其數多少，其要必出於計數。故凡攻伐之爲道也，計必先定于內，然後兵出乎境，計未定於內，而兵出乎境，是則戰之自勝 (丁士涵云：「勝」字誤，當作「敗」；「是」字衍文)，攻之自毀也。是故張軍而不能戰，圍邑而不能攻，得地而不能實，三者見一焉，則可破毀也。故不明于敵人之政，不能加也。不明于敵人之情，不可約也。不明于敵人之將，不先軍也。不明于敵人之士，不先陳也。是故以眾擊寡、以治擊亂、以富擊貧、以能擊不能、以教卒練士擊毆眾白徒，故十戰十勝，百戰百勝。(〈七法〉第六)

用兵固當先計天時、地利，然敵人之政亦不能不明，敵人之情不能不知，敵

人之將不能不識，敵人之士不能不曉，否則軍雖張而不能戰，圍人邑而不能攻，得人地而不能守。是以未知敵方之政情虛實，不可輕約士卒加兵於人；未知敵方將帥士卒之戰志，不可先發大軍列陣攻人。故曰：

> 凡有天下者，以情伐者帝，以事伐者王，以政伐者霸。而謀有功者五：一曰：視其所愛，以分其威。一人兩心，其內必衰也。臣不用，其國可危。二曰：視其陰所憎，厚其貨賂，得情可深。身內情外，其國可知。三曰：聽其淫樂，以廣其心。遺以竽瑟美人，以塞其內。遺以諂臣文馬，以蔽其外。外內閉塞，可以成敗。四曰：必深親之，如典之同生。陰內辯士，使圖其計。內勇士，使高其氣。內人他國，使倍其約，絕其使，拂其意，是必士鬬。兩國相敵，必承其獎。五曰：深察其謀，謹其忠臣，撰其所使，令內不信，使有離意。離氣不能令，必內自賊。忠臣已死，故政可奪。此五者，謀功之道也。（〈禁藏〉第五十三）

能深知敵人之情以伐之者最上，而圖謀敵國與知敵情之計謀有五：間其所愛之臣；買其所憎之臣；物慾以塞其心，諂臣以蔽其外；離間其與國與挑撥其忠臣。是偵敵之情之外，更用計謀以亂其政也。

欲知敵方之虛實，唯有用間以窺之。桓公欲從事於諸侯，管仲以為治內者未具，為外者亦未備。其所謂為外者未備，即未明諸侯之政情也。管仲之作法為：

> 曹孫宿處楚，商容處宋，季勞處魯（宋翔鳳云：季勞即季友），徐開封處衛（王念孫云：當是衛開方），匽尚處燕，審友處晉。又游士八千人（〈齊語〉作「八十人」，是也），奉之以車馬衣裘，多其資糧，財幣足之，使出周游於四方，以號召收求天下之賢士。飾玩好，使出周游於四方，鬻之諸侯，以觀其上下之所貴好。擇其沈亂者而先政之（安井衡云：沈、淫古通用，「政」讀為「征」）。（〈小匡〉第二十）

此即派使者與游士滲入諸侯各國，以貨財間疏其君臣，偵察其政情，以利征伐也。是以《管子》曰：

> 小征，千里徧知之。築堵之牆，十人之聚，日五閒之。大征，徧知天下。日一閒之（郭沫若云：「一」當作「五」），散金財，用聰明也。故善用兵者，無溝壘而有耳目。（〈制分〉第二十九）

小征，當知千里之情，大征，當知天下之勢。即令一牆之隔，十人之聚，亦

需每日偵察五次,以期掌握敵情。而偵察之法,則以金錢買耳目也。善用兵者,可無溝壘之守,而必有耳目之察,其重要可以想見矣。

敵情已得,己力已備,則當慎選時機以出兵一擊。其言曰:

> 聖人能輔時(張佩綸云:輔,相也),不能違時。知者善謀,不如當時。精時者,日少而功多。夫謀無主則困,事無備則廢,是以聖王務具其備而慎守其時。以備待時,以時興事,時至而舉兵。(〈霸言〉第二十三)

夫為軍之道,謀必有主,乃能不困;事必有備,乃能不廢。謀有主者,任將帥也;事有備者,備械器也。將帥任而械器備矣,然欲一戰而勝,則必待時,所謂以時興事、時至而舉兵也。是以知者善謀矣,不如當時。當時者,最恰當之時機也。時過則先機盡失,先機失則力竭而功少。此其所謂「夫神聖視天下之形,知動靜之時,視先後之稱,知禍福之門。彊國眾,先舉者危,後舉者利;彊國少,先舉者王,後舉者亡。戰國眾,後舉可以霸;戰國少,先舉可以王」(同上)。用兵於天下,當視彊國眾寡、戰國多少之天下形勢而定我之先舉與後舉,此即所謂「輔時」也。

唯其能輔時,乃能「當時」;能當時,乃能戰勝攻取。若動靜違時,則不能征天下而為王者。《管子》曰:

> 自古以至今,未嘗有先能作難(戴望云:宋本作「能先」,今本誤倒),違時易形,以立功名者。無有常先作難,違時易形,無不敗者也(張文虎云:「無不敗」之「無」,「而」字之誤)。夫欲臣伐君、正四海者,不可以兵獨攻而取也,必先定謀慮、使地形、利權稱、親與國、視時而動,王者之術也。(〈霸言〉第二十三)

此言「違時易形」而先發難以攻人,自古以來,未有能不敗者。是以用兵之道當多方配合,既需先定謀慮、審視地形,亦要權衡形勢、交結與國。萬事齊備,再待時而動,此王者之術也。

夫財力足、良工具、器械備、士卒選、政治明、訓練精、敵情知、皆戰勝之必要條件也,然此數者齊備,仍不足以言戰,必明於機數乃可,機數者,戰機與策略也。《管子》曰:

> 為兵之數,存乎聚財,而財無敵。存乎論工,而工無敵。存乎制器,而器無敵。存乎選士,而士無敵。存乎政教,而政教無敵。存乎服習,而服習無敵。存乎徧知天下,而徧知天下無敵。存乎明於機數,

> 而明於機數無敵。故兵未出境，而無敵者八。是以欲正天下，財不
> 蓋天下，不能正天下；財蓋天下，而工不蓋天下，不能正天下；工
> 蓋天下，而器不蓋天下，不能正天下；器蓋天下，而士不蓋天下，
> 不能正天下；士蓋天下，而教不蓋天下，不能正天下；教蓋天下，
> 而習不蓋天下，不能正天下；習蓋天下，而不徧知天下，不能正天
> 下；徧知天下，而不能明於機數，不能正天下。故明於機數者，用
> 兵之勢也。大者時也，小者計也。（〈七法〉第六）

欲正天下，必以明於機數為本，所謂「明於機數無敵」（同上）也。明於機數，
乃用兵之勢，大者曰時機，小者曰計謀。時機之重要，前已言之矣，茲論計謀。

此所謂計謀者，臨戰之策略也。臨戰之策略，當由將帥視戰況而定，然
亦有可先言之以為作戰原則者。首曰：出奇，次曰：攻虛。

桓公問管仲：「野戰必勝若何？」（〈小問〉第五十一）管仲對曰：「以奇。」
（同上）又曰：「奇舉發不意，則士歡用。」（〈幼官〉第八）出奇兵以制勝，
一則敵不及備，再則將士樂為用，此野戰必勝之道也。若能出奇兵以攻敵人
之虛，則更可謂善戰者矣。《管子》曰：

> 故善攻者，料眾以攻眾，料食以攻食，料備以攻備。以眾攻眾，眾
> 存不攻；以食攻食，食存不攻；以備攻備，備存不攻。釋實而攻虛，
> 釋堅而攻膬，釋難而攻易。（〈霸言〉第二十三）

此言善攻人者，必先審知敵我士卒之數，糧草之數，與裝備之數，三者足以
勝人則攻，若敵人三者均具而有餘，則不能攻。此即實不可攻、堅不可攻、
難不可攻也。是以善攻人者，必攻敵之虛、攻敵之脆與攻敵之易。書中又曰：

> 故凡用兵者，攻堅則軔，乘瑕則神，攻堅則瑕者堅，乘瑕則堅者瑕。
> 故堅其堅者，瑕其瑕者。屠牛坦朝解九牛，而刀可以莫鐵，則刄游
> 閒也。（〈制分〉第二十九）

屠牛坦其人一朝解九牛之餘，其刀猶銳，以其遊刄於牛之間隙也，其術同乎
庖丁之解牛也。《管子》以此喻用兵者，當乘敵之瑕而攻之，一旦乘瑕而攻，
攻者易於有功，而彼之堅守者亦將懈而為可攻之處矣，此克敵之術也。故「善
者之為兵也，使敵若據虛、若搏影。無設無形焉，無不可以成也。無形無為
焉，無不可以化也。此之謂道矣。若亡而存，若後而先，威不足以命之」（〈兵
法〉第十七）。

今按，《管子》此論既通於政治，亦暗合於哲理，如言先審己為萬全之準

備，以及知敵、弱敵……等皆政治要義。言先後、虛實，機數、乘瑕……皆哲理上之妙用。管氏皆優言之。與其後之《孫子兵法》所言頗多不謀而合者。管氏知之行之，先於《孫子》。其啓迪之功，今人言之者少！後學雖愚，不可不為之標榜而免沉埋也。

第五節　經濟戰

「至善不戰」（〈幼官〉第八），以兵勝人，乃最下之策也。桓公問用兵，管仲對曰：「五戰而至於兵。……請戰衡、戰准、戰流、戰權、戰勢。此所謂五戰而至於兵者也。」（〈輕重甲〉第八十）戰衡者何？曰：「衡無數也。衡者使物一高一下，不得常固。」（〈輕重乙〉第八十一）戰准者何？曰：「國准者，視時而立儀。」（〈國准〉第七十九）戰流者何？曰：「桓公曰：『何謂流？』管子對曰：『物有豫。則君失策而民失生矣（吳志忠云：「則君」上脫「無豫」二字）。』」（〈山權數〉第七十五）戰權者何？曰：「桓公問管子曰：『請問權數？』管子對曰：『天以時為權，地以財為權，人以力為權，君以令為權。失天之權，則人地之權亡。』」（〈山權數〉第七十五）戰勢者何？曰：「有山處之國，有氾下多水之國，有山地分之國，有水泆之國，有漏壤之國，此國之五勢，人君之所憂也。」（〈山至數〉第七十六）觀此可知其所謂五戰者，「衡」指物品之價格，「准」為權時立制，「流」乃蓄積物資，「權」即視天時以事蓄藏，「勢」則觀地質以儲民食也。此五者，皆就經濟而言者也。經濟力量雄厚，足以一戰，甚且不必戰而已勝敵矣。

《管子》書載管仲以經濟服人之國之事凡五，其文曰：

> 桓公曰：「魯、梁之於齊也，千轂也（何如璋云：「千轂也」，當據通典刪去），蠶螫也，齒之有脣也。今吾欲下魯、梁，何行而可？」管子對曰：「魯、梁之民俗為綈，公服綈，令左右服之，民從而服之，公因令齊勿敢為，必仰於魯、梁釋其農事而作綈矣。」桓公曰：「諾。」即為服於泰山之陽，十日而服之。管子告魯、梁之賈人曰：「子為我致綈千匹，賜予金三百斤，什至而金三千斤，則是魯、梁不賦於民，財用足也。」魯梁之君聞之，則教其民為綈。十三月，而管子令人之魯、梁，魯、梁郭中之民，道路揚塵，十步不相見，緤繡而踵相隨（豬飼彥博云：「緤繡」與「曳屬」同；屬，履也）車轂朝齒騎，

連伍而行。管子曰：「魯、梁可下矣。」公曰：「奈何？」管子對曰：「公宜服帛，率民去綈，閉關，毋與魯、梁通使。」公曰：「諾。」後十月，管子令人之魯、梁，魯、梁之民，餓餒相及，應聲之正（郭沫若云：「聲」假為「程」；應程之征，即法定之正規稅也），無以給上。魯、梁之君，即令其民去綈修農。穀，不可以三月而得。魯、梁之人，糴十百（郭沫若：當為「糴石百」），齊糴十錢。二十四月，魯、梁之民歸齊者十分之六。三年，魯、梁之君請服。（〈輕重戊〉第八十四）

桓公問於管子曰：「萊、莒與柴田相并，為之奈何（郭沫若云：疑當作「柴與田相并」）？」管子對曰：「萊、莒之山生柴，君其率白徒之卒，鑄莊山之金以為幣，重萊之柴賈。」萊君聞之，告左右曰：「金幣者，人之所重也。柴者，吾國之奇出也。以吾國之奇出，盡齊之重寶，則齊可并也。」萊即釋其耕農而治柴。管子即令隰朋反農。二年，桓公止柴。萊、莒之糴三百七十（郭沫若云：當是「石百七十」之誤），齊糴十錢，萊、莒之民降齊者十分之七。二十八月，萊、莒之君請服。（同上）

桓公問於管子曰：「楚者，山東之強國也。其人民習於戰鬥之道，舉兵伐之，恐力不能過。兵弊於楚，功不成於周，為之奈何？」管子對曰：「即以戰鬥之道與之矣。」公曰：「何謂也？」管子對曰：「公貴買其鹿。」桓公即為百里之城（安井衡云：「城」當是「圉」字誤），使人之楚買生鹿。楚生鹿當一而八萬，管子即令桓公與民通輕重（郭沫若云：「桓公」當為「隰朋」），藏穀什之六；令左司馬伯公將白徒而鑄錢於莊山，令中大夫王邑載錢二千萬，求生鹿於楚。楚王聞之，告其相曰：「彼金錢，人之所重也，國之所以存，明王之所以賞有功。禽獸者，群害也，明王之所棄逐也。今齊以其重寶貴買吾群害，則是楚之福也，天且以齊私楚也。子告吾民，急求生鹿，以盡齊之寶。」楚民即釋其耕農而田鹿。管子告楚之貫人曰：「子為我致生鹿二十，賜子金百斤。什至而金千斤也。則是楚不賦於民而財用足也。」楚之男子居外，女子居涂。隰朋教民藏粟五倍，楚以生鹿藏錢五倍。子曰：「楚可下矣。」公曰：「奈何？」管子對曰：「楚錢五倍，其君且自得而修穀。錢五倍，是楚強也。」（郭沫若云：此七字當在上文

「公曰奈何」之「曰」字下）桓公曰：「諾。」因令人閉關不與楚通使，楚王果自得而修穀。修穀不可三月而得也，楚糴四百，齊因令人載粟處半之南，楚人降齊者十分之四。三年而楚服。（同上）

桓公問於管子曰：「代國之出何有？」管子對曰：「代之出狐白之皮，公其貴買之。」管子曰：「狐白應陰陽之變，六月而壹見，公貴買之。代人忘其難得，喜其貴買，必相率而求之，則是齊金錢不必出，代民必去其本而居山林之中。離枝聞之，必侵其北。離枝侵其北，代必歸於齊。公因令齊載金錢而往。」桓公曰：「諾。」即令中大夫王師北將人徒，載公錢，之代谷之上，求狐白之皮。代王聞之，即告其相曰：「代之所以弱於離枝者，以無金錢也。今齊乃以金錢求狐白之皮，是代之福也。子急令民求狐白之皮，以致齊之幣。寡人將以來離枝之民。」代人果去其本，處山林之中，求狐白之皮。二十四月而不得一。離枝聞之，則侵其北。代王聞之，大恐，則將其士卒葆於代谷之上。離枝遂侵其北。王即將其士卒願以下齊。齊未亡一錢幣，修使三年而代服。（同上）

桓公問於管子曰：「吾欲制衡山之術，爲之奈何？」管子對曰：「公其令人貴買衡山之械器而賣之，燕代必從公而買之。秦趙聞之，必與公爭之。衡山之械器，必倍其賈。天下爭之，衡山之械器，必什倍以上。」公曰：「諾。」因令人之衡山求買械器。不敢辨其貴賈（郭沫若云：「貴」乃衍文），齊修械器於衡山。十月，燕代聞之，果令人之衡山求買械器。燕代修三月，秦國聞之，果令人之衡山求買械器。衡山之君，告其相曰：「天下爭吾械器，令其買再什以上。」衡山之民，釋其本，修械器之巧。齊即令隰朋漕粟於趙，趙糴十五，隰朋取之石五十。天下聞之，載粟而之齊。齊修械器十七月，修糴五月，即閉關不與衡山通使，燕代秦趙即引其使而歸。衡山械器盡，魯削衡山之南，齊削衡山之北。內自量無械器以應二敵，即奉國而歸齊矣。（同上）

觀此五事，可知管仲經濟作戰以下人之國，乃在誘之以重利，使其國上下皆務爲工商之利而不務農，一旦視其農政荒廢則絕其往來，止其貿易。則其國之民必驟然失業而不得衣食矣。舉國之民，皆失其業而無食，其不臣服於齊，又將奈何？由此可見管仲之下人之國不以兵力，專用經濟勝之，其巧妙刻毒

有如此者！書中所載類此者尚多。雖不敢必其盡信，然亦不能斷其必無。則其思想之奇絕，可見一斑也。

結　語

　　糾合諸侯，一匡天下，雖曰不以兵車，然尊周王、攘夷狄，如全棄兵車而不備，則必無力召諸侯與威四夷。是故兵車之不可廢，自古已然。特兵車之出，當以德義爲名耳。若大軍之出，不仁不義，窮兵而黷武，非但不足以服人，且將自取敗亡，此《管子》言兵之首要原則也。兵車爲政治之輔，故欲強兵，必先強政。定組織、明賞罰、備器械、任將帥，皆所以言軍政也。以農爲本，工商爲用，此以充實國力也。軍政強，國力富，知己知彼，可以不戰而屈人之兵，此經濟戰也、政治戰也。徒恃士卒兵甲，不足以言兵。先秦之兵學家深知此理，唯言之不及《管子》之周詳深切耳。如孫武曰：

> 是故百戰百勝，非善之善者也，不戰而屈人之兵，善之善者也。……
> 故善用兵者，屈人之兵而非戰也：拔人之城而非攻也，毀人之國而
> 非久也。必以全爭於天下，故兵不頓利可全，此謀攻之法也。（《孫
> 子・謀攻》）

又曰：

> 故用兵之法，無恃其不來，恃吾有以待也。無恃其不攻，恃吾有所
> 不可拔也。（《孫子・九變》）

至於行軍用兵之道，先秦兵學家言之頗詳，然多偏重於作戰之種種戰略，彼等所言謀攻、形勢、虛實、地形、用間諸端，《管子》先已言之。而《管子》於上舉諸端之外，又特重士卒之教練與夫器械之備利，此其大較也。至如《管子》所言德義之師、言經濟之戰，則爲其他兵學家所未備者，此《管子》言軍事優於先秦諸兵學家者也。

　　《周禮》曰：「乃會萬民之卒伍而用之。五人爲伍，五伍爲兩，四兩爲卒，五卒爲旅，五旅爲師，五師爲軍。以起軍旅，以作田役，以比軍胥，以會貢賦。」（《周禮注疏・小司徒》）又曰：「凡制軍：萬有二千五百人爲軍。王六軍，大國三軍，次國二軍，小國一軍。軍將皆命卿。二千有五百人爲師，師帥皆中大夫。五百人爲旅，旅帥皆下大夫。百人爲卒，卒長皆上士。二十五人爲兩，兩司馬皆中士。五人爲伍，伍皆有長。」（〈夏官司馬〉）此《周禮》所載之軍制也。又曰：「中春，教振旅，司馬以旗致民平列陳如戰之陳，……以教坐作、進退、疾

徐、疏數之節，遂以蒐田。……中夏，教茇舍（鄭注：草止之也。），如振旅之陳，……遂以苗田。……中秋，教治兵，如振旅之陳，……遂以獮田。……中冬，教大閱，……遂以狩田。」（同上）此則《周禮》之軍事訓練也。又曰：「以兩造禁民訟，入束矢於朝，然後聽之。以兩劑（鄭注：券書也）禁民獄，入鈞金，三日，乃致于朝，然後聽之。」（〈秋官司寇〉）此繳兵器而後聽訟之法也。

《周禮》制軍有六級：伍、兩、卒、旅、師、軍，《管子》為五級；《周禮》一軍一萬二千五百人，《管子》一軍一萬人；其各級人數亦有不同。《管子》一年以春秋兩次，訓練士卒；《周禮》則春夏秋冬一年四次，皆藉田獵以為之。《管子》為充裕器械，有教民繳兵器以代刑罰之事；《周禮》亦有令民入「束矢」以聽訟之法。蘇軾論之曰：

> 嘗讀周官、司馬法，得軍旅什伍之數。其後讀管夷吾書，又得《管子》所以變周之制。蓋王者之兵，出於不得已，而非以求勝敵也。故其為法，要以不可敗而已。至於威、文（按：「威」當為「桓」）非決勝無以定霸，故其法在必勝。（《經進東坡文集事略》卷第六，〈管仲論〉）

方苞亦曾言：「《管子》之用《周禮》也，體式之繁重，一變而為徑捷焉；氣象之寬平，一變而為嚴急焉。非故欲為此也，勢也。」（《望溪先生文集》卷二，〈讀管子〉）趙用賢更嘗論之曰：

> 及余讀是書，而深惟其故，然後知王者之法，莫備於周公，而善變周公之法者，莫精於《管子》。……當其謀於垂纓下衽之日者，不過審舊法，擇其善者而從之。又其要則在事可以隱，令可以寄政，使諸侯不吾虞，而吾獨安國富民，以取盈於天下。……大抵不離周官以制用，而亦不盡局於周官，以通其變。今攷其說，所謂參國為三軍者，即伍兩卒旅之舊也；因罰備器用者，即兩造兩劑之遺也。（《管子書·序》）

此三氏，皆謂《管子》制兵諸端，乃變《周禮》之法而為之者也。

今之學者，考《周禮》一書之成，不先於《管子》，迨成定讞。顧頡剛〈周公制禮的傳說和周官一書的出現〉，以為周官乃齊國人所作，乃法家之書，其所不敢斷定者，今本周官是否即齊國之原本也。錢穆〈周官著作時代考〉，以為周官乃六國陰謀之書。而前引諸文則與《管子》書相先後，是戰國晚年一輩學者的理想。徐復觀《周官成立之時代及其思想性格》一書，則以為《周

禮》曾受《管子》之影響，「乃王莽、劉歆們用官制以表達他們的政治理想之
書」（見該書自序）。侯家駒《周禮研究》，稱「《周禮》絕不是周公所作，亦
絕不是完全出自劉歆手筆。《周禮》是集體編著，劉歆爲其總提調，其所用底
稿，乃是戰國時代人士所撰，爲河間獻王於武帝時所獻而藏於秘府之周官原
文或殘本，再予以損益」（《周禮研究》第十章第二節，周禮評價。）綜觀以
上三家之說，皆認《周禮》之軍制，可能爲變《管子》之法而爲之者。準此
而論，則指《管子》變周公之法者非也。在前者爲創，後者爲因。一因一創
之間，思想上價值懸隔殊甚。爲免沉冤，附述周官於後。

重要參考書目

一、專著部分

1. 《尚書》，十三經注疏本，藝文印書館。
2. 《詩經》，十三經注疏本，藝文印書館。
3. 《禮記》，十三經注疏本，藝文印書館。
4. 《周禮》，十三經注疏本，藝文印書館。
5. 《左傳》，十三經注疏本，藝文印書館。
6. 《公羊傳》，十三經注疏本，藝文印書館。
7. 《穀梁傳》，十三經注疏本，藝文印書館。
8. 《論語》，十三經注疏本，藝文印書館。
9. 《孟子》，十三經注疏本，藝文印書館。
10. 《韓詩外傳》，四部叢刊初編本，商務印書館。
11. 《春秋繁露》，四部叢刊初編本，商務印書館。
12. 《國語》，四部叢刊初編本，商務印書館。
13. 《戰國策》，四部叢刊初編本，商務印書館。
14. 《史記》，司馬遷，藝文印書館。
15. 《漢書》，班固，藝文印書館。
16. 《隋書》，魏徵，藝文印書館。
17. 《舊唐書》，劉昫，藝文印書館。
18. 《新唐書》，歐陽修，藝文印書館。
19. 《宋史》，脫脫，藝文印書館。
20. 《通志》，鄭樵，商務印書館。

21. 《文獻通考》，馬端臨，商務印書館。

22. 《古史》，蘇轍，商務印書館。

23. 《管子》，四部叢刊初編本，商務印書館。

24. 《管子》，趙用賢本，中華書局。

25. 《管子榷》，朱長春本，中央圖書館。

26. 《管子纂詁》，安井衡，河洛圖書出版社。

27. 《管子校正》，戴望校正本，世界書局。

28. 《管子學》，張佩綸，商務印書館。

29. 《管子引得》，莊為斯編，成文出版社。

30. 《管子集校》，許維遹等，東豐書局。

31. 《荀子》，新編諸子集成本，世界書局。

32. 《慎子》，新編諸子集成本，世界書局。

33. 《商君書》，新編諸子集成本，世界書局。

34. 《韓非子》，新編諸子集成本，世界書局。

35. 《老子》，新編諸子集成本，世界書局。

36. 《列子》，新編諸子集成本，世界書局。

37. 《莊子》，新編諸子集成本，世界書局。

38. 《墨子》，新編諸子集成本，世界書局。

39. 《孫子》，新編諸子集成本，世界書局。

40. 《呂氏春秋》，新編諸子集成本，世界書局。

41. 《淮南子》，新編諸子集成本，世界書局。

42. 《賈誼新書》，四部叢刊初編本，商務印書館。

43. 《鹽鐵論》，四部叢刊初編本，商務印書館。

44. 《新序》，四部叢刊初編本，商務印書館。

45. 《說苑》，四部叢刊初編本，商務印書館。

46. 《傅子》，觀古堂所著書本，藝文印書館。

47. 《崇文總目》，王堯臣，廣文書局。

48. 《子略》，高似孫，中華書局。

49. 《郡齋讀書志》，晁公武，袁州刊本，商務印書館。

50. 《郡齋讀書志》，晁公武，衢州刊本，廣文書局。

51. 《直齋書錄解題》，陳振孫，廣文書局。

52. 《國史經籍志》，焦竑，廣文書局。

53. 《士禮居藏書題跋記續》，黃丕烈，商務印書館。
54. 《鐵琴銅劍樓藏書目錄》，瞿鏞，廣文書局。
55. 《楹書隅錄》，楊紹和，廣文書局。
56. 《善本書室藏書志》，丁丙，廣文書局。
57. 《宋元舊本書經眼錄》，莫友芝，廣文書局。
58. 《四庫提要》，紀昀，藝文印書館。
59. 《四庫全書總目提要辨證》，余嘉錫，藝文印書館。
60. 《廉石居藏書記》，孫星衍，商務印書館。
61. 《平津館鑒藏記》，孫星衍，商務印書館。
62. 《周秦諸子書目》，胡樸安，成文出版社。
63. 《周秦漢魏諸子知見書目》，嚴靈峯，正中書局。
64. 《羣書治要》，魏徵，商務印書館。
65. 《意林》，馬總，商務印書館。
66. 《溫國文正司馬公集》，司馬光，商務印書館。
67. 《經進東坡文集事略》，蘇軾，商務印書館。
68. 《朱子語類》，朱熹，正中書局。
69. 《習學記言》，葉適，商務印書館。
70. 《玉海》，王應麟，華文書局。
71. 《困學紀聞》，王應麟，商務印書館。
72. 《黃氏日抄》，黃震，商務印書館。
73. 《宋文憲公全集》，宋濂，中華書局。
74. 《望溪先生文集》，方苞，中華書局。
75. 《原抄本日知錄》，顧炎武，明倫出版社。
76. 《船山遺書全集》，王夫之，中國船山學會。
77. 《文史通義》，章學誠，商務印書館。
78. 《校讎通義》，章學誠，商務印書館。
79. 《玉函山房輯佚書》，馬國翰，文海出版社。
80. 《東塾讀書記》，陳澧，中華書局。
81. 《鐵橋漫稿》，嚴可均，藝文印書館。
82. 《傳經室文集》，朱駿聲，藝文印書館。
83. 《讀書雜志》，王念孫，樂天出版社。
84. 《古今偽書考》，姚際恆，開明書局。

85. 《退菴隨筆》，梁章鉅，文海出版社。
86. 《諸子論略》，尹桐陽，廣文書局。
87. 《管子傳》，梁啓超，中華書局。
88. 《諸子考釋》，梁啓超，中華書局。
89. 《古書真偽及其年代》，梁啓超，中華書局。
90. 《先秦政治思想史》，梁啓超，中華書局。
91. 《中國古代哲學史》，胡適，商務印書館。
92. 《經子解題》，呂思勉，商務印書館。
93. 《管子探源》，羅根澤，里仁書局。
94. 《中國歷史講話》，熊十力，明文書局。
95. 《傅斯年全集》，傅斯年，聯經出版事業公司。
96. 《先秦文史資料考辨》，屈萬里，聯經出版事業公司。
97. 《管子論政》，歐陽樊，蛙鳴出版社。
98. 《管子評議》，婁良樂，文史哲出版社。
99. 《管子析論》，謝雲飛，學生書局。
100. 《管子新論》，王瑞英，大立出版社。
101. 《管子今注今譯》，李勉，商務印書館。
102. 《管子經濟篇文注譯》，中國人民大學等，江西人民出版社。
103. 《管子注譯》，趙守正，廣西人民出版社。
104. 《續偽書通考》，鄭良樹，學生書局。
105. 《中國政治思想史》，蕭公權，聯經出版事業公司。
106. 《中國政治思想史》，薩孟武，三民書局。
107. 《騶衍遺説考》，王夢鷗師，商務印書館。
108. 《周官成立之時代及其思想性格》，徐復觀，學生書局。
109. 《周禮研究》，侯家駒，聯經出版事業公司。
110. 《先秦法家統制經濟思想》，侯家駒，聯經出版事業公司。
111. 《中國經濟思想史》，侯家駒，中華文化復興運動推行委員會。
112. 《管子經濟政策與民主思想》，周世輔，幼獅書店。
113. 《三民主義與管子經濟思想》，周開慶，三民主義研究所。
114. 《管子的法律思想》，戴東雄，中華文化復興運動推行委員會。
115. 《周秦道論發微》，張舜徽，木鐸出版社。
116. 《中國哲學史史科學》，張岱年，崧高書社。

117. 《中國古代哲學論叢》，楊向奎等，帛書出版社。

118. 《春秋哲學史論集》，關鋒等，北京人民出版社。

119. 《先秦社會和諸子思想新探》，祝瑞開，福建人民出版社。

120. 《古史新探》，楊寬，北京中華書局。

121. 《中國哲學思想史》，武內義雄，仰哲出版社。

122. 《中國思想（二）道家與道教》，宇野精一等，幼獅書店。

二、論文部分

1. 〈管子的法律思想與法治主義〉，梅仲協，《中國思想與制度史論集》。

2. 〈管仲的政治成就與政治思想〉，張金鑑，《中華文化復興月刊》十八卷 6 期。

3. 〈歷代法家人物譚——管仲〉，謝松濤，《古今談》160 期。

4. 〈管仲思想與三民主義體系下的法律觀〉，張雅濤，《政治評論》二十四卷 12 期。

5. 〈管子思想述要〉，謝崤中，《仁愛月刊》一卷 4 期。

6. 〈管子爲戰國時代作品考〉，黃漢，《安徽大學月刊》二卷 6 期。

7. 〈管子宜列雜家蠡測〉，吳定遠，《廣東留平學會年刊》1 期。

8. 〈周官著作時代考〉，錢穆，《燕京學報》11 期。

9. 〈周公制禮的傳說和周官一書的出現〉，顧頡剛，《文史》第六輯。

10. 〈管子研究〉，呂凱師，《中華學苑》16、17 期。

11. 〈中國政治思想中之政原論〉，蕭公權，見《迹園文錄》，聯經出版事業公司。

12. 〈傳述史料中常見的幾種現象〉，屈萬里，《沈剛伯先生八秩榮慶論文集》。

13. 〈論管子及其著作版本〉，宋海屏，《中華日報》63 年 9 月 16 日五版。

14. 〈清初諸儒論「管仲不死子糾」申義〉，胡楚生，《孔孟學報》52 期。

15. 〈管子與管夷吾〉，陸鐵乘，《中央月刊》第六卷第 7 期。

16. 〈管子其人及其書〉，李勉，《成大學報》十卷。

17. 〈侈靡論〉，楊聯陞，見《國史探微》，聯經出版事業公司。

18. 〈陰陽五行家與星歷及占筮〉，王夢鷗師，《中華院史語所中國上古史待定稿》第四本。

19. 〈管子富國強兵政策及其法治思想〉，陳敏男，《幼獅學誌》十七卷 2 期。

20. 〈管子軍事思想研究〉，徐文助，《師大國文學報》15 期。

21. 〈弟子職研究〉，馮永敏，《台北市立師專學報》17 期。

22. 〈氣與古代自然哲學〉，王曉波，《國際中國哲學研討會論文集》。

23. 〈稷下黃老學派的批判〉，郭沫若，見《十批判書》。

24. 〈稷下自然觀之進展〉，蔡德貴，《中國哲學史研究》1984 年 1 期。

25. 〈宋鈃尹文遺著考〉，郭沫若，見《青銅時代》。

26. 〈管子四篇與宋尹學派辨析〉，吳光，《中國哲學史研究》1986 年 4 期。

27. 〈馬王堆老子甲乙本卷前後佚書與道法家〉，裘錫圭，《中國哲學》第二輯。

28. 〈管仲學派·臨沂銀雀山漢墓出土王兵篇釋文〉，任繼愈，見《中國哲學發展史（先秦)》，文物 1972 年第 12 期。

29. 〈管子中的精氣論及其歷史貢獻〉，周立升等，《哲學研究》1983 年 5 期。

30. 〈評管子書中靜因之道的認識論〉，周立升等，《文史哲》1984 年 3 期。

31. 〈從心術上看早期的黃老學說〉，胡家聰，《中國哲學史論叢》第一輯。

32. 〈五行探源〉，李德永，《中國哲學》第四輯。

33. 〈管子中的陰陽五行說新探〉，胡家聰，《中國哲學》第九輯。

34. 〈管子地員篇的地區性探討〉，王達，《農史研究集刊》第二冊。

35. 〈侈靡篇的研究〉，郭沫若，見《奴隸制時代》。

36. 〈侈靡篇斷代質疑〉，胡家聰，《中華文史論叢》第四輯。

37. 〈侈靡篇的經濟思想和寫作時代〉，巫寶三，《中國社會科學院經濟研究所集刊》第一集。

38. 〈齊語與小匡〉，李學勤，《管子學刊》1987 年創刊號。

39. 〈管仲墓〉，張龍海，《管子學刊》1987 年第 2 期。

40. 〈中國古代居民組織的兩大類型爲及其不同來源〉，李零，《文史》第廿八輯。